本书受全国教育科学规划2008年度重点课题“马克思主义哲学视野下的教育技术哲学理论体系构建”（2008.5—2011.12，课题批准号为DCA080137）的支持。

教育技术哲学丛书

李艺　丛书主编

LUN JIAOYU CHANG
ZHONG DE JISHU

论教育场中的技术

单美贤／著

教育科学出版社
·北　京·

总　　序

自20世纪初视听媒体技术介入教育领域以来，技术就开始逐步引起人们的关注和思考，而最近几年，随着现代信息技术在教育领域应用的普及和推广，人们对它的讨论和争论也越来越多，越来越深入。纵观现代技术影响教育发展的历史可以发现，它总是首先在实践领域引发教学媒体工具的变革，掀起了一轮又一轮针对教学模式、教育方式、教学过程的讨论；继而在教育理论领域引起人们对教育目的、教育理念、教育指导思想的关注和思考；甚至在教育技术学领域也有人阐发了技术对教育本质的影响，如此等等。可见技术对教育影响之深、之广，人们对二者反思之深刻，都是前所未有的。而透过这些讨论和思考的背后，很容易窥见人们对技术本质、技术价值、技术实践等诸多技术观的不同观点。显然，这些差异才是讨论能够发生、得以持续，以至非常激烈，甚至把讨论引向歧途的根本原因。这样，梳理教育领域中存在的技术观，区分其差异，探寻其合理性，就成为当下教育技术理论建设和实践探索面临的关键问题之一，教育技术哲学的研究就此走进人们的研究视野，我们这套《教育技术哲学丛书》就是在这个背景下完成的。

“教育技术哲学”这个提法，可以有两种解读：其一，关于教育技术的哲学；其二，教育中的技术哲学。这两种解读相关、相通，但不相同，从我们定位的研究目的来看，前者是研究的最终目的，而后者则是研究的途径和方法。为什么这样讲呢？对于前者，由于人们对“教育技术”的理解异彩纷呈，难以形成统一的认识，并且教育技术领域的实践层面又多以对象化的技术为研究对象，这增加了从“教育技术”这个视角直接建构其“哲学”的难度，而后者则恰好提供了一种“达到”前者的途径。它首先从较为成熟的技术哲学的研究成果中汲取营养，形成适用于教育领域的技术哲学的思想体系，然后基于此思想体系反思教育技术的理论和实践，而反思的过程必然关涉前者的研究，这种途径虽不能窥其全貌，但在研究初期“一鳞半爪”的所得也是非常有价值的。《教育技术哲学丛书》的研究视角即是定位于后者。

教育，虽与人类相伴而生，但在漫长的人类蒙昧时期，一直融合于人类的生活、生产活动中，并未独立出来。直到出现了专门从事教育活动的教师以及产生了学校以后，教育才以独立的形态存在于社会之中。这之后，随着人类生产力水平的提高以及技术能力的发展，教育也在随之发展、进步，文字的产生、造纸术和印刷术的发明，均对教育目标、教育内容、教育形式，以至师生关系、师承关系产生了巨大影响，技术在不断促进和支持教育发展的同时，也一直重塑着教育的形态，人类的教育能力和教育水平也在技术的支持下不断发展进步。到17世纪夸美纽斯发表《大教学论》，教育学的学科地位才得到确立，班级授课制得到完善、普及和推广，教育，尤其是学校教育，才在这二者的指引和建构下，相对稳定下来，延续至今。也正是在这之后，教育似乎失去了与技术的联系，尤其近代以来，三次大的技术革命虽对社会生产和人类生活产生了翻天覆地的影响，分别使人类进入了蒸汽时代、电气时代和信息时代，但对教育的形态却始终未能产生大的变革，则更加支持了这个判断。尼葛洛庞帝在《数字化生存》一书中描述了100年前的医生和教师穿越时空来到现在会遇到的不同境况，这个对比故事也从侧面反映出了教育与技术的关系。

直到20世纪初，幻灯、投影、电影、电视等视听媒体技术逐步介入到教育领域中来，教育与技术的关系这个话题才被关注。但是，技术似乎外在于教育了，不管是三百余年惯常思维的结果，还是教育学科确立以来所建构的教育理论和所从事的教育活动均与技术无关的原因，现代技术及其媒体均被默认为是外在的“工具”，并且无关紧要、可有可无。又由于仅仅把技术定位于工具无法解释最近几十年来技术对教育的深入影响，相关的研究者无不陷入深深的困惑之中。我们迫切地需要解释，为什么文字的产生、造纸术和印刷术的发明能够促进教育的发展，而近代以来三次大的技术革命却没有对教育产生什么变革作用？为什么现代信息技术革命到来之后，会给教育带来如此深入的影响？等等。当下，信息技术给教育所带来的机遇和挑战是前所未有的，广泛汲取技术哲学的研究成果，重新审视教育领域中的技术本体论、认识论、价值论、实践论等相关问题，是在信息技术背景下重塑教育新形态的必然选择，因循守旧必将被时代所抛弃，开拓创新才是人们拭目以待的期望。

实际上，在技术哲学界，这样的思想已经被摒弃了，时下被教育学界广为接受的“技术是一把双刃剑”“网络是一把双刃剑”这样的技术工具论经典表述早已被技术哲学的研究者所抛弃。1877 年，德国哲学家卡普首次以“技术哲学”命名其著作，标志着技术哲学已成为哲学的一个分支。一个多世纪以来，技术哲学获得了长足发展，涌现出了卡普、恩格尔麦尔、德韶尔、芒福德、敖德嘉、海德格尔、埃吕尔等代表人物，形成了两种紧密相连又各具特色的研究传统：工程派技术哲学和人文派技术哲学。人文派技术哲学的研究传统形成于工程派技术哲学之后，这或许和早期从事技术哲学研究的研究者多数有工程师身份有关。但人文派技术哲学在最近几十年发展迅速，得到了广泛的关注和支持。对技术社会属性的分析和确证，对技术决定论的批判和继承，对技术社会建构论的论证和认同，是人文派技术哲学研究的基础。绿色技术、后现代技术、高人文技术等探索，则反映了人文派技术哲学研究者对现代技术破坏自然、污染环境、戕害人性的理性反思。人文派技术哲学已经形成了相对完整的思想体系，虽然在具体问题上仍然有分歧，甚或纷争不断，但作为上位学科，其理念和思想已经能够为具体学科的研究所参考和借鉴。教育是人文社会学科，现代技术的介入促进了人们对教育领域中技术问题的思考，而人文派所建构的技术哲学思想体系，使得反思教育中的技术问题成为可能。

《教育技术哲学丛书》目前完成了四本，有颜士刚博士的《技术的教育价值论》、李美凤博士的《技术视野下的教师发展论》、单美贤博士的《论教育场中的技术》和陈维维博士的《技术生存视域中的学习力》。这四本著作集中体现了我们这个团队最近几年的研究成果。在探索的过程中，我们在制定研究思路以及教育技术哲学必须回答的基本问题的研究上取得了一些进展。在研究思路上，确定以马克思的实践观和劳动对象化理论为基本理论工具，首先解决探讨技术哲学研究成果对教育领域的适应性问题，以教育异于其他社会领域的特殊性为出发点，对技术哲学的相关研究成果进行梳理和改造，以求其对教育领域研究的良好适用性；然后再结合具体理论工具，展开对教育技术哲学基本问题的深入研究。这种研究思路的选择为我们的研究工作奠定了坚实的基础。在基本问题的研究上，首先从马克思的实践观和劳动对象化理论出发讨论了技术与人的关系、技术与教育的关系等技术本体论问题，又以王玉樑揭示价值本质的“效应说”（它也是建立在马克思的实践观和劳动对象化理论基础之上的）为直接理论工具讨论技术在教育领域中的价值问题、发展演化问题、技术创新问题和技术对教师发展的影响问题，再以技术生存论为指导对学习者的学习力进行深入分析和建构。对这些基本问题的讨论和交流，一方面澄清了对一些基本问题的认识，使讨论建立在共同的话语体系的基础之上，另一方面也有针对性地提出了我们的见解。虽不乏稚嫩之处，抑或有管中窥豹之不足，但毕竟是开先河之作，仍然有其不可低估的价值，且部分思想已经获得了共鸣。

本丛书的目的在于抛砖引玉，我们衷心希望这套丛书的出版能够有助于教育技术哲学研究的深化和发展，当然也衷心希望来自各方面的批评和指教。教育科学出版社的领导和编辑为本丛书的出版付出了辛勤的汗水，尤其是贾立杰和陈锐娟两位编辑更是提出了许多宝贵的修改建议，为本丛书增色添辉，在此对他们的付出表示由衷的感谢。

李　艺

2010 年 12 月于南师随园

目　　录

导　言

从人类诞生之日起，教育这一实践活动便承担起了沉重而光荣的历史使命。我们知道，人是教育的永恒主题。为了自身的生存及繁衍，人类需要教育来向后代传授制造和使用简单工具的方法，了解并形成特定的行为习惯，掌握并遵守特定的道德规范，学会团结互助，掌握进行集体采集、狩猎及刀耕火种的劳动技能，熟悉与毒蛇猛兽及其他自然灾害作斗争的方法，具有抵抗外族侵犯的能力，以保安全。也就是说，人类的教育是让人能够自由地把握对象和发展自身，通过改造环境而使人类一代比一代生活得更好、更自由。在人类的漫长进化历程中，人类的动物性本能越来越退化，而技术能力越来越发达，逐步成为人类社会发展的基础。

教育不仅是使人类最终脱离动物界的关键因素之一，而且是使人类社会能够以加速度向前发展的重要条件。在急剧变化的现代社会中，科学技术以前所未有的速度迅猛发展，教育所担负的任务越来越繁重，这也就决定了教育的水平和教育发展的速度对一个国家、一个民族和社会发展进程的影响越来越大。随着21世纪的到来，人类社会全面跨入信息时代，社会的各个方面都发生了深刻的变革，人类文明的发展既面临着无限的机遇，也面临着前所未有的挑战，人们对教育的希望也达到了前所未有的程度。教育能够承担这一重托吗?

教育在现代社会中的重要地位虽然为大多数人所公认，但在教育的性质和本质、教育的目标和价值、教育发展的动因和发展教育的途径等一系列教育本身和关系到教育发展的重大理论问题上，却存在着极大的争议和分歧，从而形成了不同的教育观。不同的教育观引导教育实践朝着不同方向、沿着不同道路发展，使当代世界中出现了五花八门的教育形式，分别担负着不同的社会职能。然而，教育对人的全面发展的无限希冀与执著追求迫使人们对教育本身进行反思：教育究竟是什么？教育发展的规律是什么？信息时代的教育应该如何？即教育应如何改善教育中人的生存状态？教育应如何促进教育中人的发展？教育应如何体现人的现实性与超越性之间的张力？等等。马克思曾经指出，科学技术不仅“是一种在历史上起推动作用的、革命的力量”，而且是“最高意义上的革命力量”①。回顾人类社会的历史，技术创造了无数的奇迹，帮助人类实现了无数的梦想，我们自然也会期待，技术也可以给予我们强大的力量来实现教育的梦想。

目前，技术已经成为人类的行为方式、生存方式，构成了人类的一种“根本性境遇”，不可避免地成为了以及正在成为各种人文社会科学纷纷“转向”加以研究的对象，美国技术哲学家 A. Feenberg 把这一过程称为“社会理论中的技术转向”。近代工业革命的发展，促使近代教育关注世俗生活，着眼于满足现实人的需要，如夸美纽斯在《大教学论》中就明确表示教育是“阐明把一切事物教给一切人的全部艺术的教授学”，他认为一切知识的发现是可能的，一切知识的传播也是可能的，而这一切又必须在完全的意义上依赖于科学的成功；教育的重点是知识的传授，人的问题被忽略、被耽搁了。人类为适应工业文明的需要，开始大规模地分门别类地设置各个独立的学科，把原本统一的世界分拆成各个部分，把科学分解成各种门类。这种方式虽然获得了关于世界的局部知识，但丧失了对世界的整体认识，撕裂了人与自然的整体。“知识就是力量”（培根）这一几乎成为几百年来人们信守不移的格言的论断，其实自始就带着一个时代的褊狭的印记。随着“力量”被非批判地崇尚，人们把“征服”和“竞争”视为人生的常态；“知识”既然只是被关联于“力量”，求知便可能游离于人的生命本真而为急切的功利所驱遣。

“教育是文明的标志和指南。今日教育的危机，实际上是人类文明本身的危机。”社会科技文明的迅猛发展，虽创造了灿烂的物质文明，但现代社会各种危机日益暴露、冲突加强，人性似乎失落了，人的本质异化了。人们渴望从理论上去回答人的生活、人的存在、人的行为的真实意义等问题。在当代技术哲学领域中，人们倾向于对以技术为基础的现代性问题作出各种批判。由于技术直接关乎人的存在，哲学和人文社会科学如果不关注技术，它就不可能揭示人的本性并认识人的真正本质，而人的问题是教育的核心问题。我们知道，技术时代对于教育的最大影响，不是带来

---

① 马克思，恩格斯．马克思恩格斯全集［M］．第19卷．北京：人民出版社，1971：375.

了新的教学内容，不是带来了多少新的教学技术和工具，不是改变了教学的程序和方法，而是改变了人，这就需要我们在现代语境中来理解教育中的人。

转向技术生存的现代教育，有着不可解的矛盾：一方面，“使人成为人”的教育自身有一种把人引向“善”“美好”“幸福”的行动倾向；另一方面，以“技术—经济”为主体的现代社会的发展遵循着“发展”“开发”“效率”“利润”的“现代”逻辑。在教育领域，对人的控制方式正是借助于对物的控制方式，对人的管理方面的确定性、合理性要求则完全取决于技术背后的技术理性本身。雅斯贝尔斯审视到：技术化是一条我们不得不沿着它前进的道路。抨击技术并无益处，我们需要超越它。如果只关注教育的一种“技术的认识旨趣”，而不关注人的旨趣，教育就成为制造劳动者的一台机器，通过教育的塑造，掌握确定的专业知识和技能进而成为某一方面的专门人才和专家成为受教育的全部目的，这样，人越是受教育就越被技术和专业所束缚，越失去了作为一个完整的人的精神属性，导致的结果只能是物质至上和能力优先，遗忘了教育在本性上就是人的生命的一种自我否定和自我超越性的实践活动，只关心教育“怎么做”，而遗忘了教育“何以可能”。

夸美纽斯作为引导了整个现代教育运动的“现代教育学的第一位传道士”，宣称他的《大教学论》是一门“阐明把一切事物教给一切人们的全部艺术”，原因在于他认为一切知识的发现是可能的，一切知识的传播也是可能的，而这一切又必须在完全的意义上依赖于科学技术的成功。夸美纽斯在探寻教育教学方法、建立教育学体系方面的贡献是前无古人的。他在详尽列举了教育原则和教育方法、将教育学建设成一门工艺学之际，并没有对教育的可能性，即教育的普遍的明见性和明察性作出前提性的阐释和证明，几乎没有对教育的本体论（“何以可能”）作出探索，没有对“人”作出探索。在现代社会，由于人被规定为行动着的社会存在者，而诸科学在现代世界图景中突出地表现为寻找人类活动的可能计划和设置的控制，并通过医疗、教育、国家政治而控制身体和心灵的目的，现今教育先行对人施行着某种统治或作为根据和尺度，关注如何教的操作性问题，遮蔽了教育的本真问题。

目前人们对教育场中的技术持以下两种态度。一种态度是定位于技术，看到了技术对教育发展具有一定的推动作用。例如，新技术应用可以提供给学习者更多的学习权利，开放更多的学习空间等。人们开始考虑如何将技术的成果充分地运用于教育，诸如教学软件、光学投影媒体、计算机媒体等，对这些技术应用于教育领域进行新的设计和研发。在此过程中，人们意识到为技术而技术的思想表现为追求实用的、操作性的技术，片面地夸大了技术的作用，认为技术的工具手段是推动教育和社会发展的根本动力，把技术看成脱离于人之外的工具，技术应用于教育的过程表现为不断追逐新出现的媒体技术（有线电视、卫星通信、计算机网络等）的过程。开始思考技术如何更有效地应用于教育、技术应用的标准是什么等基于教育学原理式思考的问题。另一种态度是定位于教育，以教育需求和教育目标为出发点来考量教育中技术的应用，意识到技术应用不能脱离教育价值的追求，但功利主义取向使得教育背离了教育的本来意义——使人之为人，技术的现实应用非但没有使人获得自由，反而束缚了人，困扰了人，甚至把人降低为物。显然，这些思考对于教育系统中的技术发展是十分有益的事，但是这些论断仍然没有深入到问题的实质中去，不能辩证地对待人、技术和教育之间的关系。

从人的角度看，人是自己的最高目的，作为人的最高目的的人的生存是为了实现人的全面发展。人的存在本身就是目的，一切其他事物作为手段都是为人服务的，因而人也就成了价值的源泉，正因为人本身就有价值，所以应该受到尊重。人类从事任何实践活动都是基于自己生存和发展的需要的。“人是目的”既是教育的灵根所在，又是教育的命脉所系。现今教育的日趋专业化、技术化以及由此造成的人的片面性发展，必然引发人们对于“使人成为人的教育”给予新的关注和新的思考。也正因为此，对教育中的人的关注，离不开技术与人的关系的探索，离不开教育与技术的关系的探索，这就需要从哲学层面，深入认识“技术的本质问题”，追问“技术到底能给教育带来什么？当技术这一普遍存在的事物进入教育领域，转化为教育场中的技术时发生了什么？我们如何使之在合理的轨道上发生？”等一系列与“教育场中的技术”相关的问题。

一、理解“教育场中的技术”

对“教育场中的技术”的理解需要从“教育场”和“技术”这两个概念入手。概念界定的目的并不是为了得到一个完整的、可信赖的、固定不变的定义，而是选择合理的角度，通过界定概念，使之与其他事物区别开来，认识其独特性，为本书的研究提供一个基础。

1. 对“教育场”的理解

对“场（域）”的解读从其语义学的解释开始。在《辞海》中，“场”的主要解释为：① 平坦的空地；② 特指市集；③ 特指考场；④ 一件事情的经过；⑤ 物理场；⑥ 指分布在空间区域内的物理量或数学函数，有时也指空间区域本身。“域”的主要解释为：① 邦国、封邑；② 区域、地区；③ 疆界、境地；④ 分划居民区域。[①] 然而，《辞海》《大百科全书·哲学卷》与《大百科全书·社会学卷》均没有对“场域”一词作整体语义解释。英文中“field”一词与“场域”更接近，与其相关的含义有：①（作某用途的）场地、场所；② 场（存在某种力的效应的范围或空间）；③ 某物的有效作用范围。[②] 其实，从总体上说，“场”与“场域”二者可以共通使用，在一些相关研究或译著中就屡见其通用的现象，如《文化资本与社会炼金术——布迪厄访谈录》中译为“场的逻辑”，而《实践与反思——反思社会学导引》中则译为“场域的逻辑”。因此，本书中的“场”和“场域”是相互通用的。

“场”最早被用于物理学，被认为是物质存在的一种方式，具有能量、动量和质量，能传递实物间的相互作用，如电场、磁场、引力场等。另外，格式塔心理学派把除物理场之外的各种场总结归纳为“心理场”。与“场”在物理场、心理场中的意义有所不同的是，“场”在哲学中表达了一种更为整体、更为抽象、也更为强调关系的意义。[③]“场”在社会学中的使用似乎更多地与所要分析的社会现象相联系。迪尔凯姆是较早使用“场”概念的大师。他认为任何事物都必须在一定的“场”中才能存在和表现出来，社会现象的“场”就是社会环境。因此，必须把社会现象放在整个社会生活的背景上去作综合的考察，去发掘存在和影响它们的各种社会联系。[④] 至于布迪厄，则对“场（域）”问题本身作出了较为系统的阐释，为人们对它的具体应用提供了一定的依据。

在《实践与反思——反思社会学导引》一书中，在谈及“场域”的概念时，布迪厄主张将其作为一种开放式概念使用，并认为只有将其置于关系系统中，才能获得概念的真正含义。在布迪厄看来，“场域”是一个关

---

① 夏征农．辞海［M］．缩印本．上海：上海辞书出版社，2002：526，540.

② 霍恩比．牛津高阶英汉双解词典［M］．第四版．李北达，译．北京：商务印书馆，1997：539.

③ 罗嘉昌．从物质实体到关系实在［M］．北京：中国社会科学出版社，1996：329－331.

④ 埃米尔·迪尔凯姆．社会学方法的规则［M］．胡伟，译．北京：华夏出版社，1999：5.

系性的概念，“从分析的角度来看，一个场域可以被定义为在各种位置之间存在的客观关系的一个网络，或一个构型”①。布迪厄认为，“社会”是一个空泛的概念，一个分化的社会并非一个由各种系统功能、一套共享的文化、纵横交错的冲突或者一个君临四方的权威整合在一起的浑然一体的总体，而是各个相对独立的“游戏”领域。因而他将社会化约为一个个场域，如经济场域、政治场域、艺术场域、学术场域、教育场域等，社会作为一个大“场域”，就是由这些既相互独立又相互联系的小“场域”构成的。

视教育为一种场域（教育场域）是场域视角在教育研究领域中的渗透，也是该视角对教育的本体论假设。作为一个重要的理论范畴，教育场域拥有相对具体的内涵和明晰的特征。就其作为一种客观性社会存在而言，教育场域也是一个关系性范畴，是指在教育者、受教育者及其他教育参与者相互之间所形成的一种以知识的生产、传承、传播和消费为依托，以人的发展、形成和提升为旨归的客观关系网络。② 可以说，教育系统本身就是一个独立的“场域”，教育场域视角的核心特质在于引入并强调关系性思维，这种思维方式主张对教育现象的分析和研究始终应置于一定的关系框架中进行，应从教育与其他社会事物的普遍联系中及教育内部各要素错综复杂的关系中来把握教育的特质与规律。

2. 对技术的理解

什么是技术，技术的本质是什么？从 1877 年卡普发表《技术哲学原理》，标志着技术哲学的兴起，到当今技术的问题引起全人类的普遍关注，关于技术的概念和本质的争论从来就没有停止过。

早在 1615 年，在英国就有了 technology 一词，按希腊文组合的原意是完美而实用的技艺。这个术语的中文可译为工艺学或技术学，它既可以指关于具体技术工艺的学问，也可以理解为关于技术整体的学问和理论。古汉语中，“技”除有时指某种艺术（如歌舞）之外，主要泛指才能、本领，如“凡执技从事上者，祝、史、射、御、医、卜及百工”（《礼记》）。凡是能用于达到目的的均可称为“术”，“夫圣贤之治世也，得其术则成功，失其术则事废”（《论衡》）。③

---

① 布迪厄，华康德．实践与反思——反思社会学导引［M］．李猛，李康，译．北京：中央编译出版社，1998：133－134．

② 刘生全．论教育批评［M］．北京：教育科学出版社，2006：98．

③ 许良．技术哲学［M］．上海：复旦大学出版社，2004：49．

当今辞书和专业论著，大多沿用狄德罗主编的《百科全书》中提出的技术定义[①]：“技术是为某一目的共同协作组成的各种工具和规则体系。”《简明不列颠百科全书》认为，“技术是人类改变或控制客观环境的手段或活动”。我国的《自然辩证法百科全书》把技术定义为：“人类为了满足社会需要，依靠自然规律和自然界的物质、能量和信息来创造、控制、应用和改进人工自然系统的手段和方法。”[②]以卡普、拉普、埃吕尔、米切姆、海德格尔等人为代表的一些学者都从不同的角度，对技术进行了分析与理解，并按自己的理解给出了形形色色的技术定义，探求技术的本质。这些关于技术的定义大体可归纳为以下几类。[③]

（1）哲学角度的定义。H. 贝克、艾斯、海德格尔、戴沙沃、邦格、弗里德曼等从形而上学、认识论角度定义技术，他们试图把握技术的超社会、超历史的本质，即给出技术概念哲学意义上的理解。因太过抽象，难以突出技术的个性特征，缺乏实际效用。

（2）社会学角度的定义。埃吕尔、博林等以此定义技术。这类技术定义把技术看做社会中的一个决定的方面，偏重于技术的社会价值特征，而忽视了技术的内在本质方面。

（3）人类学角度的定义。麦吉恩（R. E. McGinn）、梅森（Mesthene）、C. P. 斯托弗等持这一观点。这类技术定义把技术看做一种人类活动。

（4）历史学角度的定义。这是技术史学家给出的定义，一方面肯定技术是一种社会和历史的产物，在不同的时代具有不同的特征；另一方面又指出技术包含着某种超社会、超历史的因素，是历史性和超历史性的统一。

（5）心理学角度的定义。荣格（Junger）、奥梯格（Ortega）、马尔库塞等持这一观点。这类技术定义把技术和人的心理状态联系起来，突出技术本质的主观因素，但往往难以区分技术活动和其他人类活动。

（6）工程技术角度的定义。卡普、德韶尔等持这一观点。他们把技术定义为“设计”“规程”“设备”“效率”等。这类技术定义直观、实用，但并不具有普遍意义。

虽然技术概念是技术哲学领域一个颇有争议的核心范畴，但归结起来

---

① 宋健．现代科学技术基础知识［M］．北京：科学出版社，1994：5.

② 许良．技术哲学［M］．上海：复旦大学出版社，2004：49 – 51.

③ 赵建军．技术本质特性的批判性阐释［J］．自然辩证法研究，2001，17（3）：35 – 38.

不外乎狭义和广义两大类。一般来说，工程学的技术哲学多持狭义技术定义，人文主义的技术哲学多倾向于广义技术定义。所谓狭义技术，就是人们通常所说的技术，它只是从技术的一个方面或者一个视角（如从物质性角度、主客体关系）对技术进行认识，不同时包含技术的所有本质要素的全面认识。所谓广义技术，大体上指人类改造自然、改造社会和改造人本身的全部活动中应用的一切手段和方法的总和，泛指一切有效用的手段和方法。[①] 在广义技术视野中，除工具、设备、机器等物化技术形态外，还包括以方法、对策、措施、程序、方案、体制等为内容的智能技术形态。例如书法技术，当我们主要关注毛笔的下水性、软硬等时，主要是一种狭义技术；当我们关注其对人心灵提升和表达情绪并被用来“以书会友”时，它就被看做一种广义技术。无论是狭义定义还是广义定义，两者都表达了一种共同的思想，即技术是在创造性构思的基础上为了满足个人和社会需要而创造出来的，它们是具有实现特定目标的功能、最终起改造世界作用的一切工具和方法。也就是说，“技术”是一个依赖语境的概念。在诸如哲学、经济学、社会学、政治学、工程学等不同语境中，技术的定义也各有侧重。从两个极端情况来看，哲学家倾向于从一般意义上来抽象地定义技术，如海德格尔将技术描绘成自然界的一种受激的系统展示，麦吉恩则把技术定义为人类活动的一种形式；而工程技术专家愿意在更具体意义上来理解技术，对他们来说，技术就意味着人们在构造器物时所遵循的程序，他们一般不严格区分技术（Technology）与技巧（Technique）。因而，要有效地且尽量无歧义地理解技术及其特性，首先必须选择恰当的语境。

我们从社会学语境的角度来理解技术，即采用广义的技术界定，主要有以下三个要点。

第一，技术的构成有两个方面，物化形态的技术和智能形态的技术。[②] 如果把技术只看做机器或有形的物质，犹如把甲壳当做乌龟一样是错误的。同样，如果只谈及智能形态的技术，而不谈任何实物的东西，人们则会认为是空洞的、令人失望的。

第二，需要从过程或活动的角度认识技术，从技术是人类的实践活动

---

① 赵建军．技术本质特性的批判性阐释［J］．自然辩证法研究，2001，17（3）：35－38.

② 也有学者把技术的基本构成分为物质的和非物质的；有形的物质的方面和无形的精神活动及方法的方面；硬技术和软技术；自然的和智慧（精神）的；等等。参阅刘美凤．教育技术学学科定位问题研究［M］．北京：教育科学出版社，2006：85.

或过程的角度来认识技术。原因之一，所有的技术形态都是具体的，是与特有的技术主体（技术承担者）、特殊的技术时代、特定的技术内容相联系的。原因之二，技术活动本身是一种事物存在和发展中所特有的过程、方式和结果。

第三，技术处于相互作用的过程中，所依据的规律是确定的、特殊的和有限的。从严格意义上来说，影响技术的因素和规律应当是无限的，但使技术表现为某一技术形态的主因却是确定的、特殊的和有限的。也就是说，那些与技术形态的形成关联度不强、关联时空遥远的事物或因素，在近似的意义上讲，是不起作用的。例如，在发明技术的过程中，在明确的目的规定下应用相关的技术知识，利用特定的技能或方法，使用相应的技术工具进行发明创造。

3. “教育场中的技术”和“教育技术”的关系

“教育场中的技术”不就是“教育技术”吗？其实不然。我们先从“教育技术是如何发生和发展的”这一问题说起。关于教育技术是如何发生和发展的，目前主要有两种意见。一种意见认为，“从教育产生的第一天起，就有了教育技术”。这是一种内涵比较宽泛的教育技术观点。另一种意见则把在近代教育中出现的技术现象归结为教育技术现象，教育技术发展历程以现代技术在教育中出现为起点。例如，美国教育技术界大多数专家学者把20世纪20年代初美国教育领域内兴起的视觉教学运动作为教育技术的发端，教育技术的发展主要是沿着“视觉教育—视听教育—教育技术”这一轨迹发展起来的。在这个过程中，媒体教育技术、个别化教学技术和教学设计逐步融合，到20世纪70年代，教育技术成为一个包括媒体教育技术、个别化教学技术和教学设计三个方面的整体教育技术。也就是说，教育技术作为一个专门术语，是教学媒体发展到一定的历史阶段的产物。所以，严格来说，教育技术这个专门术语及其知识体系诞生于20世纪50年代以后，在20世纪前半叶，它经历了孕育期和包含了它的本质特征的生长期。

另外，教育技术史中提出的“四次革命说”，分期的一个重要标准是技术在教育领域的介入。例如，《美国教育技术》中明确提出：“历史学家已经确定了教育上曾发生的三次重大革命：第一次是将教育年轻人的责任从家族转移到专业教师手中；第二次是采用书写文字作为与口语同样重要的教育工具；第三次是发明印刷术和普遍运用教科书。第四次教育革命现正发生于西方国家，尤其是美国，这是近年来电子学、通信技术及数据处理技术飞跃进展的结果”。[①] 从“四次革命说”涉及的技术可以看出，人们在研究技术与教育关系的时候，并没有考察整个技术发展史中技术变革对教育的影响，而是截取了某些与教育关系密切的技术，研究它们与教育的关系。而纯粹的教育史研究中很少提及四次革命，因为技术变革或多或少会对教育产生影响，但这种影响有直接影响与间接影响之分。所谓间接的影响，是指这种技术不直接参与教与学的过程，而是通过对社会生活其他方面的影响而对教育产生影响，比如影响教育内容、人才培养规格等。所谓直接的影响，则是指技术直接参与教育过程，作为教育过程的工具、信息传媒，带来学与教的方式、教学过程中师生关系的改变。教育技术研究中所指的技术一般都是直接参与教育过程的技术，人们通常把这些技术统称为“教育技术”。这样一个称谓其实并不能反映教育与技术的关系，这也是我们在论述的过程中使用“技术在教育领域的应用”或“教育场中的技术”的原因所在。一方面，“教育技术”已经成为一个专业术语，有其特定的含义，那就是起源于20世纪二三十年代视觉运动的、现代意义上的教育技术。另一方面，我们需要在一个更大的视野内考察教育与技术的关系。由此可以看出，“教育场中的技术”和“教育技术”是两个不同的概念，“教育场中的技术”涵盖了“教育技术”，“教育技术”是“教育场中的技术”的有机组成部分。

4. 对“教育场中的技术”的理解

通过上面的分析，我们可以从以下几个方面来理解“教育场中的技术”。

首先，教育场中的技术是依教育而存在的、以教育为本的技术，其研究对象是依归于教育的技术。依据布迪厄的解释，场域是一个运作空间，在这个空间里，场域的效果得以在其间发挥，并且由于这个效果的存在，对任何与该空间有关的对象经历的一切事情，都必须参照场域中的关系来理解，而不能仅凭研究对象的内在性质来解释。[②] 由此可见，场域强调“关系”在研究中的重要地位。由于长期以来教育理论界缺乏对关系性思维的自觉和强调，教育研究中存在“就事论事”倾向，习惯于以实体的方式思考而舍弃了其间的复杂关系。从关系性思维角度来看，“教育场中的

① 章伟民，曹揆申．教育技术学［M］．北京：人民教育出版社，2000：5.

② 布迪厄，华康德．实践与反思——反思社会学导引［M］．李猛，李康，译．北京：中央编译出版社，1998：138.

技术”的构成要素是教育和技术，它们“实体性地”存在于其“相对性瞬时”中，相互分离，彼此独立；它们“关系性地”存在于其“绝对性瞬时”中，在此，它们是有机地牵涉和依存的。由此引申出“实体性思维方式”与“关系性思维方式”间的辩证关系。实体性思维是空间性的，倾向于把时间空间化；关系性思维是时间性的，倾向于把空间时间化。实体性思维要求在整体中统观对象，“整体”作为事物间相互作用而发生联系的一种存在方式，是场性的表征。关系性思维强调在关系中厘清对象，一切事物都处于某种相互关系之中，只有在关系中才能真正把握研究对象，这样能有效地凸显教育与技术的关系，从而可以更为准确地把握与剖析技术在教育场域中的准确位置。

其次，教育场中的技术关注人的整体性发展。教育场域中教育与技术间的关系并非一劳永逸，而是随历史的演进而不断改变。也就是说，教育场域内的技术运动是生成性的，而不是严格遵循某种规范或原则，但它在与变化中的各种情境遭遇时，又遵循着一种实践逻辑以确定自身，这种实践逻辑就是关注人的整体性发展。我们知道教育发展的动力之源为人，而技术是为人的技术，虽然在发展的过程中出现了异化，但其最终的落脚点仍然是回到人本身，回到人的整体性发展。这为我们理解教育场中的技术提供了合法性依据，使得对教育场中的技术分析获得了新的切入点，有助于对其作出更深刻的描述、分析和解释。

二、研究内容

以教育自身的立场思考技术，是教育学相关学科（特别是教育技术学）发展的需要；通过技术思考教育，这与当前哲学中的“技术”转向相一致。“教育场中的技术”这一论题就是在这一背景中形成的。无疑，这一问题的思考已经远离单一的学科视域，涉及技术哲学、教育哲学、实践哲学等。本书的第一章为“哲学基础”，目的是为探讨“教育场中的技术”这一论题作理论铺垫。哲学不是人站在“世界”之外来“揭示”世界的“一般规律”，而是把自己放在属人的世界之中，追问人与世界关系的智慧之学。由“爱”和“智慧”构成的哲学，不管其思想体系属于哪一派，都凝聚着哲学家、哲学工作者捕捉到的该时代人类对人与世界相互关系的自我意识，都贯穿着哲学家和哲学工作者用以说明人与世界相互关系的独特的解释原则和概念框架。也就是说，人是哲学的一个永恒主题。“人是什么”，一直被追问着，教育是从一个独特的角度去面对人的，那么，教育就应当对人有独特的理解，甚至是更深刻、更全面的理解。由此可见，教育是什么？人是什么？人与教育的关系是怎样的？教育哲学所要回答的就是这样一些最本质的问题。同理，技术哲学也不可能脱离人来反思技术，只能思索属人的技术世界中人与技术的复杂关系，并把这一关系作为自己的基本问题。亚里士多德、康德从人的存在方式角度来理解实践，他们把实践看做人的一种自由的、以自身为目的的活动，是人之所以为人、体现人之超越性的活动。马克思继承了这样一种视角，但马克思与亚里士多德和康德又有很大的不同，这表现在是否把创制活动或技术实践活动看做自由活动或人的存在方式的问题上。马克思主义哲学认为，实践是人与世界对立统一的基础。在马克思看来，实践是人之本质的存在方式，因此，实践体现着人的根本的生存困境，即人的分裂及人的生活世界的分裂，体现着人与自然、个体与社会、思维与存在、精神与生命的分裂。随着实践的发展，人类将最终克服这一分裂状态，重建完整的生活世界、实现人的全面发展（完整人）。马克思实践哲学的最终意旨在于实现人与自然、人与人之间矛盾的解决，克服人的存在的分裂，实现人的完整性及人的解放。

第二章为“教育与技术的关系考察”，侧重于从历史语境的角度研究教育场中的技术。历史的视点能告诉我们什么呢？它是怎样在语境上反映当代发展的呢？要回答这些问题，我们首先得从两个比较广泛的历史发展进程来理解教育场中的技术的变化：其一是教育发展史；其二是技术发展的历史框架。在这双重语境之下，通过解读教育与技术关系的过去与现在，对“教育与技术的关系”展开系统的考察，可以得到以下结论。首先，教育和技术的本源都是人类社会的需要，教育与技术的共通之处在于二者都是人类社会特有的活动，是为了人自身的发展和完善，都是社会文化实践。技术是人类的技术，是社会中的技术，是人类创造出来的文化形式。教育离不开技术，技术是教育的重要元素，不存在没有技术的教育。从教育过程上来说，教育就是人类使用技术实现教育目的的活动，教育是人的技术活动。其次，教育与技术息息相关，相互促进。教育是技术进步的阶梯，科学中心或技术中心往往是在教育高峰期到来的。科技中心的到来，必然带来产业革命和经济繁荣。技术是教育改革与发展的催化剂和推动力，技术革命的成果使教育改革有了更丰富的物质保证。

第三章为“教育中技术的本质探讨”。在探讨教育中技术的本质时，教育是永恒的出发点，而技术的发展不仅要遵循技术发展的规律，而且要遵循教育发展的规律。技术本身就是为解决实际问题而开发的。新的技术进入教育领域，如果不能用来解决问题，仅仅是潜在的和可能的，只有当它与解决问题相连时，它才成为现实技术，即教育中的技术。很显然，教育系统中的“技术”在广义上和其他的技术具有相同的本质，即技术的一般本质，而一旦将“技术”放到教育活动中来，“技术”就有了“教育”的烙印，教育中的“技术”有着与其他所有的技术不同的、与其他技术区分开来的“技术特性（教育中技术的本质）”。教育中技术的本质是历史的、具体的，体现为技术与教育的融合。教育中技术的本质使得技术进入教育的每一个环节，真正成为教育的一部分。技术进入教育的过程应该是技术向教育回归的过程，此时的技术是一个很自然的存在。教育中的技术是合适的、恰当的、能体现人性的技术，是合目的性与合规律性的统一。在技术、人、教育的关系中，人是目的，教育是手段，技术是环境条件。人为了生存和发展需要教育，技术服务于和服从于教育发展的需要，教育为人的活动和技术发展提供了空间。技术、人、教育在其相互关系中各得其所。

第四章为“教育中技术的价值探讨”，是从价值哲学层面来把握教育中技术的价值。从价值哲学层面看，教育与技术之间其实是主客体之间的一种关系，并存着主体客体化与客体主体化的双向运动：在功能上，价值意味着主体对客体的取向，主体把客体的属性、规律内化为自己的本质力量，即客体主体化；在发生上，价值表示主体对客体的改造，主体的本质力量的对象化，即主体客体化。在这种双向互动的过程中，教育（主体）会不断创造出相对稳定的目的性活动序列，推动“目的—手段”系列中的技术手段在教育系统中的发展，从而为教育价值的实现服务。教育的价值取向都是首先指向人的，都是为人的发展呈现积极意义的。同样，教育中技术的价值也应该是指向人的，应该充盈着对人和人的发展的关爱，闪耀着人文主义价值追求的光辉。例如，开始时图书和纸张因降低了人们的记忆能力而受到了抵制，但后来人们发现，学生不应该只是知识的复制者，而纸张和图书除了可以储存知识外，有更大的潜在作用，可以激发学生的想象力和创造力，由此图书和纸张才真正得以推广。由此可见，教育中技术的价值不能离开对人的价值的关注，必须从人的本质力量出发来理解进入教育系统的技术的价值，从人的立场和视阈出发，教育中的技术才有价值和意义。

第五章为“技术教育化的理论探析”。技术教育化就是将技术转化为

“教育中的技术”的过程，是技术向教育的性质或状态转变的过程。在此过程中，教育主体运用其智慧作用于技术，使技术具有了教育的某些本质属性，或者说表现为教育的状态。“技术教育化”是一个过程，一种转移。技术教育化是技术应用于教育的实践方式和发展的状态，是在时间和空间上的动态展开，是教育中技术实现的程序。技术教育化的过程实质上是以技术为推动力，使技术工具和手段、方法、价值观念等渗透到教育系统的各个领域，并引起教育领域的深刻变化。一方面是教育发展的必然结果，技术的发展影响、制约着教育的发展，教育系统通过技术教育化过程，使技术的本质属性也成为自身本质属性的一部分；另一方面，规定了技术在教育中的发展方向——向教育方向运动，由教育属性来重新规定技术的存在状态。理想化的技术教育化过程，应当是教育与技术之间的相互作用的过程。

第六章为“技术教育化的过程探析”。首先要明确说明的是，我们研究技术教育化的过程，是非技术中心的。我们的出发点不是技术，而是关注技术在教育系统中是如何发展的，关注技术在教育系统中是怎样协调教育关系的，这就需要将技术教育化的过程探析放入教育系统的框架下，透过教育系统中的技术形态看技术功能，进而将技术的功能与教育活动联系在一起，以便认识技术教育化的过程，并通过“选择—生成—演化”阶段讨论技术教育化的具体过程。教育中的技术从根本上来说，不是天然的、现成的，而是生成的。技术教育化的生成论是关于技术在教育中形成和发展的理论，它考察的是教育中的技术生成过程。技术在教育中的生成意味着技术不能改变教育生而具有的本质，不能强迫教育成为什么样的教育，只能根据教育的本性和可能性来提升教育的境界。技术在教育中的生成，表面上看，是在教育与技术之间建立原本不存在的关系，本质上则是教育与技术互相对立又互相依存、借助涉入关系的人或物而相互发生作用，以生成教育中的技术。技术教育化的演化过程研究，就是试图反思、追寻教育中的技术本身运动发展的内在逻辑，在历史与现实、宏观与微观、一般与个别的统一中发现技术的演化机制，进而为能够从发生、运行、演化和发展的整个存在界域内完整地揭示技术在教育中存在的本质和规律提供必要的认识基础。

第一章

哲学基础

人类的天性是充满好奇并由此充满困惑的，这就使得哲学成为一种永恒的人类事业——一项永远处于过程之中而不会终结的事业。简而言之，作为智慧追寻的哲学实际上是对更好的思想方式的追寻，这种思想方式事关人类所面临的各种各样的困境。正如这种追寻关涉其他人类事务一样，这种追寻也关涉教育。

一、教育哲学

可以说，从人类意识到教育是一种相对独立的人类活动那一刻起，在正规的哲学研究出现之前，早在人们能够理解这种研究对于教育发展的意义之前，就已经有了教育哲学。在当今急剧变革的时代，人们更加需要对教育问题进行哲学研究。

（一）教育哲学发展概述

1894 年美国教育家布莱克特（Bracker）把德国教育学家罗森克兰茨（Rosenkranz）的德文著作《教育学的体系》（1848）译成英文，书名为《教育哲学》（*The Philosophy of Education*），这就是教育哲学一词的由来。[①]自此，美国教育学者纷纷用这个词著书立说，1916 年美国实用主义教育哲学家杜威的《民主主义与教育》问世，标志着教育哲学作为一门独立的教

① 石中英．关于教育哲学研究对象的思考［J］．教育研究与实验，1993（1）：21－25.

育学科的地位已经确立。20世纪以来，特别是近二三十年来，教育哲学论著如雨后春笋般涌现出来，世界各国的哲学家、心理学家、教育学家从各自的研究立场和观点出发来探讨教育哲学，形成了名目繁多的教育哲学流派。

教育哲学自产生至今已有百年的历史，但关于教育哲学的学科性质和研究对象、体系，一直有争议。加之现今教育科学的迅速发展，教育哲学又面临着新的挑战。教育哲学能否作为一门独立学科存在的问题又一次被提出来。我国教育哲学工作者之所以把教育哲学的学科独立性和研究对象结合起来考虑，是因为他们有一个关于学科分类问题的基本前提，即认为一门学科必须有其特殊的研究对象和领域，有其特殊的概念和范畴，它研究的问题必须是其他学科没有的，这样这门学科才能成立，才能独立存在。在此前提下，为了说明教育哲学学科的独立性，学者们从各自的思想观点出发，提出了关于教育哲学研究对象的观点，为教育哲学的探索和发展作出了很多努力和贡献。其中，教育学者曹健、芮国强的归纳较具代表性，他们把国内学界对教育哲学研究对象、研究主题的确定描述为以下四种研究范式①。

第一种研究范式是将教育哲学的研究对象和研究主题理解为哲学研究对象的演绎。这其中又有以下三种不同的观点。（1）教育观说。唐荣德认为“教育哲学的研究对象是教育观”，教育观“就是在一定哲学的指导下，以教育规律为依据，结合时代精神以及与教育有关的其他科学的研究成果，对该时代教育提出的理论化、系统化的看法”。（2）教育价值说。王坤庆认为“教育哲学应以教育领域中的价值问题为其独特的研究对象”。（3）思维与存在的关系说。持此论者认为哲学的研究对象是思维与存在的关系问题。因此，“教育哲学则是研究教育领域中思维与存在的关系”。

第二种研究范式是将教育哲学的研究对象和研究主题理解为哲学观点的演绎，即认为教育哲学是研究教育中的根本问题、总括性问题，研究教育的普遍规律及其一般应用。如黄济认为教育哲学是“对教育中的一些根本问题，从哲学的高度进行研究和探讨，从中找出一般规律，作为教育理论和实际的指导”；崔相录将教育哲学界定为“一门以教育中的基本的、总括性的问题为研究对象的学科”；田玉敏指出，“教育哲学的对象……为教育的普遍规律及其一般应用”；张卫民、王学雷则运用马克思主义哲学

① 曹健，芮国强．论教育哲学研究的问题域［J］．江苏社会科学，2005（2）：47－50.

观点，将教育哲学的研究对象确定为教育价值、教育规律、教育认识、教育实践、教育矛盾、教育异化六个基本问题。

第三种研究范式是将教育哲学的研究对象和研究主题理解为哲学体系和方法的演绎，即认为教育哲学是哲学在教育中的应用。如《辞海》（教育、心理分册）对教育哲学的解释就是“用一定的哲学观点来解释教育的本质、目的、价值、方法等问题的基本理论的学科”；陈友松认为，教育哲学是“运用哲学方法来研究各种教育问题”，是“运用哲学的观点和方法解释教育问题，对教育的理论和实践进行哲学探究”。

第四种研究范式是将教育哲学的研究对象和研究主题概括为“教育活动的哲学”和“教育（科）学的哲学”两个主题。持此种观点的学者明显受到美国教育哲学研究的影响。美国教育哲学家将“教育哲学”看成双关语，将教育哲学的研究区分为“教育过程的哲学”（the philosophy of the process of education）和“教育学科的哲学”（the philosophy of the discipline of education），认为它们都是教育哲学的组成部分。国内学者在接受美国教育哲学家作出的两种区分的同时，主张在汉语语境中用“教育活动的哲学”与“教育（科）学的哲学”这两个称谓来标示现代教育哲学的两种主题、两个方向，或者干脆称为“教育哲学”与“教育学哲学”，译成英文就是“philosophy of educating”与“philosophy of educology”。这两者一个涉及“实际的教育活动”领域，一个涉及“理论的教育认识领域”。“教育活动的哲学”是对“教育活动中的问题”（或简称“教育问题”）进行根本性的、寻根究底的反思，以便为“教育活动”提供一些根本性的实践原则或“教育观”。这些根本性的实践原则不等同于各种具体教育行为的“规范”“准则”，而是后者的“原理”“基础”或“根据”。“教育学的哲学”是对“教育学活动中的问题”（或简称“教育学问题”）进行根本性的、寻根究底的反思，以便为“教育学”研究提供一些根本性的指导原则或“教育学观”。同样，这些根本性的指导原则也不等同于各门具体的教育科学的研究规范、方式、方法，而是为后者的研究提供认识论和价值论的“原理”“基础”或“根据”。

尽管当今教育哲学研究的热点问题很多，但显而易见的是，教育哲学的任务之一仍然是持续不断地探究和质询“教育是什么”等之类的元问题。“哲学不是理论，而是活动”①，教育哲学首先是一种哲学的活动，是

① 维特根斯坦．逻辑哲学论［M］．贺绍甲，译．北京：商务印书馆，1996：112.

对教育作哲学之思，“爱智慧”之思，对教育的真知与智慧表现出强烈的热爱与追寻，而不是把现成的哲学原理简单地套用于教育之中。在布劳迪看来，许多人都会继续把哲学看成智慧的追寻，期待教育哲学除了保持“逻辑的纯洁和有益的怀疑”之外，能够有更多的作为。① 布劳迪强调指出，教育者有权利对教育哲学充满期待，期待教育哲学既关注一般意义上的教育问题，又关注具体的学校教育问题；期待教育哲学去澄清一些教育的概念和问题；期待教育哲学去关注一些理性的讨论和研究的自由。另外，教育哲学也不提供规范的原则与理论，但它努力激发人们的教育良知与教育智慧，激发人们对教育智慧的热爱与追寻，激发人们追求教育之真理，捍卫教育之本真，激发人们的教育精神与热情。②

用独特的研究对象作为标准来区分不同的学科是一种传统的学科分类方法。随着对客观和主观世界认识的深入，人们在解决问题时开始寻求以多维视野为特征的新型思维和研究方法，博采各门学科之长，从不同学科的角度来研究同一问题。所以，一门学科不仅对应一个独特的研究领域，而且是指一种新的研究视野，一种新的研究方法。据此，我们赞同马凤岐的观点，即“教育哲学作为一门学科，它的存在并不在于它有自己特殊的研究对象，而在于它是教育学研究的一个角度，即从哲学的角度，用哲学的观点和方法研究教育问题”。③ 也就是说，对教育问题的哲学思辨构成了教育哲学的理论品性，教育哲学自身发展的历史也充分证实了这一点。

（二）教育哲学研究对象的新观察

一般认为，哲学从产生到现在经历了古代的本体论、近代的认识论和现代的生存论或者说是实践论这三种形态的嬗变。如果我们对哲学史进行深层的逻辑透析，可以发现这样一个现象：哲学形态的更替没有使它忽视对“人”的探讨，变化的是它对“人”探讨的视角和方法。许多学者对此有过论述，叶澜说过，“尽管哲学研究的中心和答案，随着时代和人类认识成果、认识能力的发展而变化，但研究对象始终没有超出‘人与世界’

---

① Howard A. Ozmon, Samuel M. Craver. 教育的哲学基础［M］. 第 7 版 . 石中英，邓敏娜，译. 北京：中国轻工业出版社，2006：11.

② 刘铁芳 . 教育的沉沦与教育哲学的使命［J］. 教育理论与实践，1999，19（1）：10 – 12.

③ 马凤岐 . 用哲学的观点和方法研究教育问题——谈教育哲学学科的独立性［J］. 教育研究与实验，1996（4）：4 – 7.

这样一个深层次的中心问题”[①]。由“爱”和“智慧”构成的哲学，不管其思想体系属于哪一派，都凝聚着哲学家、哲学工作者捕捉到的该时代人类对人与世界相互关系的自我意识，都贯穿着哲学家和哲学工作者用以说明人与世界相互关系的独特的解释原则和概念框架，也就是说，人是哲学的一个永恒主题。

周浩波在《教育哲学》一书中，以1963年英国教育哲学家彼得斯在伦敦大学接任里德的就职演说为界，把20世纪的教育哲学分为两大阵营：传统的或规范性的教育哲学（或称规范教育哲学）和分析教育哲学[②]。规范教育哲学有以下两个特征。第一，从研究方法上说，它在演绎和经验归纳两者之间摇摆。就演绎文献看，它求助于一般哲学理论，从中抽取出一系列原理当做大前提，如关于世界和人性的假定，关于真、善、美的假定，从而导出教育中的一系列结论。从经验归纳方面看，它还将多种习传已久的教育经验用学术的语言不加论证地提供给读者。第二，从目的上看，它总是试图为教育工作下指令、开处方，力图规范实践。规范教育哲学研究存在的问题是显而易见的，即忽视了教育自身的特殊性，从而取消了教育哲学作为一门独立学科的地位。而分析教育哲学则将目光移到教育过程上来，从而使教育哲学研究获得了自主性，但由于分析教育哲学自身的缺陷，它已退出历史的舞台。教育哲学自身发展历史的这种转折向我们透露了这样一种信息，即教育哲学研究的理智视界必须定位在“教育”之上。换言之，教育哲学必须关注的是从事于教育事业的各式人员的独特的生活方式的秩序安排及其存在的合理性的阐释，其中包括以理智事业为主的研究人员、以决策事业为主的决策人员以及以教育、教学实践事业为主的教育人员。正是他们的思维与行动构成了教育哲学视界的基本内容。[③] 可以发现，教育哲学的研究对象首先就是“教育”。这似乎是“教育哲学”的词中应有之义，或者有“顾名思义”之义，没有“教育”的哲学，自然不是什么“教育哲学”，而仅仅是哲学在教育领域中的演绎。

正如杜威在《民主主义与教育》一书中所表述的：“如果我们能够将教育看成是形成有关自然和人类自身的基本理智与情感品质的过程，那

---

① 叶澜．教育研究方法论初探［M］．上海：上海教育出版社，1999：129.

② 此分类法也可参阅：范国睿．教育哲学与教育科学：历史的观点［J］．华东师范大学学报（教育科学版），2000（1）：13 – 27.

③ 周浩波．教育哲学［M］．北京：人民教育出版社，2000：3 – 7.

么，我们就可以把哲学定义为一般的教育理论。”① 这一说法反映了教育的本体，接近了教育之为教育的真理。在阅读中外教育哲学家的著作时不难发现，他们在回答“什么是教育”这个问题时，往往会追问“人是什么”，因为人是教育内部的基本的、主要的成分。“人是什么”已经不是一个新鲜问题，然而，问询这一问题最多的是哲学家，它本应是教育界问得最早、问得最多的问题。许多哲学家都写过有关教育的作品，这可能是因为教育是人生的一个必要组成部分，很难想象没有教育的人生。对于人生问题的思考总是伴随着对于教育问题的思考，过去如此，今天也是如此。对人的本体的追问是人的深度价值所在，也是教育的深度价值所在。如果我们所谓的教育不是为了人的完美德性而存在着，那么这种所谓的教育会因为推动其教育意义而不是“教育”。由此可见，教育是什么？人是什么？人与教育的关系是怎样的？教育哲学所要回答的就是这样一些最本质的问题。

二、技术哲学

作为人类生存方式的技术与人类的历史同样久远。我们以石器时代、青铜器时代、铁器时代、机器时代、电子时代命名不同的人类历史阶段，既突出了技术之于人类生存的根本性，又突出了技术之于人类文明演进的决定性。然而对技术的有意识的反思，并不是一开始就有的，而是在人类历史发展的特定阶段才会发生的。在直至欧洲文艺复兴运动之前的漫长时期内，技术作为人类生存的“代具”天然地嵌入在各具特色的地域文明之中。随着中世纪后期科学技术的发展，技术作为人类改造自然的有效手段而成为近代人追求和颂扬的对象，然而，在人们开始庆祝技术上的巨大成功之时，技术的一系列负面效应也日渐突出。在当今这个“技术时代”里，技术已渗透于社会生活的各个方面，从普通人的衣、食、住、行，到国家的政治、经济及军事活动，无不打上技术的烙印。20 世纪后期技术日益成为人类关注的中心话题，一系列重大事件促使人们对技术进行深刻的哲学反思与探究，由此促进了技术哲学的发展和繁荣。

---

① 杜威．民主主义与教育［M］．王承绪，译．北京：人民教育出版社，2001：347.

（一）技术哲学发展概述

在传统的哲学看来，技术即无思，是一种知识贫乏的活动，无哲学研究之必要。另外，在历史上，人们常常缺乏甚至鄙视实践知识、实践活动，因为技术往往是掌握在奴隶或劳动者手中，而体力劳动往往是受到轻视的。另外，从事具体技术操作或实践活动的人的理论知识又相对不足，也导致了学者传统与工匠传统的隔离，使得技术知识难登大雅之堂。随着科学与技术在近代的加速成长，有关科学与技术的进一步思考也得到了发展。例如，近代早期的英国唯物主义者 F. 培根在《新大西岛》中提出了技术统治论学说，经验主义者霍布斯（1588—1679）也对技术持乐观主义态度。由于当时的生产力水平不高，工业尚不发达，近代哲学家们能感受到的只是技术对人类生存的重要性，而对技术给人的自由所带来的损害等一系列问题还尚无直接感受，也就不可能对之作出深入的思考。

随着科学技术的发展，工业文明虽然给人类带来了巨大的物质财富，但人不但没有得到解放，反倒成了机器的奴隶。技术的这种异化现象便成了 18 世纪浪漫派人文主义的批判对象，其批判的着力点在两个方面：一是在器物层面上对工业文明所作的批判，表现为对机器、技术和科学的卢德派（Ludditism）① 的拒斥上；二是从哲学层面上对以理性、计算和控制为基础的技术思维方式的批判。相比之下，后者更能从本质上揭示工业文明的要害。早期人文主义者对技术的这种批判往往被看做严格意义上的技术哲学的开端。

技术哲学开始成为哲学的一个分支的标志，一般认为是 1877 年德国学者 E. 卡普的《技术哲学原理》一书的问世。在其代表作中，卡普开宗明义地指出：本书的目的在于对出自人手的人工制品的产生和完善进行思考性的观察，同时把工具的产生和完善看做人的自然意识发展的首要条件加以阐述，并由此而把对技术设备的详细分析与有关人类文化意义的思考结合起来。德国哲学家、生理学家、工程师、弗赖堡大学教授德韶尔（F. Dessauer，1881—1963）在技术哲学史上占有重要地位，是第二次世界大战前后技术哲学领域中最重要的人物之一。他先后发表了《技术文化》（1907）、《技术的核心问题》（1945）和《关于技术的争议》等重要著作，

① 卢德派运动指 19 世纪初用捣毁机器等手段反对企业主的自发工人运动。“卢德派”这个词指所有反对技术进步的人。

其中闪现着他的技术乐观主义态度。如果说从卡普到德韶尔的德国技术哲学有着明显的工程传统，其主要涉及工程技术本身的性质、意义和发展规律，并对技术抱有理性主义和乐观主义的态度，那么，第一次世界大战之后，德国技术哲学则具有明显的反理性主义和悲观主义特色，这在存在主义哲学家海德格尔及雅斯贝尔斯那里表现得尤为突出。德国哲学家海德格尔（M. Heidegger，1889—1976）以他对人的生存状态的深刻论述而被誉为最杰出的存在主义者。从20世纪30年代起，他就开始转向技术问题，关注现代工业社会中人的意义与命运。在他看来，现代技术的全球化运动是一股巨大力量，这种力量对历史所起的决定性作用是无法估量的。他关于技术的本质及其与人的本性之间的关系的形而上学批判使技术哲学达到了新的高度。

以霍克海默、阿尔多诺、马尔库塞、哈贝马斯为代表的法兰克福学派的社会批判理论是技术哲学的一支劲旅。他们把科学技术看做发达工业社会或晚期资本主义社会的一种新的统治形式和意识形态，自然地，他们逐渐从早期对资本主义制度的批判转移到对科学技术本身的批判。由于他们从人本主义出发，即要求重视人，关心人的作用，以人作为衡量一切的标准，把人的自由解放和自然实现当做最高目标，因而当代科学技术的消极作用也就成了他们对科学技术进行批判的焦点，以此为中心，他们就技术与理性、科技与统治、科技与意识形态、科技与人类未来等方面的问题进行了深入的批判分析，为技术哲学的丰富与发展作出了重要贡献。

1956年，为庆祝建会一百周年，德国工程师协会成立了专门的“人与技术”研究小组，并设置了以下各专业委员会：教育学与技术、宗教与技术、语言与技术、社会学与技术、哲学与技术等。所有讨论的问题，包括科学与技术的意义、工程设计的方法论、发达工业社会的教育以及技术活动的各种特征等都与技术密切相关。20世纪60年代以来，各专业委员会相继发表了许多研究成果，从而推动了技术哲学全面、深入的发展。

与德国和法国相比，技术哲学在英国和美国的发展则相对较晚。而且不同的是，前者主要源于对技术的本质及其与人的关系等问题所作的哲学思考，后者则主要来自对技术所进行的社会学及历史方面的探讨。

20世纪70年代以来，历届世界哲学大会和社会学大会都把科学技术与当代社会和人的关系作为主要议题之一。1973年第十五届世界哲学大会的中心议题之一为“技术文化和技术人”。1979年国际第十六届科学大会正式确认技术哲学为一门独立的学科。与此相应，目前西欧、美国的许多大学的哲学系都开设了技术哲学的专门课题，作为本科生和研究生的必修课。这一切都表明，技术及相关问题正在成为哲学关注的焦点，技术哲学正成为哲学研究的新领域。

技术哲学作为哲学的一个分支，在发展中如同其他哲学学说一样，歧见纷呈。自从美国技术哲学家卡尔·米切姆将技术哲学区分为工程学的技术哲学和人文主义的技术哲学以来，这种分类得到了越来越广泛的承认。根据卡尔·米切姆的解释，所谓工程学的技术哲学，"强调对技术本身的性质进行分析：它的概念、方法论程序、认知结构以及客观的表现形式。它开始使用占统治地位的技术术语解释更大范围的世界"。相比之下，人文主义的技术哲学则"力求洞察技术的意义，即它与超技术事物：艺术和文学，伦理学与政治学，宗教，等等的关系。因此，它也力图增强对非技术事物的意识"①。由此可以看出，工程学的技术哲学与人文主义的技术哲学走的是两条方向相反的研究路线，前者是从技术本身入手，通过对技术的逻辑实证分析而达到对外部世界的解释，即从技术到外部世界；后者则从非技术的人文关怀入手，通过人文科学的解释方法而达到对技术的理解和评判，即从外部世界到技术。不论何种技术哲学学派，无不以"技术"为其学说构建或思想体系的"本体"前设，无不主张自己学说的"技术本体"前设与现实的技术的客观实在性的统一性或统一的可能性。这就表明，技术哲学的不同学派在"本体"维度，无不指向着"技术"。或者说，正是技术哲学的不同学派都在"本体"维度指向"技术"，才使自己成为技术哲学内的一种构成，才作为技术哲学的一个学派而存在。

20 世纪 70 年代以来，技术哲学进入自身发展的新阶段。从宏观上看，当今技术哲学有以下三个比较明显的变化②：技术哲学的专业化趋势；对技术涉及的一系列相关问题进行广泛和形式多样的讨论；伦理学和社会学对技术的一些最主要的问题表现出日益增长的兴趣。

技术哲学的专业化首先表现在有关文献的急剧增加。在德国、美国、日本和苏联等工业比较发达的国家，这种现象表现得更突出一些。例如在德国，从 20 世纪 70 年代以来出版了相当多的文集和专题著作。除此之外，在百科全书出版物中，技术哲学条目也占据一定比重。另外，在欧洲

---

① 卡尔·米切姆．技术哲学概论［M］．殷登祥，曹南燕，译．天津：天津科学技术出版社，1999：39.

② 曹克．变化和发展中的技术哲学［J］．自然辩证法研究，2000，16（6）：19－23.

科学与技术协会和德国科学技术研究会的支持下，开展了对技术的跨学科研究，为技术哲学领域的研究工作提供了重要条件。

如果说传统技术哲学多少带有一些理想化和思辨性的色彩，那么新的研究风格则具有实用主义的倾向。换句话说，人们关注的是社会、哲学伦理及方法论中与技术具有直接联系的方面，力图从实践意义和经验的角度对技术加以研究，同时也考虑其他学科和跨学科研究的内容，其中包括运用来自结构主义、系统论、控制论和混沌理论等新学科的方法。比如把技术视为一个子系统，然后归并到一种可供分析的更大系统中去（通常是变化的社会文化系统，包括科学系统、政治系统、经济系统、伦理系统、医学和法律系统等），从而给出在变化的环境下对技术的分析、理解和认识；或者力图通过非常复杂的方法，将技术这个主要子集的影响从一系列复杂的变化网络中分离出来，然后把现实的情况同预测到的可能的情况加以比较，去探索技术因素的相关影响。① 当代技术哲学不仅继续关注传统意义上的对技术本身的“主题性”强调，而且也表现出对“泛主题性技术分析”的再次热衷。

技术哲学在当今变化中的另一特点是技术已开始进入某些社会科学（如伦理学、社会学、经济学、政治学和法学等）的主要选题之内。对此，不同的国家可能会有不同的重点，然而技术与社会之间有着极为明显而又密切的关系，这使得社会学家们通常比其他领域的学者们更易对技术产生兴趣。例如，我国学者肖峰提出了一种“技术的社会哲学”，欲与米切姆的划分并驾齐驱，形成一个关于技术哲学的“一总三分”的大家庭。②

当今技术哲学的主要问题并不在于从理论上把技术局限在自身系统范围内加以考察，因为它早已超越了本身作为工具意义的“器物”层次。即便是对技术本质的探讨，也必须考虑它的内涵的日益广泛性。因此，探寻技术与其他领域之间具有实践意义的相应关系，思考在技术的发生、变化和应用过程中涉及的一系列思想方式的转变，并将其纳入哲学议题讨论的一个主要方面，则是21世纪来临之后技术哲学的基本任务之一。

（二）技术哲学的基本问题是人与技术的关系

我们知道，哲学是一种世界观，一种方法论。孙正聿在《哲学通论》

---

① 罗伯特·S. 梅利尔. 技术的研究［A］. 技术与技术哲学［C］. 北京：知识出版社，1987：197－222.

② 肖峰. 哲学视域中的技术［M］. 北京：人民出版社，2007：149.

中指出，"所谓'世界观理论'，究竟是'观'世界而形成的关于'整个世界'的理论，还是'揭示'和'反思'人同世界的'矛盾'而形成的关于人与世界相互'关系'的理论?"显而易见，如果"世界观理论"是人站在世界之外"观"世界而形成的关于"整个世界"的理论，如果这种"世界观理论"是为了让人们对"整个世界"作出具有"最大普遍性"和"最大普适性"的解释，那么，这样的"世界观理论"是以"世界"本身及其运动规律作为自己的研究对象和"基本问题"的。这样理解"世界观理论"的理论后果和实践后果，必然是混淆"哲学"与"科学"的区别，乃至于仍然把"哲学"当成是凌驾于一切科学之上的"科学的科学"。所以，"作为哲学的'世界观理论'，它不是直接地断言'世界'的理论，而是'揭示'和'反思'思维把握和解释世界的'矛盾'的理论，是推进人对自己与世界的相互关系的理解和协调的理论。"①按照这样的逻辑推理，我们不难发现，作为哲学的分支学科的技术哲学，如果仍理解为"关于技术的哲学"或"以技术为研究对象"，则不利于学科的发展。

哲学不是人站在"世界"之外来"揭示"世界的"一般规律"，而是把自己放在属人的世界之中，追问人与世界关系的智慧之学。同理，技术哲学也不可能脱离人来反思技术，只能思索属人的技术世界中人与技术的复杂关系，并把这一关系作为自己的基本问题。如果把技术哲学理解为"关于技术的哲学"或"对技术的系统哲学反思"，就是直接地以孤立的、抽象的"技术"存在作为对象而形成关于"技术"的观点。由此，技术哲学的基本问题不是技术而是人与技术的关系问题，亦即人把自己同技术的"关系"作为对象而进行"反思"。这样，既要反思人对技术的认识问题，又要反思人对人与技术关系的评价问题，更要反思人自身的存在与发展问题，从而实现人与技术的协调发展。也就是说，技术哲学不是"反思技术"，即不是指人站在"技术"之外来揭示技术的一般规律。恩格斯在批判自然主义时指出："人的思维的最本质和最切近的基础，正是人所引起的自然界的变化，而不单独是自然界本身；人的智力是按照人如何学会改变自然而发展的。"② 显然，一切技术及其变化都是由于人的活动引起的，而技术不会自动地满足人，只有人才会以自己的行动来改变技术、改变世

---

① 孙正聿．哲学通论［M］．沈阳：辽宁人民出版社，1998：143.

② 陈文化，沈健，胡桂香．关于技术哲学研究的再思考——从美国哲学界围绕技术问题的一场争论谈起［J］．哲学研究，2001（8）：60－66.

界，从而创造技术、创造世界。

技术是人类实践活动的产物，又是人类实践活动的前提，它作为人类生存活动必须依存的对象而成为人类存在，即人的生活、生产过程的组成部分。技术从其产生到发展，无一不是人的创造性行为，因此，技术的本质及其发展规律的揭示就与人的实践活动相关。毫无疑问，技术哲学就是探求技术与人的一系列关系问题。

（三）教育技术哲学

从学科的属性来讲，教育技术哲学是一个交叉性的研究领域。如果说教育哲学是关于教育的哲学，技术哲学是关于技术的哲学，那么，教育技术哲学是关于教育技术的哲学，是教育哲学在教育技术问题上的展开或具体化，甚至构成为教育哲学的一个分支。这样，教育技术哲学存在的合理性也就可以从哲学向教育哲学的延伸来加以推论。同时，教育技术哲学也可以看做技术哲学的一个分支，也是技术哲学走向现实性应用的一个环节。也正因为如此，教育技术学作为二级学科隶属于教育学，在多年的发展中逐步形成了自己独特的关注教育、教学问题的技术学视角，并得到了教育界的肯定和认可。与此同时，随着研究队伍的不断发展壮大和越来越多的关注教育技术的其他学科学者的加入，当前的教育技术学逐步形成了自己对教育的话语权和独特的话语方式。

1. 教育技术的发展需要教育哲学

教育技术需要教育哲学，这是毫无疑义的。然而对于教育技术人员来说，似乎从未在自己的实践活动中“应用”过教育哲学，在他们看来，教育技术涉及的都是实践活动，处理的都是具体事件，与教育哲学的关系较远。这种观点非常具有代表性。例如，当前教育技术领域的研究内容之一是网络教学，人们纷纷构建基于网络的教育理念、教学模式和操作方法，却很少有人思考网络教学对教育目的的支持度。教育目的是培养什么样的人的问题，所有的教育技术必须在此背景下发挥作用，缺乏这些领域的支持和帮助，无论是教育理论工作者，还是教育实践工作者，都无法寻觅到自己行为的真正意义，陷入“技术悖论”却毫无觉察。[1]

教育技术为什么需要教育哲学？一方面是为了教育技术理论自身的完

---

① 李子运．教育技术学若干问题的反思——兼论开展教育技术哲学研究之必要性［J］．电化教育研究，2006（9）：8－11.

善，教育哲学能够为教育技术的研究直接提供基础、思维方式、思维路线和价值导向的建构作用，并为教育技术工作者对已有的教育技术观念和方法进行反思起到批判作用，为教育技术的深入研究提供多种可能思路起到开拓作用。另一方面，也是最为重要的一个方面，那就是教育技术本身需要教育哲学，教育技术实践过程是教育活动，需要一个路标来指导它的活动，这个路标就是教育哲学。教育哲学之所以能够指导教育技术实践活动，一方面是由教育技术的性质决定的，更为重要的是由教育哲学自身的性质决定的。一般来说，现实问题先于哲学问题，哲学问题先于哲学思考，思考的目的是解决现实问题。对此，乔治·奈勒说过这样一段发人深省的话："无论你干哪一行业，个人的哲学信念是认清自己的生活方向的唯一有效的手段。如果我们是一个教师或教育领导人，而没有系统的教育哲学，并且没有理智上的信念的话，那么我们就会茫茫然无所适从。"①

教育哲学流派主要有进步主义、永恒主义、要素主义、存在主义、行为主义、后现代主义等。② 这些教育哲学流派大都从一定的哲学观点出发，阐明对教育、教育目的的基本主张，从而构建各自的理论体系，而正是由于哲学观的不同，使得各派的教育主张大相径庭，即使是同一派的教育哲学家的见解也有差异。上述种种流派的教育哲学观念对教育技术领域中的研究问题及研究方法的选择产生着潜移默化的影响，不同的教育哲学信仰导致了研究主体对教育技术的不同理解，其中行为主义与进步主义对教育技术的历史影响尤为明显。这可以从教育技术的发展历史中窥其一二。我们知道，教育技术兴起于20世纪20年代的视听教学运动。在20世纪20年代，进步主义运动正当其时。视听教学运动不可避免地受到了进步主义教育运动及其教育哲学的影响。在某种意义上，正是以杜威教育思想为指导的进步主义教育运动和作为一种教育哲学的行为主义，二者共同促成了视听教学运动的产生与发展。前者为视听教学运动提供了思想来源，后者则为视听教学运动提供了研究与实践的方法论基础。

2. 从技术哲学角度来思考教育技术

事实上，由于教育哲学的长期发展及人们在教育教学中的自觉不自觉的运用，当代教育哲学的发展已经大大深化了人们对教育本质和规律的认

---

① 陈友松．当代西方教育哲学［M］．北京：教育科学出版社，1982：28.

② 范国睿．教育哲学与教育科学：历史的观点［J］．华东师范大学学报（教育科学版），2000（1）：13－27.

识，并自觉地推动着教育技术理论和实践的发展。然而，技术哲学作为一个新近兴起的学科，却很少有人从教育技术领域的应用上对其进行深入的思考。

现代技术进入教育领域后，教育的工具和环境发生了变化。例如，过去人们使用黑板、粉笔，现在人们逐步使用幻灯片和投影仪；过去人们在教室中上课，现在人们开始在网络虚拟教室中上课。然而，照本宣科、“宣传式教育”“广告式教育”仍然普遍存在，很大程度上依然是“黑板搬家”，是传统教育的翻版。原因在于真正的教育技术的改善成了被遗忘的角落，人们甚至将教育的工具和环境误以为是“教育技术”。这里需要关注的是，遭遇“遗忘”和“误以为”的历史境遇的原因是人们对教育自身的改变一直以来缺少一种技术的眼光。

目前，教育技术之所以较多地应用于学校教育中，是因为长期以来人们把教育技术划入教育范畴，而忽略了它作为技术的广泛应用性。有了技术哲学的理论支撑，不仅有利于拓宽教育技术研究成果的应用领域，而且可以拓宽教育技术人员的眼界和思路。美国教育技术专家海涅克教授认为，教育技术作为一个专门的研究领域，与其将教育技术看做教育的一个从属部分，不如把它看做技术的一个从属部分更合适。[①] 过去教育技术的研究及其成果的应用大多局限在教育领域，这虽然没有造成教育技术发展的停滞，却大大阻碍了它应有的发展速度。因为教育技术发展至今，已经有了很强的适应性和操作性，同样可以应用到教育以外的其他领域。事实上，今天的教育技术也已经开始从教育领域走了出来。例如，教育技术应用于企业中，帮助企业对职工进行培训，提高绩效。

我们的教育总是处于一定“技术环境”中的教育，教育技术的产生源于“技术”的发展，教育技术的发展也离不开技术的进步。鉴于教育技术的产生及其发展与技术的密切关系，教育技术需要技术哲学。首先，以技术哲学的思维方式理解教育技术，其着眼点不应该仅仅是如何把技术应用到教育领域中来，它应该更多地关心为什么要把技术运用到教育中来、怎样通过技术更好地实现教育目标之类的问题。其次，以技术哲学的思维方式反思教育技术，不仅会从解释教育技术的角度，而且会进一步从改变教育技术的层面理解教育技术。最后，以技术哲学的思维方式反思教育技术，必然会深化人们对教育、人、技术的本质的对象化的认识和理解。

---

① 朱晔．海涅克教育技术观评析［J］．外语电化教学，1995（3）：48－49.

人们一般认为，在教育技术领域最早涉及教育技术哲学研究的人是詹姆斯·芬恩（James Finn），而最早明确提出教育技术需要形成一种自己的哲学，并对这一问题进行了深入研究的人则是唐纳德·伊利（Donald Ely）。伊利曾于1970年在《英国教育技术》杂志上发表了一篇关于教育技术哲学的文章 *Toward a Philosophy of Instructional Technology*，算是最早探讨教育技术哲学理论的先驱。伊利对教育技术的哲学思想进行了系统梳理，认为由查特斯—戴尔—霍本—芬恩构成的学术谱系为教育技术贡献了大部分的哲学思想。① 1999年，应《英国教育技术》杂志主编的邀请，伊利又撰写了 *Toward a Philosophy of Instructional Technology: Thirty Years On* 一文，探讨了30年来教育技术哲学的变化。② 伊利认为教育技术的哲学是一种“变化”的哲学。无论是教育技术对教或学理论的依赖，还是新技术的出现，都会不同程度地对其产生影响，甚至引起教育技术历史的转向，这在一定程度上印证了教育技术“易变”的特点，这或许是为什么伊利认为任何教育技术的哲学和定义都是暂时性的缘故吧！但这一特性与技术哲学关注“改造”“改变”“操作”的价值性是不矛盾的。

20世纪80年代以来，随着技术哲学在我国的兴起和成熟，许多学者开始将技术哲学作为教育技术的理论基础之一，并对教育技术进行了进一步的哲学思考。最早从技术哲学视角思考教育技术的文章有两篇。一篇是李芒在1998年第7期的《教育研究》上发表的《关于教育技术的哲学思考》，该文力图把教育技术的研究纳入到哲学视野中，参照技术哲学中对技术构成要素的分析方法，提出教育技术由三个要素构成，并进而分析了教育技术的内部结构。另一篇是桑新民在《电化教育研究》1999年第2期和第3期上连载的《技术—教育—人的发展——现代教育技术学的哲学基础初探》，该文论述了技术哲学是教育技术的哲学基础之一。然而，正式使用“教育技术哲学”一词，并对其作相应分析却是近几年的事。从文献资料上来看，发表于2002年第4期《电化教育研究》上的《教育技术哲学初探》③ 一文，作者以技术哲学作为原型，以人的主体解放为核心，对教育技术哲学的大体框架进行了初步构建。《现代教育技术》2005年第3

---

① Donald Ely. Toward a Philosophy of Instructional Technology [J]. British Journal of Educational Technology, 1970 (1): 81-94.

② Donald Ely. Toward a Philosophy of Instructional Technology: Thirty Years On [J]. British Journal of Educational Technology, 1999 (4): 305-310.

③ 李建耀，陈莉. 教育技术哲学初探 [J]. 电化教育研究，2002 (4): 9-13.

期的《走向教育技术的哲学研究》[①] 一文，对教育技术哲学的研究问题与知识构成进行了具体分析。《电化教育研究》2007 年第 3 期的《技术哲学视野下的教育技术哲学》[②] 一文分析了教育技术哲学的研究现状，在探讨技术哲学作为教育技术哲学理论基础的合理性的基础上，从技术哲学的角度构建了教育技术哲学研究的基本框架并对相关问题进行了思考和探索。这些研究为进一步从技术哲学视角深入研究教育技术问题提供了有益的借鉴。

3. 对教育技术哲学的理解

为了更好地理解教育技术哲学，下面主要通过“教育技术哲学的研究对象”和“何为教育技术哲学”两个问题来展开探讨。

教育哲学是研究教育的哲学，而教育的问题，说到底就是人的问题。具体地说，教育的世界是人的世界，教育活动是一种人为的和为人的社会实践活动。可以说，没有人也就没有教育，没有对人的正确认识也就无法开展正确的教育活动。因此，人必然是教育哲学的一个永恒主题。作为教育范围内的一个研究和实践领域，教育技术涉及教育系统和教育过程的所有方面，因此，探讨教育技术哲学的研究对象必然要和教育哲学的研究对象结合在一起。另外，技术哲学作为哲学的一个二级学科，也必然会对人与技术的关系给予特别的关照，这在上文已有论述。人是一定技术环境中的人，人类的教育也是处于一定技术环境中的教育。人类教育的产生发展同特定的技术环境密切相关，特定的技术环境形成人类特定的学习环境，并造就了人类特定的教育方式、学习方式。同样，教育技术也影响或改变着教育系统中人们的感性生活、组织方式以及人与物、人与人之间的关系。由此可见，既是教育哲学的分支，又是技术哲学分支的教育技术哲学，其基本问题也必然是人与教育技术的关系问题。

以“人与教育技术的关系”作为教育技术哲学的研究对象，在对两者关系的哲学反思基础上，可以得出教育技术产生的必然性及发展的一些规律性，从而把握教育技术作为一种存在的最本质的东西。也就是说，“人与教育技术的关系”构成了教育技术哲学本体论研究的基础。

以“人与教育技术的关系”作为教育技术哲学的研究对象，可以避免

---

① 郑旭东，孟红娟．走向教育技术的哲学研究［J］．现代教育技术，2005，15（3）：14－17.

② 李世改，李红梅．技术哲学视野下的教育技术哲学［J］．电化教育研究，2007（3）：22－25.

教育技术哲学只强调研究“教育”“技术”问题，而忽视研究人、人与教育、人与技术的关系问题。教育技术哲学以“人与教育技术的关系”为研究对象，必然要追问以下几个教育技术中的哲学问题或带有哲学性质的问题。

（1）教育技术是什么？当我们查阅教育技术的定义时，一长串的“为了……”会进入我们的眼帘：教育技术就是“为了……”。可是教育技术究竟是为了什么？是为了学校的教育、教学吗？表面看来也许是这样，但是当我们深层次思考教育技术时，便会得出新的结论：教育技术是为了人，是为了人的发展。（2）“人与教育技术的关系”问题为什么是教育技术哲学的研究对象？“教育技术哲学”在教育哲学和技术哲学中分别居于什么地位？（3）从早期的视觉教学发展到视听教学，之后从关注物（媒体）转到关注过程的视听传播；从以行为科学为理论基础的教学机器到程序教学，再到计算机辅助教学及现今被广泛研究的个别化教学系统，教育技术发展的规律是什么？（4）“教育技术”与“教育”的关系是什么？（5）“教育技术”具有“一般技术”的哪些特征？……

“何为教育技术哲学”这一问题的讨论是以“人与教育技术的关系”的引入为前提的。我们知道，动物只是内在于世界并仅仅表现为世界的构成，而不发生与世界的对象性关系；而人却不同，人和世界的关系不仅具有内在性，而且呈现对象性的特点。同样，人与教育技术的关系也是对象性的关系。就教育技术之为人的对象而言，关于教育技术的以下三重问题便难以回避：是什么？意味着什么？应当成为什么？

（1）从教育技术哲学的维度上看，“是什么”涉及人与教育技术的认识关系，研究人如何认知教育技术，如何理解教育技术，包括教育技术的本原、教育技术的真实形态、教育技术的发生和发展等。在人与教育技术这对关系中，教育技术哲学把人作为认识主体，把教育技术作为认识客体，并试图揭示两者的关系。一般来说，认识论是很难和本体论分开的，因为我们对认识过程的理解无法离开对存在形态的把握。

（2）“意味着什么”主要讨论教育技术所具有的意义，也就是教育技术哲学的价值论研究。价值论问题是现代哲学越来越关注的重大问题，它包括一系列与人们的生活密切相关的理论问题。近年来，国内学者不断地拓宽和深化价值论研究，并主要围绕着“价值是什么”“价值判断的根据何在”“价值判断和事实判断的关系”等难点和热点问题展开了持久的热烈争论。了解和思考这些问题，有助于深化我们对教育技术“意味着什么”的哲学追问，会引导我们合理地对待教育技术的价值负荷等问题。

（3）“应当成为什么”涉及的是如何通过教育技术的实践过程，来实现前面提到的教育技术本身及其对人所具有的意义，亦即如何把这种意义转化为现实，这就进入了教育技术哲学实践论的论域，也就是研究人与教育技术的实践关系。教育技术不是本来就有的，教育技术本身也经历了从无到有、从产生到完善、从完善到更新的过程。教育技术哲学关注实践过程中的具体问题，但重点不在于解决问题的具体手段，而是以具体的问题为起点，探索更一般的问题，从而揭示人与教育技术之间能动的实践关系的规律性。

对“是什么”的追问指向教育技术本身，对“意味着什么”的关切则着重于教育技术对人所呈现的价值意义，二者角度不同，前者所突出的是人与教育技术的认识关系，后者则主要展示了人与教育技术的价值关系，但都旨在敞开和澄明教育技术。一般来说，“是什么”和“意味着什么”的问题，还只是涉及说明的层面，其主旨在于解释教育技术；而“应当成为什么”在揭示人与教育技术的关系的规范之维的同时，也将变革教育技术的问题引入了教育技术哲学之域。换言之，教育技术哲学除了说明、解释教育技术之外，还具有规范、变革教育技术的功能。从中不难看出，人与教育技术的如上三重关系，既蕴涵着如何认识、把握教育技术的问题，也关联着如何规范、变革教育技术的问题，它们同时构成了理解“教育技术哲学何为”这一问题的前提与背景。从总体上来看，这三重追问的意义就在于，把说明教育技术和规范教育技术联系起来，引导人们在知和行的统一中展示教育技术哲学的意义。

三、实践哲学

伽达默尔指出，“教育只是在实践开始时才真正开始”[①]。教育是文明的标志和指南。今日教育的危机实际上是人类文明本身的危机。应付这种危机的方式便是“对实践的真正意义进行哲学反思”。当代哲学界尽管存在着对实践概念的种种不同规定，但人们常常又回复到古代的实践概念，即要把实践行为与技术或工具理性分开。原因在于，近现代科学技术的发

① 伽达默尔．伽达默尔选集·赞美理论［M］．夏镇平，译．上海：上海三联书店，1988：146.

展虽然提高了人们的物质生活水平，但它不仅使人失去了自由，而且使人类文明陷入了前所未有的危机。现代实践哲学家认为，产生危机的根源在于人类失去了对自身行为的理性反思，失去了对实践的判断力，因而使实践生产化、技术化，使理论知识化、工具化。所以，要治愈现代社会的病症，就必须重新拥有实践判断力，而这需要恢复西方的实践哲学传统，把实践概念从技术实践的含义中"拯救"出来。将实践抽象为物质生产固然不妥，但企图通过回到古希腊的实践传统来解决问题，而不顾实践方式的变化，同样亦成问题。

（一）实践哲学发展概述

什么是实践哲学？要回答这个问题，首先需要从古希腊实践哲学奠基人亚里士多德的实践哲学谈起。"实践"（Praxis）一词在古希腊文献中早已有之，其最初含义是指一切有生命东西的行为方式。正是在此基础上，亚里士多德赋予了"实践"概念以"反思人类行为"的哲学含义；特别是在亚里士多德的伦理学中，"实践"一词作为一个特殊的人类学范畴得到了哲学的规定。[①] 亚里士多德着眼于实践来研究人的行为，曾把人类的所有行为和活动都称为实践，实践就是人类活动的全部形式的总称。他试图把人类的全部活动归结为一种终极性的"善"的统摄，在他看来，"一切技术、一切研究以及一切实践和选择都以某种善为目标"[②]，从而实践就成为以终极的"善"为指向，或者说贯穿着"至善"的人类的各种行为、活动的总体。该思想给人类的各种行为和活动注入了一种统一性，注入了一种终极关怀的元价值。

然而，亚里士多德并没有把这一思想坚持到底，他的实践哲学的主导倾向是一种实践二元论。古希腊时期，日趋行业化的社会分工、精神活动与物质生产活动的分离、贵族阶层与"贱民"奴隶的对立，成为亚里士多德实践哲学思想生成的社会基础。亚里士多德把人的活动分为三种：创制、实践和思辨。所谓创制，主要是指生产和技艺活动，这种活动不以自身为目的，是工具性活动，其理性品质是技术；所谓实践，主要是指政治和伦理活动，这是一种以自身为目的的自由活动，其理性品质是明智；而

① 张能为．理解的实践——伽达默尔实践哲学研究［M］．北京：人民出版社，2002：94.

② 亚里士多德．尼各马科伦理学［M］．苗力田，译．北京：中国社会科学出版社，1999：1－2，12.

思辨活动也是以自身为目的的活动，主要包括哲学、数学和物理学活动等。在活动的自足性和自由性上，实践与思辨相同，所以，亚里士多德有时把思辨活动也归入实践，而且是最高的实践。实际上，亚里士多德把人的活动分成了两大类：一类是“为着必需的，为着他物而被选择的”工具性活动，即创制，这种活动的目的在活动之外，活动的目的是为了人的生存；另一类是“以其自身而被选择的”自由活动，即实践和思辨，这种活动的目的在活动中，人在这种活动中能够得到快乐。在亚里士多德看来，两者各不相干，互相对立，“创制和实践两者都以可变事物为对象。然而两者互不相同，实践并不是创制，创制也不是实践。一切技术都与生成有关，而运用技术也就是研究使某种可以生成的东西生成。这两种东西生成的始点在创制者中，而不是在被创制者中。技术是种创制而不是实践”。[①] 亚里士多德把人的自由活动（实践）和人的生产性活动（创制）截然分开，割裂人的活动和行为的统一性，把实践和创制对立起来。

亚里士多德同苏格拉底、柏拉图一样，认为创制（生产制造）是与物相接触的活动，而与物接触的活动就要受物的制约，使人附属于物质，成为物的奴隶；而且，创制作为一种为他的活动，只能是实现其他目的的手段。[②] 因此，与这种工具性活动的性质相一致，这种活动的主体只能是奴隶——创制就是奴隶所从事的活动。创制作为一种“贱民”的生产活动是有条件的，就其活动性质和活动主体来说都是不自由的。实践则是一种自为的活动，从人的动机上看，它是无条件的被选择的行为，在这种意义上，它也是自由的行为。不需要任何条件的只能是纯粹的思辨——一种彻底摆脱物的制约和控制的活动，所以思辨活动是最符合自由原则的实践，“所说的自足，最主要须归于思辨活动”。[③] 于是，思辨活动和哲学思考就成为与行动和生产活动相对立的真正的实践。

在文艺复兴全面成熟期，近代意义上的自然科学开始在各个领域得到确立，技术也取得了长足的发展。自此，亚里士多德所说的“创制”性活动（生产性活动和功利性技术活动）被凸显出来。F. 培根和百科全书派

---

① 亚里士多德．尼各马科伦理学［M］．苗力田，译．北京：中国社会科学出版社，1999：125.

② 亚里士多德．尼各马科伦理学［M］．苗力田，译．北京：中国社会科学出版社，1999：12.

③ 亚里士多德．尼各马科伦理学［M］．苗力田，译．北京：中国社会科学出版社，1999：232.

把工匠的各种手艺同对自然的认识和实验一起列入实践的内涵。应当注意的是，培根把实践直接等同于科学的技术化，这就彻底转换了实践的含义，实践无论在人们的生活中，还是在理论领域，都被深深笼罩在功利主义和技术主义的氛围之中。[①] 在这一点上，伽达默尔看得十分准确，“自从科学把它的目标放在对自然和历史事件的因果因素进行抽象分析以来，它就把实践仅仅当做科学的应用。……技术概念取代了实践概念……”[②]。伽达默尔认为，近两个世纪以来，人们对实践的最可怕的歪曲就是把实践降低到功利性的技术层面，把它看做一种纯然的技术活动。培根在认识论范畴里考察实践，从而乐观地把实践作为人类征服自然的重要手段——这种实践观极大地推动了自然科学和技术的发展，但同时也导致了一种浅近的功利主义。所以，认识论的实践观也是一种经验（功利）主义实践观。

经验主义实践观完全从人们的实际生活需要和功利性利益出发，将实践理解成出于某种外在愿望和利益的纯粹工具主义式的技术生产活动，它没有自身的内在目标，只是服务于外在目的的一种工具和手段。既然没有内在目的，而只是工具和手段，因而人类的大量物质性活动就表现出完全置善于不顾的“不择手段”。也就是说，实用主义实践观范型是割裂理论与实践的纯技术应用，它没有理性反思，毫无意义。正因为如此，近代哲学失落了实践哲学传统，丢弃了人类实践生活领域，从而导致了科学技术更改的颐指气使、飞扬跋扈，出现了科学话语霸权、科学技术理性统治一切的非常不健康的情形。

与此相反，亚里士多德的道德的、自由的实践则为康德、费希特等人所继承，并发展为一种本体论的实践观。康德在卢梭、休谟等人的影响下，清晰地表达出了对近代科技理性无限能力的怀疑。康德认为，假如人的意志根据是自然的法则，那么，实践原理就是“技术上实践的”；但由于人的意志根据是自由的，所以真正的人的实践是“道德上实践的”。[③] 在康德看来，前者是一种具体的生产实践活动，它不同于狭义上的、自由基础上的实践意义，而主要同“科学用于事物有关”，这就是在近代“认识论转折”中人所理解的科学理论的应用实践。康德实际上是用“道德上实

---

① 在国内哲学界以及日常语言流行中，我们也感受到了这种实践的功利化、技术化的趋势。在这种情境下，实践已成了一个司空见惯、在日常生活中随处可用的词语。似乎人们的任何活动都可以直接等同于实践，人们无时不在实践。

② 伽达默尔．科学时代的理性［M］．薛华，译．北京：国际文化出版公司，1988：62.

③ 张能为．理解的实践——伽达默尔实践哲学研究［M］．北京：人民出版社，2002：107.

践的”排开了“技术上实践的”，这意味着康德并没有将技术与工业看成肯定性的实践形式。康德并不研究人的具体的道德实践行为，他是从形而上学的高度来研究人的实践活动的价值与意义的根据，这种实践哲学是超验的，目的在于为人的现实社会生活提供一种本质的规定和理想性目标。康德力图通过对理论理性和实践理性的区分，重新在实践理性基础上来捍卫哲学的真正地位，建立起真正的道德实践哲学，并力图以此来重新恢复与接续在近代哲学之中迅速失落的古希腊实践哲学传统。

马克思的实践哲学继承和发展了哲学史上实践哲学的宝贵资源，把实践哲学置于人类学的视野内，从而实现了哲学史上实践哲学的一场革命。[①]马克思在《关于费尔巴哈的提纲》中，批判了一切旧唯物主义者和旧唯心主义者都没有正视人的“真正现实的、感性的”活动本身，也都没有从实践出发去理解思维与存在的关系这个哲学基本问题；此外，他还十分鲜明地指出了实践是人类社会生活的本质。马克思宣称：“全部社会生活在本质上是实践的。凡是把理论引向神秘主义的神秘东西，都能在人的实践中以及对这个实践的理解中得到合理的解决。”[②]马克思主义哲学认为，实践是人与世界对立统一的基础。在马克思看来，实践是人之本质的存在方式，因此，实践体现着人的根本的生存困境，即人的分裂及人的生活世界的分裂，体现着人与自然、个体与社会、思维与存在、精神与生命的分裂。随着实践的发展，人类将最终克服这一分裂状态，重建完整的生活世界，实现人的全面发展（完整人）。这就是马克思所说的在理想社会中，“人和自然之间、人和人之间的矛盾的真正解决，是存在和本质、对象化和自我确证、自由和必然、个体和类之间的斗争的真正解决”[③]。重建完整的生活世界，实现人的全面发展（完整人）的现实之路就是实践。

亚里士多德的实践观是一种二元论的实践观，它导致其后的哲学家各执一端，一些人把实践理解为纯然的理论活动、超验玄思以及脱离现实的恣意妄为，另一些人则把实践理解为庸俗琐碎的日常活动和功利性的生产活动；一些人把实践理解为纯粹的道德活动，另一些人则把实践理解为科学的技术化活动。现代一些西方学者试图在语词上把两者区别开来，用“practice”表示人类一般的经验活动，用“praxis”表示人类的“实践”

---

① 丁立群．论人类学实践哲学——马克思实践哲学的性质［J］．学术交流，2005（7）：1－7.

② 马克思，恩格斯．马克思恩格斯选集［M］．第1卷．北京：人民出版社，1995：56.

③ 马克思，恩格斯．马克思恩格斯全集［M］．第42卷．北京：人民出版社，1982：120.

活动。这种区分把人在不同领域的各种活动彼此对立起来，割裂了人类实践活动的总体性，也消解了人的完整性。实际上，无论是功利性活动、生产性活动还是自由的实现“善”的活动，都是人类的本质活动和存在方式。马克思主义实践哲学通过把技术与工业确定为人的本质性活动，把实践理解为人的对象性活动，开启了实践哲学的现代性视阈，建立了一种总体性的实践观，从而确定了其基本的现代性质。马克思主义创始人明确提出：劳动是人的本质存在，正是在人类使用和制造工具的劳动中产生了人与自然和人与人的关系。[①] 人与自然的关系是理论思维传统关注的对象。自从文艺复兴以来，探索自然界的奥秘一直是西方理性思考的中心，从而有了西方实证科学的巨大发展，也就充分地培育了西方人的科学精神。人与人的关系则是实践思维传统关注的对象。然而，由于理论思维传统在西方的膨胀，实践思维传统未能取得与理论思维传统平等的地位。所以，人受到了冷落，人文精神未能得到充分的发育。现代西方人本主义思潮在复兴实践思维传统的同时走向了极端，它否定理论思维传统，否定科学精神。然而这在现实中是行不通的，因此出现了所谓的人文精神与科学精神的冲突。马克思抓住了实践，因而也就找到了两大思维传统的融合点。同时，由于马克思在正确地理解了人与自然关系的基础上，把关注的中心集中在人与人的关系上，这既复兴了实践思维传统，又吸纳了理论思维传统。所以，马克思的实践哲学为解决当今科学主义精神与人文主义精神的冲突提供了答案，最终意旨在于实现人与自然、人与人之间矛盾的解决，克服人的存在的分裂，实现人的完整性及人的解放。

（二）技术之于人类生存的根本性

通常人们是在人类学的意义上来理解技术的本质，把技术作为人类学意义上的现象加以把握，认为技术是工具和人的行为。这种工具论和人类学的技术规定已经成为通行于世的关于技术的观念，这种观念也直接左右着人们对马克思关于技术实践的思考。但是当我们真正深入理解马克思的实践哲学时，我们发现他对技术本质的揭示完全是在存在论的意义上展开的。也就是说，在他看来，技术是一种存在论意义上的现象，在本质上比作为工具和人的行为更具有存在的境域，因而也是更有力、更深刻地参与

① 王玲．现代人类学思维范式的创生——马克思实践哲学新探［J］．学习与探索，2002（2）：12－15.

塑造人的历史性的存在境域。

亚里士多德、康德是从人的存在方式角度来理解实践的，他们把实践看做人的一种自由的、以自身为目的的活动，是人之所以为人、体现人之超越性的活动。马克思继承了这样一种视角，但马克思与亚里士多德和康德又有很大的不同，这表现在是否把创制活动或技术实践活动看做自由活动或人的存在方式的问题上。亚里士多德和康德所说的自由活动主要指政治和伦理活动，而把创制活动排除在自由活动之外，因为在他们看来，创制活动是人出于自然必然性、为了满足生存需要而不得不从事的低级活动，它只是人从事自由的政治和伦理活动的手段。马克思则认为，不仅政治和伦理活动是人的存在方式，而且创制、生产活动、劳动也是人的自由活动、“自主活动”，是人的“生命活动”“类生活”“生产生活”。原因在于，一方面，劳动、生产是一种“创造对象世界”“改造对象世界”的全面的活动。真正的生产体现的是人的自由性、创造性，即使是异化劳动也在一定程度上展示出劳动的这种性质。另一方面，劳动、生产并不仅仅是生产对象的活动，而且是人的“自我活动”“自我改变”的活动。因为不仅劳动产品是人的本质力量的对象化，是作为外化的人的生成，而且人在劳动过程中还生成了自身、改变了自身。在劳动是人的自我生成的意义上，劳动、生产的过程本身就成为了目的。不仅劳动、生产，而且一切实践都是人的自我改造活动。这样，马克思通过对创制活动的“本来面目”的揭示，从实践出发探讨人的自由的本质及其根据的问题，显然超出了一般伦理学和政治学的范围。

马克思要求把技术和工业看成是人生存的内在的活动，而不是与人生存相对立的东西。“他周围的感性世界绝不是某种开天辟地以来就直接存在的、始终如一的东西，而是工业和社会状况的产物，是历史的产物，是世世代代活动的结果，其中每一代都立足于前一代所达到的基础上，继续发展前一代的工业和交往，并随着需要的改变而改变它的社会制度。甚至连最简单的‘感性确定性’的对象也只是由于社会发展、由于工业和商业交往才提供给他的。”① 实践是对生存的维护，技术与工业作为人类实践的表现，同时也是人实现其生存的成果形式，还是人的生存实践活动的内在力量。人类的生存与生活已与科学技术结下了不解之缘，因此，必须把它们看成人的本质性力量的表现形式。“工业是自然界、因而也是自然科学

① 马克思，恩格斯．马克思恩格斯选集［M］．第1卷．北京：人民出版社，1995：76.

跟人之间的现实的、历史的联系。因此，如果把工业看做人的本质的公开的展示，那么，自然界的属人的本质，或者说人的自然的本质，也就可以理解了。"① 马克思并不是没有意识到科学技术的运用可能导致人的异化状况的加深。但是，在他看来，这恰恰是人的本质化得以实现的必要环节，"异化借以实现的那个手段本身就是实践的"。② 通过异化去具体地展开人生存活动的各种关系，并在实际的历史进程中扬弃异化，这显示了马克思实践生存观的历史理性与辩证法精神。

我们知道，把道德实践活动和技术实践活动结合起来分析人的整个实践活动并不是马克思的首创，德国古典哲学的集大成者黑格尔在自己的思辨哲学中就已经以抽象思辨的形式进行了这一方面的研究，而且这些成果直接构成了马克思实践哲学内容嬗变的理论资源。但是，在马克思看来，思辨哲学家黑格尔最终还是满足于抽象形式的实践，因为他所谈论的人的实践活动只是人的感性的实践活动的超验的、抽象的表现。也就是说，黑格尔还是把人的感性的实践活动纳入到了普遍的形而上学原理之中。这样一来，人的感性存在始终与黑格尔的实践哲学理论处于尖锐的对立之中。所以，尽管黑格尔的实践哲学在许多方面提供了真实评述人类关系的因素，但它仍然是在普遍形而上学的实践原理中解决人在自身的感性实践活动中的内在矛盾，遗忘了人的感性的实践活动。因此，在马克思看来，这种思辨的实践哲学必须要加以积极地扬弃。只有真正回到物质的生产关系和世界的历史视阈中来展现人的感性的实践活动，实践哲学才能在这个现实的世界中真正发挥自身应有的作用。

马克思在黑格尔关于劳动的思想基础上明确指出，劳动是人的本质存在。"人和自然、人和人之间矛盾的真正解决，是存在和本质、对象化和自我确证、自由和必然、个体和类之间的斗争的真正解决"。③ 其中，人和自然、人和人之间的矛盾关系是根本决定者，后面的诸种矛盾冲突是由这些矛盾决定的。马克思之所以强调实践，一方面在于实践活动是迄今为止人类的本质活动，是人类生成自我的主要方式，是人类生活的最大现实，无视这样一个现实，一切只能陷于空幻；另一方面则是针对他生活的那一时期唯心主义盛行的情况，以突出实践来扭转人们的思维，提醒人们对实

---

① 马克思.1844年经济学哲学手稿［M］. 北京：人民出版社，2000：81.

② 马克思.1844年经济学哲学手稿［M］. 北京：人民出版社，2000：53.

③ 马克思，恩格斯. 马克思恩格斯全集［M］. 第42卷. 北京：人民出版社，1982：120.

践活动予以充分的关注。马克思实践哲学的最终目标是要恢复人的本质力量的全面的丰富性和完整性，使人获得全面发展，使人的精神与精神的外化融为一体，使人的产品回到人本身。因此，马克思认为真正的实践哲学是从在一定物质条件下活动着的人们的物质生产活动出发，并且在对其批判的过程中阐释出来的。马克思抓住了实践，他坚决抛弃黑格尔虚幻的绝对精神，充分肯定了人的本质，因而也就找到了两大思维传统的融合点。

马克思实践哲学强调的是人的活动的主体性以及世界的属人性，强调通过“人类社会或社会化了的人类”去实现人与自然的自为的统一。但在现代性的强势语境下，主体性可能进一步膨胀为主体主义，人类意识也可能泛化为人类中心主义。要克服这一倾向，对马克思实践哲学主体性的理解需要超越近代哲学的主客二分，进入一种基于现实生活世界和人的社会化活动之上的生存论统一关系。

实际上，在哲学中有两种不同意义上的主体：一是认识论意义上的主体；二是实践生存论意义上的主体。从思想史上看，前者本质上是从现实的认识主体中抽象出来的思维形式，即“自我”或“自我意识”；后者则是直接从事实践和认识活动的人。在实践生存论看来，一方面，人的生存实践是一种本源性的存在，是世界历史的创造者。“全部所谓世界史不外是人通过人的劳动的诞生，是自然界对人说来的生成，所以，在他那里有着关于自己依靠自己本身的诞生、关于自己的产生过程的显而易见的、无可辩驳的证明。既然人和自然界的实在性，亦即人对人说来作为自然界的存在和自然界对人说来作为人的存在，已经具有实践的、感性的、直观的性质，所以，关于某种异己的存在物，关于凌驾于自然界和人之上的存在物的问题，亦即包含着对自然界和人的非实在性的承认的问题，实际上已经成为不可能的了。”① “‘历史’并不是把人当做达到自己目的的工具来利用的某种特殊的人格。历史不过是追求着自己目的的人的活动而已。”② 因而，人作为人的生存活动，是目的性的活动，是“自由自觉的活动”。③ 在这一活动中，人不断地“自我创生”“自我扬弃”和“自我超越”，从而创造性地生成和实现自身，这是人独特的存在方式。由此可见，技术之于人类生存的根本性意味着对技术的解释在最普遍的意义上就是对人的生

① 马克思. 1844 年经济学哲学手稿［M］. 北京：人民出版社，2000：84.

② 马克思，恩格斯. 马克思恩格斯全集［M］. 第 2 卷. 北京：人民出版社，1972：118－119.

③ 马克思. 1844 年经济学哲学手稿［M］. 北京：人民出版社，2000：57.

存方式的解释，尽管这种解释活动长期以来没有以系统的理论形式出现，但它却时刻发生在人们的日常生活中，发生在人们的日常实践中。

（三）关于教育的实践哲学认识

人的活动是有意识的、有目的的，人利用自然规律以实现自己的目的，这种目的常常是有限的，从自然得来的（例如维持生存）。但重要的是，“目的通过手段和客观性相结合”①，产生和得到了远远超越有限目的的结果和意义。列宁引黑格尔的话：“手段是比外在的合目的性的有限目的更高的东西；……工具保存下来，而直接的享受却是暂时的，并会被遗忘的。人因自己的工具而具有支配外部自然界的力量，然而就自己的目的来说，他却是服从自然界的。”② 人在为自然生存的目的而奋斗的世代的社会实践中，创造了比这有限目的远为重要的人类文明。人使用工具创造工具本是为了维持其服从于自然规律的族类生存，却由于“目的通过手段和客观性相结合”，便留存下了超越这种有限生存和目的的永远不会磨灭的历史成果。社会实践是人类存在和发展的基础，人类通过实践，使自然成为人的自然，不仅外在的自然界服务于人的世界，而且作为肉体存在的人本身的自然也超出动物性的本能而具有了人（社会）的性质。这意味着，人在自然存在的基础上，产生了一系列的超生物性的素质。教育就是这种超生物的遗传方式③，这正如在认识领域内产生了超生物的肢体（不断发展的工具）和语言、思维即认识能力，伦理领域内产生了超生物的道德一样。这都是人所独有，区别于其他动物的社会产物和社会特征。④

康德在《论教育》中曾经说过这样两句话：“人只有通过教育才能成为人”；“人只有通过人，通过同样是受过教育的人，才能被教育”。康德提出了关于教育的两个基本问题：人的自然（nature）和人的社会构成（social construction）。⑤ 如果我们只知道“通过同样是受过教育的人”去完成所谓“人的教育”，而不知道人的自然为何，那么这种所谓“使人成为

① 黑格尔．逻辑学（下卷）［M］．北京：商务印书馆．1976：433.

② 列宁．哲学笔记［M］．北京：人民出版社，1974：228.

③ 桑新民．呼唤新世纪的教育哲学——人类自身生产探秘［M］．北京：教育科学出版社，1993：110－116.

④ 李泽厚．批判哲学的批判：康德述评［M］．天津：天津社会科学院出版社，2003：400.

⑤ 渠敬东．现代社会中的人性及教育：以涂尔干社会理论为视角［M］．上海：上海三联书店，2006：3.

人”的教育是无论如何也完成不了的。由此可见，教育是指向于人，以成人为目的和依归的实践活动。实践哲学关切的是人的生活实践和“生活世界”，而“人类教育的产生、发展都是来源于并且归根于实践的‘生活世界’的需要。教育和接受教育，都超不出‘生活世界’的界限”。[①] 正是基于此，作为首开教育学讲授的康德、科学教育学之父的赫尔巴特、教育哲学的奠基人罗森克兰茨，以及与赫氏相对立的杜威，皆以实践哲学为根基建构了各自的教育哲学。

根据自身即是目的的实践的本质，亚里士多德把教育看成是内在的生命目的本身不断展开和实现的过程，一个人之本性从潜能到现实的活动过程。[②] 雅斯贝尔斯则从存在主义的视角精辟地指出：“如果人要想从感性的生活转入精神的生活，那他就必须学习和获知，但就爱智慧和寻找精神之根而言，所有的学习和知识对他来说却是次要的。教育只能是强迫学生学习这种观点，常常占据统治地位”；“但这种对强迫的盲目信任是一种自欺欺人的说法。只有导向教育的自我强迫，才会对教育产生效用，而其他所有外在的强迫都不具有教育的作用，相反，对学生精神害处极大，最终会将学生引向对有用性、世俗性的追求”[③]。而当教育把学生导向追求外在的有用性的事物时，也就泯灭了标识人之为人的以自身为目的的生命的实践。也就是说，教育的本质不在于产生一种实际的效果或结果，不在于塑造什么东西，而在于它展现人与存在的本质关系。曾被扎古尔·摩西极力倡导的古希腊的“paideia”（意为儿童教育），一种使个人体力和脑力的一切潜力得到充分发展及和谐生成的教育就是这样的教育，这种教育以人的自我展开和自我实现为目的，而不以一个静止不动、外在永恒的目的为目的。这与杜威的教育即生长、教育无目的有着内在的一致。如其所言[④]，“生活就是发展，不断发展，不断生长，就是生活”。用教育术语来说有以下两种表述。（1）教育的过程在它本身之外没有目的，它就是自身的目的。（2）教育的过程是一个不断改组、不断改造和不断转化的过程；“实

① 金生鈜．教育哲学是实践哲学［J］．教育研究，1995（1）：11－17．

② 用亚里士多德的话讲：“无论是一个人或一匹马或一个家庭，当它生长完成以后，我们就见到了它的自然本性；每一自然事物生长的目的就是显明其本性（我们在城邦这个终点也见到了社会的本性）。又事物的终点，或其终极因，必然达到至善……”引自亚里士多德．政治学［M］．吴寿彭，译．北京：商务印书馆，1965：8．

③ 雅斯贝尔斯．什么是教育［M］．邹进，译．北京：生活·读书·新知三联书店，1991：4－5．

④ 杜威．民主主义与教育［M］．王承绪，译．北京：人民教育出版社，1990：54．

际上除了更多的生长，没有别的东西是和生长有关的，所以除了更多的教育，没有别的东西是教育所从属的”。由此可见，教育的本质在实践，人在此中自在自为地展现自身，走向成人，教育也在使人成人的活动中是其所是，获其本质。因此，引导个体的个性与生命走向完满，使人的内部灵性与可能性在实践中充分生成，是教育的本真之意。

教育作为人类特有的活动方式，其目的在于促进个体人的形成，促进整个人类的发展和完善。近代工业革命的发展，促使近代教育关注世俗生活，着眼于满足现实人的需要，如夸美纽斯在《大教学论》中就明确表示教育是“阐明把一切事物教给一切人的全部艺术的教授学”，他认为一切知识的发现是可能的，一切知识的传播也是可能的，而这一切又必须在完全的意义上依赖于科学的成功；教育的重点是知识的传授，人的问题被忽略、被耽搁了。在古罗马时期，自然科学和人文是原始朴素统一的，那时的学问是“百科全书”式的，集自然科学和人文于一身。中世纪，基督神学使科学与人文遭到双重打击乃至泯灭。文艺复兴时期，科学与人文联姻，共同反击宗教神学的压迫，通过理性主义恢复了人的尊严，为科学也为人文发展开辟了道路。但是这种理性精神在近代由于自然科学的发展，尤其是数学的发展，转变为纯粹的工具理性和方法，造成实证主义的科学繁荣和关于人的知识的萎缩。人类为适应工业文明的需要，开始大规模分门别类地设置各个独立的学科，把原本统一的世界分拆成各个部分，把科学分解成各种门类。这种方式虽然获得了关于世界的局部知识，但丧失了对世界的整体认识，撕裂了人与自然的整体。培根的“知识就是力量”这一几乎成为几百年来人们信守不移的格言的论断，其实自始就带着一个时代的褊狭的印记。随着“力量”被非批判地崇尚，人们把“征服”和“竞争”视为人生的常态；“知识”既然只是被关联于“力量”，求知便可能游离于人的生命本真而为急切的功利所驱遣。

近代以来，学校教育中盛行的是一种唯知识、唯技术、唯能力的教育，教育的关注点从人性的发掘让位给了能力的培养，教育逐渐远离了“人”，忽视了人的精神的培养和整体人格的养成。在谈到教育的危机和科学扩张时，必须分辨两种情况：一种是为适应今天科技生活所必需的科学教育；另一种是可以引导和充实人们生活的教育。由于人们对科学教育的片面理解，认为科学教育只限于科学知识、科学技能等层面，自觉或不自觉地将科学的价值观、科学的精神等排除在科学教育之外，抹杀了它的属人特征和内在的精神层面，使之变成一种纯粹“与人无涉”的见物不见人的教育。爱因斯坦说过："科学对于人类事物的影响有两种方式。第一种方式是大家熟悉的：科学直接地、并且在更大程度上间接地生产出完全改变了人类生活的工具。第二种方式是教育性质的——它作用于心灵。尽管草率看来，这种方式好像不大明显，但至少同第一种方式一样锐利。"① 如果只关注教育的一种"技术的认识旨趣"，而不关注人的旨趣，教育就成为制造劳动者的一台机器，通过教育的塑造，掌握确定的专业知识和技能进而成为某一方面的专门人才和专家成为受教育的全部目的，这样，人越是受教育，他就越被技术和专业所束缚，越失去了作为一个完整的人的精神属性，导致的结果只能是物质至上和能力优先，遗忘了教育在本性上就是人的生命的一种自我否定和自我超越性的实践活动。

自20世纪80年代以后，伴随着哲学等人文社会科学领域对"人的呼唤"这一主题的进一步确认和探讨，以及对西方人当代精神生活的混乱和迷惘的反思，西方教育领域中主张通过人的精神世界发展来促使现代社会进步的呼声更加高涨。在教育领域中，人们从反思教育实践存在的缺失来把握人的精神发展的可能性及教育应如何改革，以精神教育的探讨为突破口，以期通过教育的努力来改变西方的现状。针对教育领域中因工具理性带来的教育异化现象，我国教育学界的学者亦对此展开了有意义的思考，如对教育异化的现象学分析、寻求科学教育与人文教育的统一、对教育技术化发展的思考、对工具理性教育的批判，以及人们多年来一直关注的生活教育、主体教育、素质教育、道德教育等。应该说，这些有意义的探索其实是来源于对现代教育问题的应答，既是当代人文主义教育所关心的主题，又不失为解决当下教育危机的基本对策。任何教育，无论它处于什么层次，以哪一方面为侧重点，都应致力于引导个体的个性与生命走向完满，这才是其安身立命之所，是其根系所在，人的自由、超越、完善、德性都应是其根本性内涵。

广义而言，自从有了人类就有了教育。在混沌的原始社会，教育同混沌的日常生活世界一体，人们通过口耳相传、生产劳动等方式向下一代传授基本的生活常识、技能以及日常行为规范。而随着人类生产劳动的逐渐发展，人类积累了丰富的生活经验，这些原初的经验经过人们的记录整理，逐渐演化成了"知识"。当这种"知识"积累达到一定量的时候，对

① 爱因斯坦．爱因斯坦文集［M］．第3卷．许良英，赵中立，张宣三，译．北京：商务印书馆，1979：135.

下一代进行教育的职责便渐渐移交给了一个专门的、独立于日常生活实践的机构——学校。教育之所以能够脱离生活世界是因为有一个世界从生活世界中脱离出来，而学校教育恰恰最能体现这一世界的精神实质并为其提供最佳的服务，因此，学校教育正是借助与这个从生活世界中脱离出来的“世界”的相依相存性而从生活世界中脱离出来。这一从生活世界中脱离出来的“世界”就是科学世界。科学的“奥卡姆剃刀”轻描淡写地剔除了与生活世界的联系而试图高居于生活之上。生活世界因而成为一个被改造的对象而不是先在于人的生活场景。教育在这一过程中担负着执行者（而不是决策者）、实验者（同时也是被实验者）的使命。教育相信科学并以科学的原则改造自身。所以从近代始，教育远离了这种目的于内不于外、关照灵魂的本真原初的实践。如卡斯尔（E. B. Castele）所说的：“古希腊人认为他们必须创造的伟大作品是人……今天，我们却不问怎样使一个孩子成为一个完整的人；而是问我们应当教他什么技术，使他成为只关心生产物质财富的世界中的一个光滑耐用的齿轮。只要我们把自己的目标局限于解决眼前的实际问题，忽视古希腊哲学家和希伯莱先知们关于‘教育是创造人使其遵守纪律、法律，为其展现’伟大的远见等学说，那么，我们便不能找到符合现代男女儿童条件的现代教育的目的。”[①] 我们知道，在苏格拉底宣称“知识就是美德”的时代，古希腊思想家追求确定性知识的努力，是试图对对象的确定把握而超越必然，达到人自身自由发展的一种手段，教育并不是一个被割裂的东西，可以说它是直接指向人生幸福，指向人的终极价值的。但是，从近现代社会一直到当代，学校教育传递着越来越精致的科学知识，引进着越来越精致的教育方法和技术，利用着越来越科学的管理程式，从而教育成为“科学”而不再是“生活”。

生活世界对于人的意蕴就在于，人当下的生活过程就是其自身的生成过程。“生活是一种自身具有目的性的存在方式，这种目的性就是生活本身的意义。”[②] 生活的目的是与生活一起显现的东西，生成的过程也是与生活一起存在的，它不是斯宾塞式的人为设置的遥远目标，而是杜威式的与生活融为一体，充满无限可能的自我生成之域。生成的过程存在于生活本身之中而不是生活之外、之上或之下。因而，实践哲学强调的是不要站在

---

① 伊丽莎白·劳伦斯．现代教育的起源与发展［M］．纪晓林，译．北京：北京语言学院出版社，1992：3.

② 赵汀阳．论可能生活［M］．北京：生活·读书·新知三联书店，1994：13－14.

生活之外去“看教育”和形成有关教育的“完整知识”，而是要把生活作为一切教育认识及其活动的根源和终极意义。否则，教育就不是关注生命、关注生活的活动，而是以外在于人的存在及其运动作为自己的活动领域。相当一段时期里，作为一项既定的社会活动的教育总是从某种先定的观念或理念出发来讨论如何培养出理想的个体，即“先设一个框架，然后用它来对教育进行规范”①，坚持某种外在的目的论来理解教育，未能看到教育的生活存在。离开生活的存在性来认识教育，就必然或多或少地使教育带有功利性，对人的发展带来直接或间接的负面影响。与生活统而为一的教育从根本上讲是哲学化的生活教育。生活教育所达成的是人生的意义和价值，这些价值既涉及人在与世界相处中的自我决定问题，也涉及人在众多的可能性中理性地塑造自己和自己的世界的问题。

早在1918年，马克斯·韦伯在其题为《作为职业的科学》的著名演讲中就已对德国大学的美国化和费希特—洪堡人文主义教育传统的逐渐丧失深为忧虑。被誉为“德国现代大学之父”的威廉·冯·洪堡继承了卢梭、康德以来的人文主义教育思想，这种理想的终极目标是人的知识、能力与个性的全面发展。以此为基础，洪堡提出教育的最终目的在于培养完善的人。洪堡认为：“不应该把人看成是装配在社会机器上的随时可以由他人替换的零件。因为，这样人就失去了做人的尊严。像人一样地生活，就意味着自己的个性。”② 人的真正目的是把他的力量最充分地和最均匀地培养为一个整体。教育即培养人。人是完整的存在，人的完整性表现为生活的完整性。教育内在地指向人之为人的完满与生活的完满。这是教育的内在目的，是第一性的、根本的目的。人是社会中的人，故教育的外在目的渗透于内在目的之中，并通过内在目的的实现而实现。蔡元培认为，教育不应把受教育者当做“何等他人或何等社会之器械而准——他人或社会之需要以为标准”，而“当以受教育者全体能力之发达为标准”③。也就是说，教育应以人为目的，而不是达到其他目的的手段。对教育者，他谆谆告诫：“养成人格之事业也。使仅仅为灌注知识，练习技能之作用，而不

---

① 刘旭东．对教育与生活关系的思考［J］．教育研究，2007（8）：39-43.

② 靳希平．十九世纪德国非主流哲学：现象学史前史札记［M］．北京：北京大学出版社，2004：23.

③ 蔡元培．1900年以来教育之进步［A］．蔡元培教育论著选［M］．北京：人民教育出版社，1991：44，46.

贯之以理想，则是机械之教育，非所以施以人类也。”①

蔡元培与洪堡都是理想主义者。对他们而言，科学与真理有其自身的绝对的价值，它们本身就是目的，这就像人应该全面发展自己的能力和个性本身就是目的，而不是为达到非人目的的手段一样。教育是一个追求这种目的的过程。教育既是人性培养的过程，也是人性实现的过程。人之所以去追求学问与真理，从根本上说，是出于人内心的需要，是人性本身的超越体现。按照康德的说法，人的存在本身就是自足的，因为“人是目的”，而且是最后的目的，亦即他的成为可能是不需要以任何其他目的为条件的②。“人是人的最高本质”③，这是人和物的根本不同。在马克思看来，人的终极价值不在神那里也不在物那里，而在人自己身上；并且这种价值既不是人身上的理性或自我意识，也不是空洞的人的普遍性，更不是对财富的贪欲与单纯的占有感觉，而是人的自由的自觉的生产性的生命活动及其全面发展。这种生产性的生命活动就是马克思所说的实践。因此，人的生命本质就在实践活动中得以彰显，人与自然、人与人的关系也在实践活动中凸显出来，世界从而成为一个实践的世界。以这样的实践哲学为基础来理解教育，这才从根本上指出了解决问题的方向。

综上所述，实践哲学视野中的教育是一种生活方式，一种化为生命血肉并贯穿生命始终的实践活动。教育是为了人的，人是主体，更是目的。正如项贤明所指出的：“教育要面对完整的人，全面地‘为了人’，它就必须面对这个包含了理性、热情和事实、奇迹的、现实的、具体的、活生生的过程，即表现为现实的人的具体生命活动的社会生活过程。一切教育都只有在这个现实社会生活过程中通过人的现实的生命活动才得以实现，而教育本身就是现实的人的活动，所以这是教育的自身同一。”④ 教育在本性上就是人的生命的一种自我否定和自我超越性的实践活动。“自然性”是人的生命得以存在的必要前提，但人又不局限于肉体生命，人还要通过实践活动去“否定”自然生命，去追求自己的属人的“目的性”，或者说追求超越自然性的“价值生命”。而且这一人的“自我实现”过程是没有止境的，人的生命就是在这一进程中不断走向壮大、成熟和自我发展的。

---

① 蔡元培．1900 年以来教育之进步［A］．蔡元培教育论著选［M］．北京：人民教育出版社，1991：43.

② 王啸．“人是价值的存在”及其教育学意蕴［J］．高等教育研究，2001，22（5）：15－19.

③ 马克思，恩格斯．马克思恩格斯选集［M］．第1卷．北京：人民出版社，1995：461.

④ 项贤明．泛教育论［M］．太原：山西教育出版社，2000：527－528.

第二章

教育与技术的关系考察

一般来说，当技术作用于社会系统时，首先作出互动反应的是经济系统层次，如指南针的发明是为了航海，计算机的发明是为了进行繁复的计算等。技术对经济的影响无论怎么强调都不过分。由于作用于社会经济系统层次的技术带有强烈的实用性和社会生活性，因此，一般情况下不会遭到社会系统的强烈反抗。之后技术才会逐步波及社会系统的其他层次。教育作为一个具有典型人文特性的领域，是使用技术最少、变化最慢的领域。尽管如此，教育却与技术有着天生、天然的密切联系。研究教育与技术的关系时，我们把教育作为特定的社会子系统①来对待，这就要求一方面必须意识到现实中不存在完全独立于“社会”之外的“教育”，以及可以将“教育”剔除在外的“社会”；另一方面不得不把“教育”从整个社会系统中“分离”出来，将之视为一种相对独立的变量，从而确立起“教育与技术”的关系命题，以便考察技术与教育的关系。

---

① 在不同研究领域中，“社会”这一概念所涵盖的“功能成分”各异。在“一般社会学”中，“社会”多半在实际上被视为一个无所不包的复合巨系统，而在以特定社会子系统（如政治、经济、文化等）为对象的各种“特殊社会学”中，“社会”则在实际上几无例外地被视为由特定子系统之外的其他所有子系统组成的复合巨系统。严格来讲，这种“社会”已不是“完整社会”，而是“功能成分缺损”的“部分社会”。吴康宁．教育社会学［M］．北京：人民教育出版社，1998：51.

一、教育发展历程中教育与技术的关系

人类教育随着社会的发展而发展。纵观历史上研究者们对教育史发展线索问题的探索，对人类教育形态的分类主要有以下几种。[①] 第一种以历史分期为标准，以阶级斗争为中轴，把整个人类的教育划分为原始社会的教育、奴隶社会的教育、封建社会的教育、资本主义社会的教育、社会主义社会的教育五种类型。第二种以时间为维度，把人类教育划分为原始教育、古代教育、现代教育三种形态。埃德蒙·金根据丹尼尔·贝尔的社会发展理论，以技术发展为中轴，把人类教育划分为三大模式。第一种教育模式是前工业时代的教育，这种模式中的学校可称为修道院学校或堡垒学校。第二种教育模式与工商业的生活方式和技术模式相一致，是“工程”式的教育，代表这种模式的典型学校可以称为工厂学校或训练学校。第三种教育模式与第三个技术阶段相适应，它缓慢地，但可以感觉到正在逐渐发展起来，声势越来越大。“这个阶段还没有在任何地方占优势，但是即使还在它刚刚出现在地平线的时候，它已成为一股强有力的变革力量，因为对许多人来说，当他们观察今天的教育、工作和社会所面临的问题时，这个阶段显得‘有意义’。”[②] 我们主要借鉴埃德蒙·金的研究来探讨教育发展历程中教育与技术的关系。

（一）教育的起源

教育的起源是教育史和教育学上的一个重大问题，古今中外许多学者都提出了各自的观点。目前我国学术界关于教育起源的论说主要有劳动起源说、需要说、前身说、交往说、知识传授说、超生物经验的传递与交流说等[③]。分析这些论说可以看出，有的试图从人类社会内部寻找教育起源，有的试图用教育之开始为教育的方式回答起源问题。在这些论说中有一点

---

① 杜成宪. 20 世纪关于中国教育史分期问题的探索［J］. 华东师范大学学报（教育科学版），2000，18（3）：85－90. 曹孚. 外国教育史［M］. 北京：人民教育出版社，1979. 佛罗斯特. 西方教育的历史和哲学基础［M］. 吴元训，等，译. 北京：华夏出版社，1987.

② 埃德蒙·金. 别国的学校和我们的学校——今日比较教育［M］. 王承绪，等，译. 北京：人民教育出版社，2001：34－41.

③ 瞿葆奎. 教育基本理论之研究（1978—1995）［M］. 福州：福建教育出版社，1998：105－150.

是肯定的，即教育作为人类的一种生存方式，是和社会整体的演进始终联系在一起的。人最初的进步是直立行走，与直立行走相适应，产生了劳动的器官——手；劳动的发展又强化了人的社会性，进而产生了交流的工具——语言。语言和劳动一起成了两个最主要的推动力，在它们的影响下，猿的脑髓逐渐变成人的脑髓，人类得以产生。教育从人类社会实践活动中分化出来需要具有以下条件①：首先是人类的自我意识化；其次是语言工具；最后，劳动方式应具备可传递性。由此可见，在教育的诞生阶段，语言发挥着重要的作用。

语言的产生是人类发展史上，也是教育史上的里程碑，它是人区别于动物的重要标志之一。语言最主要的特征是信息与所指向的具体事物分离，它对教育的意义表现在②：首先，由于信息与具体的事物分离，使得信息传递可以脱离具体的物进行，从而为教育从生产劳动的过程中脱离出来提供了可能，为更顺利、流畅地传递信息提供了可能；其次，语言本身是一种抽象符号，语言的产生为人的思维由具体到抽象的发展提供了可能和动力。

原始语言不仅在生产、生活中应用，同时也在教育、教学中应用，它既是教学的手段又是教学的内容。经过几万年的发展，逐渐形成了语言符号系统，语言在教育中的应用就表现为口耳相传这一最简单、最基本的技术。随着社会的进步和教育的发展，口耳之术也不断提高、完善。古希腊哲学家亚里士多德创立的系统逻辑学，我国春秋战国时期墨子提出的逻辑推理学说，都为口耳之术的发展提供了理论依据。公元前三四百年间从古希腊各地聚集到雅典来的智者们是一批传授知识和辩论技术的职业大师，他们收取高额学费，广招门徒，教学生以争论辩驳的技术，要求学生既有广博的知识，又精于演说。③

（二）学校的产生④

原始的口头语言受到时间和空间的限制，既不能远传，又不能保留，

---

① 王希尧．论教育起源于劳动的智化［J］．内江师专学报，1988（1）：1－5.

② 张俐蓉．信息技术与学校教育关系的反思与重构［D］．上海：华东师范大学，2004：50.

③ 章伟民，曹揆申．教育技术学［M］．北京：人民教育出版社，2000：10.

④ 孙培青．中国教育史［M］．上海：华东师范大学出版社，2000：3－8. 林柱育．教育史上学校起源问题的商榷［J］．学术研究，1990（3）：74－77. 任钟印．关于人类最早的学校产生于何时何地的一点思考［J］．教育研究与实验，1985（4）：33－36.

传播信息的功能十分有限。随着生存空间的扩大，以及积累、保存知识经验的需要，人类开始寻求新的传播媒体。在公元前三千多年，在象征性的记号、图画和已有的口头语言的基础上，人类渐渐创造了文字。

教育史家们一致认为，学校的产生与文字的产生有着直接的密切联系。经考古发现，古代巴比伦文字的产生早于埃及文字，而西安半坡村遗址的发现证明在中国文字产生得更早，在虞夏时代，中国已有了文字并且已经发展了很长时间。文字的发展为学校的产生提供了重要前提。《礼记·王制》："有虞氏养国老于上庠，养庶老于下庠。"把庠分为上、下，安置不同社会地位的人，显示一定等级，这种养老和教学兼行的机构，是学校的萌芽。

氏族公社末期，人类在长期生活中所取得的经验逐步成为知识，知识不断积累并形成系统，加之社会分工的发展，使知识朝专门化的方向加速发展，要使年轻人切实掌握这种理性化、专门化，并且具有综合性、系统性的知识，原始形态的教学方式已不能适应这一要求，这就要求有记录知识和传授知识的新工具——文字。文字作为一种工具，既便于知识的记录和积累，又便于知识的传播，它还可以突破时间和空间的限制。但掌握文字不是件容易的事，需要进行文字教学，这就要有掌握文字并从事施教的专门人员和专门施教的场所，于是学校便产生了。文字是文明社会的重要标志，是教育的重要手段，并促使教育发生着质的变化。文字的产生不仅对学校的产生起了重要的推动作用，而且对后来的文化科学及社会发展也有重大促进作用。

（三）教育的发展和普及

要在社会生活中使用文字，就要会阅读和书写。东汉时期质优价廉的"蔡侯纸"的出现①，使文字有了理想的载体，并且导致由口说传业的教学方式向以自主阅读为主的学习方式的转变。继文字和纸的出现之后，给教育领域带来巨大影响的是印刷术。1045 年左右②，我国宋朝的毕昇发明了胶泥活字版，用活字印刷的书出现了。这项伟大的发明一经国子监③同教育紧密结合，就产生了巨大的传媒能量，迅速波及教育、思想文化等诸多

---

① 牛梦琪．中国古代教育传播媒介与传播技术述论［J］．河南大学学报（社会科学版），2006，46（5）：130－135.

② 杨文华．对教育传播发展阶段划分的质疑［J］．现代教育技术，2001（3）：16－19.

③ 国子监指具有高度代表性的教育机构。

领域乃至整个社会，成为推动宋代文化教育建设创新发展的核心动力。在印刷术发明之前，书籍都是用手工抄写的，这种昂贵的书籍对普通大众来说是可望而不可即的。这在客观上形成了少数人对知识的垄断①。印刷术的推广，使质优价廉的书籍取代了昂贵而易出错的手抄本，为大众获取知识提供了可能。

1439 年，德国人古登堡制成了木质印刷机械以代替手工印刷。1450 年前左右，古登堡用活字模浇铸出铅合金活字，为铅活字印刷的发展奠定了基础。② 早期印刷生产线印刷的第一个文本是《圣经》，为每个人"为自己阅读《圣经》"提供了可能。为了能自己阅读，人们必须能识字，这就将人们带进了学校，带到了教室的门口。另外，18 世纪 60 年代以蒸汽机和珍妮纺织机的出现为标志的工业革命，使得人类进入了工业社会。首先，在工业社会，人们为了解决生产中的技术问题，加快技术进步，产生了强烈的创造知识和传播知识的需要；其次，机器大工业生产要求工人具有初步的文化以便接受一定的技术教育；再次，普遍的公民权要求群众受教育，由此在学校中产生了对所谓"基本三会（会读、会写、会算）"③ 的重视；最后，科学技术的发展和社会经济实力的增强，为教育的发展提供了物质基础和条件，公共教育也随之出现。19 世纪下半叶起，教育发展规模迅速扩大，发展速度加快。

与此同时，教育对科学技术的发展起着正面的、积极的推动作用。技术的发展具有继承性，任何技术的发明和创造都不是凭空产生的，都是在前人和他人研究基础上的创新。可以说，技术的迅速发展是一个不断传递、积累和发展的过程，是人类社会认识自然、改造自然的历史过程的结晶。教育可以使人类历史上积累起来的基本科学理论、知识和技术世代相传，继承下去，传播开来，为新的技术创新和发明打下坚实的基础。例如，18 世纪德国的技术水平远在英国、法国诸国之后，但后来德国从教育入手，普及初等、中等教育和技术教育，到 19 世纪末，它的科学技术水平赶上并超过了英国、法国而称雄于欧洲。美国原先是科学、技术、文化落后的英属殖民地，但独立以后，美国开始兴办教育并在科学技术方面后来

---

① 麦克卢汉提出了"知识垄断"的概念以表达占有稀有的科技信息资源并从中牟利的方式。

② 牛梦琪．中国古代教育传播媒介与传播技术述论［J］．河南大学学报（社会科学版），2006，46（5）：130－135.

③ 劳伦斯．现代教育的起源和发展［M］．纪晓林，译．北京：北京语言学院出版社，1992：1.

居上，成为世界头号科学技术大国，这其中的重要原因之一是美国对教育进行了立法，增加了教育经费投资，通过发展教育，培养了一支阵容十分强大的科学技术力量。日本早在 19 世纪末 20 世纪初，便以“教育立国”作为国策，通过创造学校、传授科学技术知识，日本的技术能力得以继承和发展，从而为日本现代技术的发展奠定了坚实的基础。[①]

（四）现代教育的发展

20 世纪中叶，随着电子计算机的发明和使用，人类从工业时代逐渐进入了“信息时代”。这时社会上出现了两方面的变化：一是信息技术渗透到社会的各个方面，包括政治、经济、文化、教育等领域；二是社会观念发生了深刻变化，知识和信息已成为社会的重要资源和财富，物质财富退居次要地位，人们的主要精力转向了如何促进人类自身发展并能够最大限度地享受这种发展。在这种时代背景下，教育逐步被纳入到以“技术—经济”为主体的现代社会发展的体系之中，表现为信息时代给教育注入了新的生机和活力，对教育的思想、观念、模式、内容和方法产生了深刻的影响。与此同时，教育则成为信息时代的推动力。这是因为，“使人成为人”的教育，是以人的自然为起点，为人的自由全面发展而服务的，“使人成为人”的教育自身有一种把人引向“善”“美好”“幸福”的行动倾向，这正是信息时代社会发展的追求。

语言的产生揭开了人类特有的教育史，文字的产生为当前教育的主要形式——学校教育奠定了基础，它们在教育史上有着开先河的意义。造纸术和印刷术打破了知识的垄断，工业革命的到来推动了教育的普及。19 世纪末 20 世纪初，以电学为标志的第二次技术革命引发了现代意义上的教育技术的产生，信息技术已经成为当今教育发展的基本的物质基础和社会条件。通过考察教育的演进过程，结合整个技术发展史，不难发现语言、文字的出现是一个漫长的、不断发展和演进的过程，它们与教育是一种弥漫的、你中有我、我中有你的关系。语言、文字与教育之间存在着天然、必然的联系。印刷术以及现代技术则属于“发明”，尽管它们也有一个发展的过程，但它们从无到有的过程相对于语言、文字的出现来说却是一个“突然性”的事件，而且发明这些技术的原初目的并不是要将它们用于教育，在其后来的普及和推广中，教育也不是唯一的用途。

---

① 邓树增．技术学导论［M］．上海：上海科学技术文献出版社，1987：107－110.

二、技术发展历程中教育与技术的关系

在人类历史上，曾经发生过许多次大大小小的技术革命，推动着人类社会不断前进。在这些技术革命中，首先要提到的是古代的农业革命，它促使了人类文明的诞生。大约一万年前，植物栽培和动物驯养技术的出现和发展，使人类开始摆脱完全依赖自然界的野生食物的寄生生活，从原始野蛮的渔猎时代进入以农业为基础的社会。农业革命可以说是人类文明史上第一次伟大的技术革命。① 但是，古代的技术是比较原始和零散的，社会文明的进展十分缓慢，只有到了近代，技术才真正达到了科学的、系统的、全面的发展。因此，我们从近代开始回顾技术革命的历史。

（一）概览

1760 年，以蒸汽机为标志的产业革命的爆发，标志着近代技术的崛起，它使人类从农业社会跨进了工业社会。19 世纪下半叶的电气技术革命的主要标志是电力的应用，即以电机和电力传输、无线电通信等一系列发明为代表，这些发明给工业生产提供了远比蒸汽动力更为强大而方便的能源，“电气时代” 开始取代 “蒸汽时代”，为现代自然科学的产生准备了技术条件。与蒸汽技术革命相比，这次技术革命有一个明显的特点，即自然科学理论的突破已成为生产技术革新的前导，科学理论已经走在生产实践的前面。现代技术革命开始于 20 世纪 40 年代，目前正以迅猛的速度向前发展着。这次技术革命的主要标志是原子能、空间技术和电子计算机的广泛应用。这次技术革命与前面的蒸汽技术革命和电气技术革命相比，自然科学理论的前导作用更加明显和突出。也就是说，到 19 世纪下半叶，科学与技术的联系得到加强，许多重大的技术发明都以科学理论的发现作为基础。

从 18 世纪中叶到 20 世纪中叶的三次技术革命都顺序经过了基础理论研究、大规模的技术应用和产业结构变革三个阶段。第一次技术革命的主要基础理论是 17 世纪下半叶牛顿建立起来的完整的经典力学体系，主要发明是 18 世纪下半叶的纺织机与蒸汽机。在此基础上形成的主导性产业有纺

① 林德宏，陈文林．现代科学技术革命与马克思主义［M］．南京：南京大学出版社，1988：31.

织、冶金、交通运输和机械制造业。19 世纪初叶到中叶发现的能量转化与守恒定律、法拉第与麦克斯韦建立的完整的电磁理论体系则被认为是第二次技术革命的主要基础理论。这期间的技术发明主要有电报机、发电机、发动机、电灯、电话、电影等，并相继产生了电力、石油、通信、汽车制造和收音机制造业等产业。爱因斯坦创立的相对论以及量子力学体系的建立，被认为是第三次技术革命的前奏，裂变反应堆以及核电站的建立、电子计算机的问世、火箭与卫星发射成功等被认为是第三次技术革命的主要标志。出现的相应产业有核工业、空间工业、计算机工业、合成材料工业等。特别是第二次世界大战以后，科学与技术的联系更显示出前所未有的强劲趋势，科学与技术彼此融合互动，成为一体化的科学技术。

第一次科学革命从 1543 年哥白尼出版《天体运行论》始，到 1687 年牛顿发表《自然哲学的数学原理》为完成标志。科学活动中心先是在意大利，后转移到英国。1777 年，法国科学家拉瓦锡提出的氧化学说标志着第二次科学革命的开始，从此科学发展进入了“黄金时代”。到 1873 年，麦克斯韦创立电磁场理论，完成了第二次科学革命，科学活动中心也从法国转移到德国。19 世纪末 20 世纪初，自然科学领域里的一系列重大发现拉开了第三次科学革命的序幕。以相对论、量子论为基础，现代电子学、现代生物学、现代天文学、系统科学理论等学科雨后春笋般地应运而生，构成了第三次科学革命的内容。

由此可以看出，从第一次科学革命到第一次技术革命相距近 200 年，而第二次科学革命与第二次技术革命的间隔达 100 年，到第三次科学革命时，其与第三次技术革命之间的间隔才 50 年。由此可见，科学革命与技术革命的间隔越来越短。在第一次科学革命阶段，科学对技术的指导以及为技术开拓前进方向的功能还不十分显著，科学与技术之间的联系比较松散。但是到了第二次科学革命阶段，技术革命越来越依赖于科学革命，在技术上能否实现重大革新，往往取决于基础理论有无重大突破。进入第三次科学革命阶段，科学与技术的联系更加密切。

（二）教育与科学技术的关系

在人类历史的进程中，科学技术不断发展和进步，科学技术中心的地理位置每隔一段时期就相应地发生转移。当考察这种转移的原因时，我们不难发现，教育的改革与发展进程与之是基本吻合的，也就是说，教育是促成这种转移的关键性因素。

1. 教育中心与科技中心转移的轨迹

日本著名科学史家汤浅光朝根据 Heibonsha 编纂的《科学和技术编年表（1501—1950 年）》和 Webster 的人名传记辞典里编选的有代表性的科学家的统计资料，对科学史上的科学活动中心转移现象作出了定量分析，发现了科学活动中心转移的规律。如果规定一个国家的科学成果占同时代全世界 25% 以上者为世界科学中心，并且将科学活动持续的时间称为科学兴隆期，那么，科学兴隆期按以下顺序转移：意大利（1540—1610 年）、英国（1660—1730 年）、法国（1770—1830 年）、德国（1810—1920 年）、美国（1920 年至今），平均周期约 80 年。自此，学术界就以汤浅命名这一规律，并称世界科学中心的转移为"汤浅现象"。①

陈文化根据日本伊东俊太郎等 360 位专家、教授编写的《简明科学技术史年表》和汤浅光朝编写的《科学文化史年表》中 1300—1980 年记载的全部技术成果，分别统计并计算出每个国家的技术成果数的相对值，并且将一个国家的重大技术成果数超过同期世界技术成果总数 20% 的定义为技术活动中心，技术成果数的相对比值保持在 20% 以上的时间定义为技术兴隆期，技术兴隆期依次是意大利（1380—1510 年）、英国（1650—1900 年）、法国（1670—1800 年）、德国（1810—1940 年）、美国（1860 年至今），每个国家保持技术兴隆期的平均周期为 160 年左右，正好是汤浅光朝发现的科学活动中心周期的两倍。②

1999 年，姜国钧根据《中外教育名人辞典》中记载的 1400—1940 年西方各国和日本的教育家人数，把一个国家的教育家数超过这些国家的教育家总数的 20% 的定义为世界教育活动中心，把教育家人数超过 20% 的持续时间称为教育兴隆期，得出世界教育中心转移的顺序依次为：意大利（1410—1530 年）、英国（1600—1750 年）、法国（1650—1830 年）、德国（1770—1830 年）、美国（1830 年至今），教育兴隆期的平均时间为 130 年左右。③

教育中心先于科学中心出现的时间分别为意大利 130 年，英国 60 年，法国 120 年，德国 40 年，美国 90 年，平均为 70 年。教育中心先于技术中心出现的时间分别为英国 50 年，法国 20 年，德国 40 年，美国 30

---

① 陈文化．科学技术与发展计量研究［M］．长沙：中南工业大学出版社，1992：232.

② 陈文化．科学技术与发展计量研究［M］．长沙：中南工业大学出版社，1992：239 - 241.

③ 姜国钧．论教育中心转移与科技中心转移的关系［J］．科学技术与辩证法，1999，16（1）：43 - 46.

年，平均为 35 年，意大利似乎是一个例外。原因在于，姜国钧在统计教育家人数时，把意大利人文主义教育家维多里诺进入壮年作为统计近代教育家的起点。在此之前，意大利的教育在欧洲是遥遥领先的，最初的中世纪的大学是于 1158 年正式创建的波伦亚大学。在 13—14 世纪，意大利设立大学 18 所，法国 16 所，英国只有 2 所。德国到 14 世纪末才建立第一所大学。由此看来，在意大利也是先有教育中心而后才有技术中心的。

科学中心或技术中心往往是在教育高峰期形成的。在意大利，但丁生于 1265 年，弗吉里奥、维多里诺、格里诺等是意大利 14 世纪末 15 世纪初的人文主义教育家，之后意大利才有了第一个近代科学家达·芬奇，16 世纪中叶意大利才真正取得了科学中心的地位。英国第一个人文主义诗人乔叟诞生于 14 世纪中叶，到 16 世纪末 17 世纪初培根和莎士比亚把英国的哲学和文学艺术推上高峰，培根、洛克等人的教育思想确立了英国教育的中心地位，随后英国出现了科学和技术的大繁荣。在法国，思想家和教育家们经历了漫长而艰苦的斗争才使得科学精神深入人心。毕代（1467—1540 年）、拉伯雷（1495—1553 年）、杜尔拉伯（1512—1565 年）、拉缪（1515—1572 年）等是法国最早的人文主义者，17 世纪又涌现出了笛卡儿、伽森狄、马勒伯朗士等一批哲学家，直到 18 世纪上半叶孟德斯鸠、伏尔泰、卢梭、夏洛泰等哲学家和教育家向封建主义的最后堡垒发起猛烈的进攻之后，科学中心才于 1760 年姗姗到来。1517 年马丁·路德宣布宗教改革纲领，18 世纪末世界的哲学中心和教育中心转移到德国，19 世纪初德国成为科学中心。美国亦不例外，代表美国精神的实用主义发轫于 1871—1874 年在哈佛大学建立的“形而上学俱乐部”，詹姆斯（1842—1910 年）奠定了实用主义的基础，杜威进一步发展了实用主义并将它应用于教育，发起了进步主义教育运动，1920 年科学中心转移到美国。

科技中心紧随教育中心而来，科技中心的到来必然带来产业革命和经济繁荣。为了适应产业革命带来的工业发展对于劳动力素质提出的教育要求，相应的教育观念和教育制度发生了很大的变革。

2. 从近代中国科技落后看教育与科技的关系

刘青峰在《让科学的光芒照亮自己：近代科学为什么没有在中国产生》一书中统计了从公元前 6 世纪到公元 1900 年这 2500 年间中西方的近 2 000 项科学技术成果，并绘制了中国古代科学技术水平累加增长曲线和西方科学技术水平累加增长曲线。[①] 我们可以从刘青峰绘制的两组曲线中看出，在中国的曲线组中，科学理论、实验和技术三条曲线相互分离，其中技术线与理论线、实验线间的分离尤为突出，技术线远远高于理论线和实验线，这种相互分离的状态贯穿始终，三者似乎是各自独立地发展着。在西方的曲线组中，科学理论、实验和技术三条曲线的相关性较大，尤其是在16—17世纪以后，三条曲线呈现出你追我赶、紧密结合的现象。英国著名科学史家李约瑟曾认为，正是中国的两大技术发明水排和风箱，为蒸汽机的汽缸设计和传动装置提供了最初的技术基础。然而，中国却未能发明蒸汽机，究其原因，正在于中国古代科学技术体系中缺乏基础科学的研究。[②] 就蒸汽技术而言，中国根本不曾有过蒸汽压力、大气压力和真空作用的实验研究。这一史实除了说明蒸汽机的发明是西方与中国两种文化的共同结晶之外，更说明了基础科学的研究对于技术科学的发展具有的重大意义。另外，早期蒸汽动力技术的发展，进一步形成了近代科学技术的内在结构体系与循环发展机制，即理论与实验、科学与技术、技术与生产的内在结构体系与循环发展机制。也就是说，只要科学理论、实验和技术三者之间形成了某种相互促进的关系，那么恩格斯断言的科学发展同前一代人遗留下来的知识成正比就是完全可能的。因为科学理论、实验和技术都是前一代遗留下来的知识，只有当它们作为一个有机整体时，才为发展提供了一个合理的基础。教育可以使人类历史上积累起来的基本科学理论、知识和技术世代相传，继承下去、传播开来，为新的科学技术创新和发明打下坚实的基础。

这两组曲线还表明在3—14世纪时期，中国的科学技术水平远远高于西方，并且缓慢而持续地发展着。而西方科学技术发展曲线呈马鞍形：在古罗马时期，科学技术曾发展到了一个相当高的水平；中世纪出现了大跌荡；16世纪后整个科学技术呈指数曲线上升；17世纪后其科学技术水平超过了中国；20世纪以来，科学技术仍然以一种惊人的加速度发展着。统计数据表明，历史上中国古代科学技术并没有出现停滞或倒退。17世纪以后，中国科学技术之所以落后于西方，实际上是西方科学技术加速发展的结果。那么，为什么在14世纪以后的近三四百年中，西方科学技术会突飞

---

① 刘青峰．让科学的光芒照亮自己：近代科学为什么没有在中国产生［M］．成都：四川人民出版社，1984：5－6.

② 童鹰．世界近代科学技术发展史［M］．上海：上海人民出版社，1990：364.

猛进地发展并远远超过中国呢？为什么17世纪科学技术革命会在西方出现而没有在中国发生呢？原因是多方面的，而教育在其中扮演了重要的角色。近代科学技术的产生和发展需要有一个由相适应的教育、哲学和宗教等因素构成的开放性的文化结构，因为只有这种开放性的文化结构才能对近代科学技术的产生和发展产生张力。但是从明朝晚期起，直到辛亥革命为止，中国始终未能形成这种文化结构。从教育上看，科举制度可以说是中国封建教育的集中体现。科举制度兴起于隋末而兴盛于唐，最初的科举也曾设有明算科，但明算科当时并不受重视，受重视的只是进士科（包括策论和诗赋）。到了明代，则只考以四书五经为内容的八股文。这种僵化的科举制度不但不能像西方近代大学教育那样对近代科学技术的产生和发展产生张力，而且从根本上破坏了近代科学技术产生和发展所必需的人才资源。纵观近代科学技术发展的历史，不少科学技术的重大发现和发明都发生在高等学校，这有力地推动了世界科技的发展。作为当时中国最高等学府的国子监，其选用的教材主要是四书五经、律令及史书等，自然科学类的书籍极少，这严重影响了科学技术的发展。

大学教育是孕育近代科学技术的伟大摇篮。“如果说，西方中世纪的千年暗夜是一串历史的死结的话，那么从12世纪中期兴起的具有近代精神的教育，特别是具有近代精神的大学教育，则是解开这个历史死结和开始孕育近代科学的伟大开端。”① 作为文艺复兴运动发源地的意大利，于1158年正式创建世界上第一所初步具有近代精神的大学——波伦亚大学，随后又相继创办了一些比较著名的大学，如帕多瓦大学（1222年）、那不勒斯大学（1222年）、比萨大学（1338年）等。虽然自然科学当时在大学里尚未取得应有的地位，但那个时代多数自然科学大师级的人物都集中在大学里，大学代表了当时自然科学发展的最高水平。尤其是波伦亚大学、帕多瓦大学和费拉拉大学，成为培养近代科学奠基人物的摇篮。近代科学的伟大先驱、日心说的创立者哥白尼（1473—1543年），于1496—1506年先后到意大利的波伦亚大学、帕多瓦大学和费拉拉大学学习天文、法律、数学、神学和医学。在波伦亚大学，哥白尼从他的意大利老师、该校的天文学教授诺法拉那里受到了近代天文学与近代数学方面的基本训练，并在这里酝酿了最初的日心说思想。被称为“近代物理学”之父的伽利略（1564—1642年）曾于1581年进入比萨大学学习，后来又任教于帕多瓦大

---

① 童鹰．世界近代科学技术发展史［M］．上海：上海人民出版社，1990：14－15.

学。正是在帕多瓦大学，他在1609年作出了震惊教会的伟大发现，并由此把哥白尼发起的天文学革命向前推进了一步。[①] 这样，以波伦亚大学和帕多瓦大学、费拉拉大学为代表的几个比较开放的大学，既成为意大利文艺复兴思潮的策源地，同时也成为意大利近代科学的发源地。可以说，意大利近代科学的发展和兴隆，与当时意大利的大学教育勃兴始终是密切相关的。

在意大利的影响下，西欧各国陆续建立了许多所著名大学。“据不完全统计，到15世纪末期，即在近代科学降生之前，欧洲各地已有大学三十余所，其中绝大多数大学集中在西欧。”[②] 其中著名的有法国的巴黎大学（1160年）、英国的牛津大学（1167年）和剑桥大学（1209年）。虽然与最早创办大学的意大利、法国相比，德国大学的建立晚了约200年，但德国大学后来居上，发展十分迅速。从14世纪中叶开始，德国各大城市陆续建起了大学。到16世纪时德国已有42所大学，是当时欧洲大学数量最多、最密集的国家。[③]

当人类终于在16世纪中期迎来近代科学的灿烂的日出时，大学早已像闪烁的繁星一样镶嵌在中世纪后期的夜空之中。可以说，大学教育促进了西欧各国的科学技术的迅猛发展，而科学技术的进步反过来推动了大学教育教学内容的更新和学术的自由研究。

（三）近现代科学技术教育

11—12世纪，虽然欧洲仍处在中世纪，但由于技术的进步推动了农业和手工业的发展，商业活动也渐趋活跃，由此产生了越来越多的手工业者和商人。他们在交通要道、城堡、教堂附近兴起集市，并逐渐形成了一批工商业城市。随着城市的出现，以城市为中心又进一步促进了商业、手工业的发展以及一系列的技术改进和发明。与此同时，市民阶级越来越感到需要知识，于是一些原先附属于教会的学校，挣脱了教会的束缚，发展为非宗教性的城市世俗学校。接着，以世俗学校为基础创办的大学应运而生。这些大学开设的课程虽然仍有神学的内容，但是医学、自然科学知识的传授逐渐进入课堂，这使大学成为多学科、培养专门人才的教育机构，也标志着欧洲科学技术教育的真正开始。

---

① 童鹰．世界近代科学技术发展史［M］．上海：上海人民出版社，1990：148－149.

② J. D. 贝尔纳．历史上的科学［M］．北京：科学出版社，1981：391.

③ 辛彦怀．欧洲文艺复兴时期的大学［J］．学术论衡，2002（12）：32－37.

17—18 世纪，欧洲各国经历了产业革命和资产阶级革命，科学技术有了很大发展，科学技术对社会生产及发展的作用日益增大，资产阶级逐渐认识到科学技术教育对于增值资本财富以及训练懂得技术的工人的重要性，再加上资产阶级革命带来的思想解放运动，各级学校逐渐打破了神学统治，增设了较多的科学技术课程，但是，在大多数学校中科学技术还没有取得重要位置。19 世纪 70 年代以后，欧美各国从自由资本主义逐渐向垄断资本主义过渡，资本主义的生产规模日益增大，先进的科学技术也日益向资产阶级显示着巨额利润。在这种形势下，资产阶段需要培训高级科学技术人员、管理人员，也需要提高劳动者的文化技术水平，这才迫使资产阶级认真地加强和发展科学技术教育。于是，大学、中学等各种学校纷纷建立，而科学技术教育在整个教育中的比重也越来越大了，并成为现代教育的重要内容。

英国在科技教育的发展方面首当其冲。其具有代表性的事件是 19 世纪英国出现的“新大学运动”。[①] 新大学运动的时代背景是，工业革命后的英国资产阶级不满意牛津大学、剑桥大学的那种脱离社会和经济需求的绅士学风，要求创建培养实用人才的新型大学，要求突出技术教育。1828 年，用募捐得来的 15 万英镑建立起来的伦敦大学学院开课。这所大学学费较低，讲授实科课程，尤以医学为主修课程。在新大学运动中，由资本家捐助和公众赞助，在英国各地陆续成立了一些地方大学。这些新大学不同于牛津大学、剑桥大学之处在于：私立，不分教派，重视自然科学、数学和商业学科等课程。新大学运动的特点之一是重视技术教育，设置工程技术专业。例如，伯明翰大学的机械制造专业，诺丁汉大学的乳制品专业，谢菲尔德大学的玻璃制造专业，利物浦大学的建筑专业等。新大学运动中建立的大学为英国社会的发展和经济的振兴提供了知识和人才，功不可没。

早在 18 世纪，随着欧洲近代数学和自然科学及工业的进步，德国便创办了世界最早的实科学校。各邦虽然在封建专制主义统治下，但都把实科学校教育作为繁荣经济、政治进步和提高国力的基础。19 世纪上半叶，各邦以法国巴黎综合技术学校为模式，在各邦首府创办了专门技术学校，如柏林工业专门学校、汉诺威“高等工业学校”等，为各工业部门输送中等专门技术人才。19 世纪下半叶后，各邦首府的中等程度的工业学校或工业

---

① 周寄中，梁捷．科技教育谈［M］．北京：科学出版社，1993：70.

专门学校纷纷都发展成工科大学，使纯粹科学和实用科学在德国居于同等地位，开了科学与技术相统一的先河。在19世纪的前几十年里，德国建立了一批教育场所，开宗明义地要通过教育来完成工业化的进程。尽管开始没有达到这个目的，但通过建立教育场所为特殊的德国技术教育体制播下了种子。在19世纪中叶该体制不断完善，到19世纪末便形成了与工厂紧密合作的关系。该体制从过去一直到今天都由两个因素标明：（1）大量的技术学校——这个数量上的优势是政治薄弱的直接后果，即德国的联邦结构；（2）强烈的纵向等级区别，这在全世界都是独一无二的。19世纪后半叶是德国9所工科大学显露锋芒的时期。1898年，这9所工科大学的在校生已超过万人，在工业公司最显著的105个事业所里，有3 281名技师，其中工科大学毕业生就有1 124名（占34%），这说明德国技术与工程教育适应工业化的需要，培养出了大批优秀的产业技术人才。到19世纪末，德国已建立了一整套高等、中等、初等技术教育体系和徒工、新职工的职业技术培训制度，推动着国家的工业化发展和社会进步。在19世纪到20世纪初的几十年里，德国的工业和技术结构就是这样发展起来，并一直保持到今天，而且还在不断地扩大之中，它可以提供广泛的、层次不同的技术教育，高校与工业具有紧密合作关系，工业生产转向生产“智慧”产品，生产具有高度的灵活性。①

第二次世界大战以后，联邦德国的经济飞速发展。20世纪50年代后期，联邦德国的国民生产总值超过法国，1960年超过英国，在这种经济背景下，联邦德国对各类人才的需求大大增加。为了适应这种形势的发展，德国在高等教育领域中采取了一系列改革措施，其中一个重要措施就是成立高等专科学校。绝大多数高等专科学校是理工学校。

17—18世纪的美国教育虽然不能与欧洲国家的教育相提并论，但是在“实用哲学”的指导下，美国教育从一开始就十分看重科技。从19世纪20年代到70年代的这半个世纪里，美国教育的长足进步跨越了其他国家走了几个世纪的路程。其中，发展农业大学的《摩利尔法》于1862年的颁布是关键的一步。《摩利尔法》规定，联邦政府给每位议员拨3万英亩土地，在各州免费提供土地建立农业或农业机械学院，条件是各州兴建的这类学

① 郑积源．从19世纪下半叶中德技术教育发展的比较研究所得到的启示［A］．赵祖华，李国光．技术进步与社会发展［C］．北京：北京理工大学出版社，1990：330－331．柯尼希．德国技术和工业的发展途径——从中世纪到当代［A］．赵祖华，李国光．技术进步与社会发展［C］．北京：北京理工大学出版社，1990：50－51．

院一定要以传授农业、农业机械知识为主。这就是所谓的“授地大学”，后来演变成为今天的州立大学。这一时期还建立了一些理工学院。例如，创建于1861年的麻省理工学院，这所大学的创办者罗杰斯一开始就为这所学校定下了一个标准：培养第一流的工程技术人才（而不是“手工匠人”），并在教学方法、知识领域的广度和尝试上迅速超过国内其他大学。①罗杰斯的这一办学思想，一直是麻省理工学院遵循的办学原则，这使它始终处于美国教育和科学技术发展的前沿，从19世纪后期到现在，这所大学一直是美国的科学技术教育的重要基地之一。此外，美国在科技教育方面的贡献是开创了体制比较完善的研究生教育。

第二次世界大战以后，日本经济的发展速度是人所共知的，其重要原因是采取了“技术立国”的战略方针，而重视教育又起了重大作用。在20世纪50年代日本提出了“国际间经济竞争是技术竞争，而技术竞争又变成教育竞争”的口号，按其“教育是最好的投资”的观点，日本1950—1960年的教育投资增长22倍，到1972年增长25倍。②

第二次世界大战以后，日本工业专科学校都已升格为大学，大学毕业生作为高级技术人员被企业接收，而工业高中的毕业生被视为初级技术人员，中间缺了培养中级技术人员的学校。于是在1961年日本提出并实施高等专科学校法案，把高中与短期大学合并为5年制的职业专科学校。高等专科学校分为国立、公立和私立三种，其中大部分是工业高等专科学校。另外，日本的工业企业也建立了一套培训专业人才的教育体系，从教育类型上看，有技工教育、技术员教育和经营者教育。日本的兴起与此不无关系。

1. 教育对于发展科技队伍的数量，提高科技队伍的素质具有决定作用

一个国家的科技队伍的数量是决定一个国家科技能力水平的重要因素。日本科学史家汤浅光朝1962年提出的科学发展中心理论就强调了科学家队伍数量的重要性。他指出，各国的科学家队伍人数是不断变化的，所以科学活动中心也在不断转移。而科学技术队伍数量取决于科学技术教育。19世纪70年代以前，科学技术教育不够发达，所以，科学技术队伍的人数增长始终很慢，全世界科学家的总数始终不超过几百人。但到19世

① 周寄中，梁捷．科技教育谈［M］．北京：科学出版社，1993：72，103．

② 林德宏，陈文林．现代科学技术革命与马克思主义［M］．南京：南京大学出版社，1988：222－224．

纪末和20世纪初，科学技术教育得到了迅速发展，全世界科学家的总数也以指数规律增长。

科学技术教育对于提高科学技术队伍的素质，改善科学技术队伍的有机构成也具有决定作用。科学技术队伍的素质如何，取决于许多因素，其中一个首要的、基本的因素是提高全体成员的科学知识水平，全体成员的科学知识水平要取决于他们受教育的程度。按照世界科学工作者联合会公布的《关于科学技术工作者的权利宣言》中对科学技术人员的定义和资格规定："科学技术人员系指在科学技术工作中具有从事专业的适当资格的人，即具有大学学位或在某一学科上拥有同等学位证书者。"① 教育质量的高低在很大程度上决定了科技人才的基本素质。具有典型意义的例证是，著名的高等学府往往能向科技界提供较多的高级专业人才。世界一流的哈佛大学、加利福尼亚大学和麻省理工学院，以高质量的教育著称于世，这几所学校的毕业生中有几十位获得了诺贝尔奖。

现代社会日臻完备的教育体系，从小学、中学到大学，从职业技术教育、继续教育到终身教育，不仅覆盖了不同年龄层次的受教育者，而且覆盖了科技文化知识的所有领域。教育不仅使受教育者能直接获取科技文化知识，而且能够在潜移默化中提高社会的科技意识，增强公众对科学技术的理解和支持，形成有助于科技发展的良好社会氛围。

教育在普遍意义上向社会提供具有一定科技文化素质的普通劳动者。在科技、教育发达的现代社会，日益激烈的国际经济竞争表现为科技的竞争，科技的竞争又归结为人才的竞争，而人才的竞争归根到底是教育的竞争。为了适应这种竞争，经济发展必须转移到依靠科技进步和提高劳动者素质的轨道上来。在这种意义上，教育向社会输送大批具有一定科技文化素质的劳动者，能有效地促进科学技术物化的过程，发挥科学技术的生产力功能。

2. 教育对于科学研究具有直接推动作用

在当今社会，现代教育、科学技术、社会生产三者的关系越来越融为一体。现代教育特别是高等教育承担了三位一体的任务：培养人才、发展科技、为经济部门以至整体社会服务。在历史上，第一次明确提出"教学要和科研相统一"这一观点的是德国的洪堡。他主持的德国19世纪初的

---

① 林德宏，陈文林．现代科学技术革命与马克思主义［M］．南京：南京大学出版社，1988：195.

教育改革和他于1810年创办的柏林大学的办校思想中都体现了“教学要和科研相统一”这一观点。为了更好地发挥教育的作用，20世纪70年代以后各国都出现了一些以著名大学为中心的科学教育、科学技术、企业生产的联合体和由此而形成的高科技密集地区，这种地区被称为知识产业区或科学城、科学园。例如，美国以斯坦福大学等三所著名学校为核心发展起来的“硅谷”；日本以筑波大学为核心发展起来的“筑波科学城”；我国北京中关村一带以北京大学、清华大学、中国科学院为核心发展起来的科学城。

首先，现代教育特别是高等教育必须把教育和科研结合起来，因为现代科技发展迅速，知识更新周期不断缩短，教学人员只有密切注视和积极参与科学研究，才能保证不断用最新科研成果更新和充实教学内容；另外，教育阵线拥有众多的教授、专家，他们是科学研究队伍重要的方面军，应该充分调动他们的科研积极性，所以世界各国都很重视科技教育部门特别是它的核心——高等院校的教学与科研的结合。

其次，在教育过程中可能经常遇到新问题，触发新发现，如门捷列夫正是在教学过程中形成了元素周期表的理论；奥斯特是在教学过程中发现了电磁现象，进而形成最初的电磁感应理论的；普朗克也是在教授热力学过程中讲解基本辐射能量平衡问题时，发现它的公式不能解释实验事实，经进一步研究于1900年提出了能量子的概念的。

通过考察教育发展历程和技术发展历程，关于教育与技术的关系可以得出以下结论。

（1）教育离不开技术，技术是教育的重要元素，不存在没有技术的教育。教育和技术的本源都是人类社会的需求，技术用于教育的出发点和根本目的也是如此。从教育过程上说，教育就是人类使用技术实现教育目的的活动，教育是人的技术活动。

（2）任何技术都不仅仅用于教育，没有专门用于教育的技术。技术进入教育领域主要有两条线索。线索一是直接参与教育过程的技术。作为教育过程的工具、信息传媒，它带来学与教的方式、教学过程中教师与学生关系的改变。此类技术也是当前教育技术研究中所指的技术。线索二是技术并没有直接进入教育过程，也没有进入教育技术研究的视野，而是通过对社会生活其他方面的影响从而对教育产生影响，比如影响教育内容、人才培养规格等。

（3）教育与技术息息相关，相互促进。教育是技术进步的阶梯，技术是教育改革与发展的催化剂和推动力，技术革命的成果使教育改革有了更丰富的物质保证。任何新技术与教育的融合或整合，都会使教育发生革命性的变化。

三、人：教育与技术的契合点

通过前面的发展历程考察可以看出，教育和技术的联系是全方位的，我们认为，教育发展过程中之所以需要技术，或者说技术之所以能够作用于教育，是因为教育的研究对象与技术存在着一个共同的主题，那就是人。教育与技术的共通之处在于二者都是人类社会特有的活动，是为了人自身的发展和完善，都是社会文化实践。技术是人类的技术，是社会中的技术，是人类创造出来的文化形式，将技术视为社会文化实践无疑是有道理的。技术的存在与人的存在，技术的本质与人的本质是互相整合的。人类的教育是让人类能够自由地把握对象和发展自身，通过改造环境而使人类一代比一代生活得更好、更自由。人是教育与技术的契合点，是联系教育与技术的重要媒介。当然，教育与技术的契合点并不是唯一的，然而人这个因素却是至关重要的。

（一）技术与人

"人是什么?"亚里士多德认为"人是政治动物"，恩格斯认为"劳动创造人"，而马克思则认为"人的本质是一切社会关系的总和"。[①] 梁漱溟说："人类是从本能生活解放出来的。依本能生活者，其生活工具即寓于其身体，是有限的。而人类则于身体外创造工具而使用之，为无限的。依本能生活者，一生下来（或于短期内）便有所能，而止于其所能，是有限的。而人则初若无一能。其卒无所不能——其前途完全不可限量。"[②] 吴国盛从古希腊神话中得到启示，认为人的本质是"无"，包含两层意思：第一，它没有固定的本质——人是一种未完成的存在，一直处在流动变化之中；第二，它的本质的构成是一种向着"无"的、受着"无"的规定的构成，这里的"无"即自己创造自己。[③]

1. 技术是人的本质构成

从人的基本生物学特性来说，人是一种"尚未完成的"动物。在人类

① 许良．技术哲学［M］．上海：复旦大学出版社，2004：53.

② 人的本质和人的素质［EB/OL］．［2008－01－24］．http：//dyc69. laiwunews. cn/archives/2007/200792793755. html.

③ 吴国盛．技术与人文［J］．北京社会科学，2001（2）：90－97.

的进化中，人是未经特化的。人类缺少特定的器官使自身适应于特定的生活环境。人类缺乏战斗性的器官与保护性的器官。人类的器官配备不能使自身本能地对他们的生存环境作出反应。与人不同的是，动物能够利用它们的器官配备本能地对它们的生存环境作出反应，它们具有与生俱来的生存能力。因此，与动物本能地适应自然、获得极有限的生存条件不同，人类由于本能方面的内在缺陷，通常以自己的技术活动来保证自己的生存和后来的发展。人类从石器时代就制造和使用工具，也就是说，人类的劳动实践活动即制造从来就是技术的活动。马克思在《1844 年经济学哲学手稿》中明确指出："全部人类活动迄今都是劳动，也就是工业"，"自然科学通过工业日益在实践上进入人的生活，改造人的生活……"，而"工业的历史和工业已经产生的对象性的存在，是一本打开了的关于人的本质力量的书，是感性地摆在我们面前的人的心理学……"① 由此，技术作为人的本质力量对象化的产物，不仅展示了人对于自然的能动关系，也展示着人类社会生活关系的直接生产过程，它是人类社会生活关系的形成、存在和发展的根本力量和度量尺度。人以技术作为在世的方式，决定了人对自然采取行动和作用的态度，而不是如动物那样静观的态度。杜威指出："业已存在的自然不再是像原来那样必须加以接受和服从、忍受或享受的某种东西。自然现在是有待去改变、去故意支配的某种东西。重要的是去作用于自然，使之变成更好地满足我们需要的新客体。"② 引起这场革命的正是技术，技术创造了人，人的本质存在在于作为对象化的行动者即实践者，技术是人的存在的最基本的方式。反过来说，因为人以技术作为在世方式，所以才成为人而区别于动物。也就是说，技术是属人的技术，是人的内在本质的外在表现。由此可见，人的本质③是技术的内在根据，技术是人的本质的外在表现。

---

① 马克思. 1844 年经济学哲学手稿［M］. 北京：人民出版社，2000：80.

② Carl Mitcham. Thinking Through Technology［M］. The University of Chicago Press, 1994：74.

③ 马克思曾经说过："首先要研究人的一般本性，然后要研究在每个时代历史地发生了变化的人的本性。"这里说的"人的一般本性"即人的自然属性，"在每个时代历史地发生了变化的人的本性"即人的社会属性。众所周知，马克思在另外的场合下也说过："人的本质不是单个人所固有的抽象物，在其现实性上，它是一切社会关系的总和。"如果把马克思的这两个说法综合起来，那么人的本质也就是"在每个时代历史地发生了变化的人的本性"。这就是说，"人性"是个大概念，"人的本质"则是一个隶属于"人性"的子概念（转引自：俞吾金. 当代哲学关于人的问题的新思考［J］. 人文杂志，2002（1）：10－16）。因此，本书中论述到的"人性"是指"人的本质"这一子概念。

拉普认为，技术是复杂的现象，它既是自然力的利用，也是一种社会文化过程。技术不是自己形成的，而是由人发明、构想出来的，人的目的及各种可能的条件决定着技术的形态与方式，决定着技术问题的提出与解决，决定着何种技术将被接受并得到发展。人的行为和目的是与相应的文化传统及主流文化观念密不可分的。《庄子·天地》里有子贡南游楚国返回时的一段故事①：子贡见一老人灌圃，凿隧而入，抱瓮汲水而灌，用力多而见功少。子贡笑之余荐以桔槔："有械于此，一日浸百畦，用力甚寡而见功多"，"凿木为机，后重前轻，挈水若抽，数如佚汤，其名为槔"。谁曾想老人非但不领情，反而呵斥道："去！有机事必有机心。吾非不知也，羞而不为也。"这里虽然有道家无为的思想，但也从另一个侧面说明，即使已经具备发展新的生产力的条件，如果一种文化的价值系统不能接受它，那么这种新的生产力只会受到抵制和排斥，在这种意义上我们说，技术与文化是互动的。一方面，技术是文化积累的产物；技术的产生、应用和传播与文化密切相关，文化传统、价值观念为人们提供了选择技术的标准和使用技术的方式；另一方面，技术又是文化进化的重要动力。由于技术负荷着思维方式、价值观等文化因素，因而每一项发明不仅意味着人类文化的丰富，而且还渗透于其他文化要素之中，或与其他要素相结合而产生新的文化形态，并带来社会系统的相应变革和人的观念的相应改变。由此可见，技术作为人的生活和行为方式的基础之一，其文化本性在于融入了人的文化本质，即"人性"，而"人性"又是历史构成性的。

在古代社会，因为泛灵论和有机论的影响，人们相信自然具有一种内在的神秘力量，而技术作为人类对自然施加的一种有悖于其自身本性的"非自然"的活动，一方面可以给生产生活带来便利和功效，另一方面却导致人们心灵和精神上的一种违背了自然的神秘意志的"恐慌"。因此，技术被置于人的控制之下，并成为人与自然、人与人密切交往的中介，从而带给人们以舒适感和自由感。古代人类对技术存有戒心，并把对技术的使用维持在一定的限度之内。在古希腊神话中，普罗米修斯盗来了火，并教会人类使用火的方法，但火这个技术作为神圣的力量的一种体现，一旦被人类所掌握和利用就会导致神界与人间力量的不平衡，因而人类和普罗米修斯都遭到了神的惩罚：首先是潘多拉给人间带来了各种灾难、疾病、

① 李俊奎，杨小明．论文化系统与科学技术的互动［J］．系统辩证学学报，2001，9（2）：77－80.

祸害，然后普罗米修斯被宙斯锁在高加索的悬崖上，每天被大鹰啄食。古希腊人对技术的使用也是非常谨慎的，达代罗斯的悲剧就在于他的儿子忘记了使用技术的界限，飞得太高，被太阳熔化了粘羽毛的蜡，从而摔到海中淹死了。[①]

在文艺复兴的全面成熟期，近代意义上的自然科学开始在各个领域得到确立，技术也取得了长足的发展，随之而来的是工具主义的价值观的逐步兴起，这主要表现在两个方面：一是普遍的“至善”的道德价值观的沦丧；二是以功利和实用为目的，把科学和技术作为征服和控制自然的工具。以18世纪末开始的工业革命为起点，人类进入了现代性的文化背景中，科学技术获得了空前的解放，日益成为以人为中心的主体去撬起世界的杠杆。技术以其巨大的物质力量和行为方式的“合理性”确立了自身的权威地位，从而成为衡量一切的尺度，甚至成为审美的标准。技术力量的片面扩张一度导致了人与自然关系的紧张状态。如果说古代技术更多体现着人类的一种经验活动方式，是当时的一种文化现象的话，那么现代技术的本质则在于控制自然以实现人类的主观意志，也就是说，在现代性的文化背景中，技术就是一种控制自然（以至人类社会）的工具。现代性作为现代社会的基本性质和特征，从根本上来说是与反映“传统社会”，即前工业社会的“传统性”相对立的。[②] 在现代性条件下，人类遭遇到前所未有的困境，从外在方面看，这一困境主要表现在两个方面[③]：人与自然和人与人之间。在人与自然之间，随着全球范围内工业——技术社会的形成，人与环境之间的关系变得比历史上任何时期都要紧张，人与自然之间水乳交融的关系已经成为过去，“诗意的栖居”已经不再可能。在人与人之间，由于市场经济的利润逻辑，功利和创造功利的理性成为人与人之间关系构成的基本准则，社会制度安排的根本依据、爱和友谊等亲密关系发生了质的改变。对此，海德格尔引用了诗人里尔克（Rainer Rilke）的一段话：“对我们祖父母而言，一所‘房子’，一口‘井’，一座他们熟悉的塔，甚至他们自己的衣服，他们的大衣，都还是无限宝贵、无限可亲的；几乎每一事物，都是他们在其中发现人性的东西和加进人性的东西的容器。现在到处蜂拥而来的美国货，空泛而无味，似是而非的东西，是生命

① 郑晓松．技术与合理化［D］．上海：复旦大学，2005：32.

② 刘福森．西方文明的危机与发展伦理学［M］．南昌：江西教育出版社，2005：13.

③ 李国俊，张信华．技术理性与现代性的文化嬗变［J］．自然辩证法研究，2006，22（11）：58－61.

的冒牌货……一座美国人所理解的房子，一个美国苹果或一棵美国葡萄树，都与我们祖先的希望和沉思所造的房子、果实、葡萄无共同之处……”[①] 在此，物的意义与技术时代的内在联系生动地揭示了出来。

技术的缘由、目的不在于它自身，而在于人。人的目的决定着技术的形态与方式。人设置技术的种种目的决定着技术问题的提出与解决。这些目的并非“本来”如此，也不仅是由人们的生存目的决定的，而更多地是由关于美好生活和关心美好生活的观念，即由文化观念共同决定的。另外，正如海德格尔指出的，技术是去蔽、让真理显现的形式。同技术的“使之显现”相反，通往现实性的文化培育之路由此出发：存在物有其自然而然的形式与状态，并且它趋向成为现实。文化培育要促使那些本身是现实的东西完全展开。与技术相反，文化是在情境性及多重目的性上建立起来的。通往现实性的教化过程与技术过程不同，它既要考虑人自身的行为对行为关联整体的副作用及反作用，同时还要顾及事物自身的权利，即承认这一事实：事物不依赖于我们的技术目的与旨趣而表现着一种内在的目的及合目的性的特征。教化与培育就是现实的去蔽。这种去蔽不仅考虑主体的目的，而且考虑客体的目的。文化是这样一种去蔽的方式，它不只是为了我们的目的而安排对象，即自然和社会，它也促进对象本性的发展，与技术的去蔽相反，文化的去蔽要将其副作用一并考虑进去。[②]

2. 技术异化

技术是人的内在本质的外现，深刻地反映着它的属人特性，人所具有的特性在技术的过程中基本上都得到了反映。由于人的本质的不确定性，同时人作为实践与认识的主体，既是能动者也是受动者，人的认识能力既具有绝对性也具有相对性，这就客观地决定了技术的不完善性以及技术的异化。对“异化”的理解不能脱离以下两种途径[③]：一方面，异化与特定的历史条件相联系，把它界定为工人创造了财富，反而成为统治工人的、与工人敌对的、异己的力量这样一种现象；另一方面，可以按照结构语言学的界定，通过“异化”一词的对立项（如“和谐”“完满”“独立自足”）来理解“异化”的含义。我们以使用锤子为例进行说明，我们对于锤子这种“物”越少瞠目凝视，使用起来就越起劲，与它的关系也就变得

---

① 海德格尔．林中路［M］．孙周兴，译．北京：商务印书馆，1997：296.

② 彼得·科斯洛夫斯基．后现代文化——技术发展的社会文化后果［M］．毛怡红，译．北京：中央编译出版社，1999：3－8.

③ 王钦峰．古希腊人性的异化及其现代反响［J］．外国文学评论，1994（1）：78－85.

越原始，而锤子也便越显示其本来面目。尽管这件物具有各种各样的属性和外观，但一旦使用者操作它或处于上手状态时，这些属性和外观便仿佛抽身而去，而这一件物却因此获得了其最本真的特性。

技术与人的本质的深刻互动，一方面表现为彼此剧烈的冲突，另一方面又表现为相互有力的推动。从技术实践的目的来看，无论是在前现代还是现代，技术活动的目标都是对人性的高扬，技术是一种运行着的人性。[①] 但是，从技术实践的结果来看，在某些情况下技术发展反过来压制了人性。技术的本质决定了它具有双重属性，一方面，技术展开了人的可能性空间；另一方面，技术所展开的每一种可能性空间，都必然会遮蔽和遗忘了更多的可能性，使丰富的可能性扁平化、单一化。[②] 这就是“技术异化”概念所道出的一种窘境。

人类发展技术的初衷是利用技术造福人类，使人获得更大的自由与解放，以利于人的全面发展。从工业革命开始，科学技术的突飞猛进及其在工业上的广泛应用，为人类创造了丰富的物质文明和高水平的生活质量，然而人们并没有感到幸福和精神上的愉快，人生的意义反而被遮蔽了。随着技术不断获得成功，人们开始将技术视为具有最高合理性的东西，一方面，人常常被作为技术的一种一般要素加以考虑，这使本该服务于人的技术反客为主；另一方面，在各种组织中引入了各种以提高效率为目标的管理，其实质是使人变成可控制的对象。由于人们对技术的崇拜日益加剧，在技术活动中，一切都要为技术效率服务，因此人也成了技术的手段，而人变成技术手段的主要途径就是专业分工，这种分工是非常彻底和日益细化的。如今，专业分工已经成为一种普遍现象，显然这种分工是为技术而进行的分工，而不是为了人的目的。

技术本来是“人为”的和“为人”的，但在现代社会中则成了压抑人的异己力量。海德格尔说：技术的本质就是一种“座架”——“人被坐落于此，被一股力量安排着、要求着，这股力量是在技术的本质中显示出来而又是人自己不能控制的力量”。[③] 对此，法兰克福学派的学者从马克斯·韦伯的价值理性和工具理性的理论出发，以人类在技术社会的异化状态作为切入点，展开对当代技术的批判。霍克海默和阿多诺在《启蒙的辩证

① 王大洲，关士续．技术哲学、技术实践与技术理性［J］．哲学研究，2004（11）：55－60.

② 吴国盛．技术与人文［J］．北京社会科学，2001（2）：90－97.

③ 曹前有．技术：人的内在本质的外在展现［J］．自然辩证法研究，2005，21（4）：49－52.

法》中指出，随着技术的进步，科技不仅成为人控制自然的工具，同时也成为人对人统治的手段。因此，技术的进步是以人对人的统治为代价的，因为技术上的合理性就是统治上的合理性。它具有自身异化的社会的强制性质。阿多诺指出："技术的发展，不是人类幸福和进步的增长，而是对人性的压制和异化的增长。"① 马尔库塞把科学技术看做是发达工业社会的一种新的控制形式，声称技术具有明显的意识形态功能，技术不仅为人对自然的掠夺、人对人的统治提供了基础，为现存制度的合法性辩护，而且从根本上排除了对现存社会的批判性和否定性的要求。② 哈贝马斯认为："人们的目的性行为在现代技术的管理之下已经达到高度的合理化，技术已使人完全失去了自己的本性。"③ 毋庸置疑，法兰克福学派的思想家们对技术的反思和批判是发人深省的，他们对人性的价值关怀为今天确立全新的技术理念和生活目标提供了极大的启示作用。

作为一种特殊的生命存在，人并不会仅仅满足于现实世界对科学技术的追求，而是在不停地寻求着对于已有本我的无限超越，追求自身有限性的不断突破，从而对科学技术所造成的"人的异化"进行消解和拒斥。例如，针对现代技术引发的人的价值的失落、精神的迷失和信仰的迷茫，西方学者预想的"中间技术""多元技术"以及"有机技术"等都是为了恢复被技术压抑的人的价值世界④，也可以为我们在发展技术过程中提供新的视野。

（二）教育与人

人是教育的主题，教育事业是人的事业，这是不言而喻的。认识教育必须首先要认识人。对此，里博尔说过一句非常经典的话⑤："倘若要问某

---

① 马克斯·霍克海默，阿多诺．启蒙辩证法［M］．渠敬东，曹卫东，译．上海：上海人民出版社，2003：34.

② 毛勒堂，董美珍．对"科技批判"的批判［J］．科学技术与辩证法，2003（4）：5－7.

③ 哈贝马斯．作为意识形态的技术与科学［M］．李黎，郭官义，译．上海：学林出版社，1999：38.

④ 人的价值世界是相对于人的物质世界、科学世界、技术世界的人的精神世界，它以人的价值理性为核心，以人文精神为指导，以关注人的情感、道德、人格、生命、灵魂为主旨，引导人们在享受现代科学技术发展所带来的物质文明的同时，更多地关注自己的思想、精神和信仰，更多地照料自己的心灵和魂魄，以实现人生的意义和价值。刘济良．论科学技术对人的异化与教育对人的价值世界的重建［J］．教育理论与实践，2003（4）：12－15.

⑤ 米亚拉雷等．教育科学导论［M］．思穗，马兰，译．北京：教育科学出版社，1991：30－31.

人‘什么是教育’也就等于问他‘什么是人’。”因为教育的问题，说到底就是人的问题。可见，教育是“人”的教育，“人”是教育的原点，没有“人”的教育则是偏离了教育本真的异化了的教育。可以说，人的本质也是教育的前提，没有人也就没有教育，没有对人的正确认识也就无法开展正确的教育活动。人之为人就在于他的“生成性”“不确定性”，教育的基本功能就是在人的不确定性前提下，形成和提高人的某些确定性，从而使尚未具有确定性的人成为具有确定性的人。如果人的一切都由自然或本能规定好了，那么教育也就没有必要了。由此可见，关注人的本质发展，是教育的出发点，也是教育的永恒追求和归宿。

“教育”一词在中国最早现于甲骨文，“教”表示成人手拿棍棒或鞭子督促孩子学习，“育”表示妇女养育孩子①。在先秦前，很少将“教”与“育”两字连用。“教育”一词连用是在《孟子·尽心上》中：“得天下英才而教育之，三乐也。”从“教育”一词的字义来说，我国汉代许慎在《说文解字》中注道：“教，上所施，下所效也；育，养子使作善也。”这里的“教”是指教育者的教诲与受教者的效仿，而“育”则是受教育者向好的方向发展。从“教育”二字的整体含义来看，它包含着由教育者对受教育者施加的影响过程，其社会功能比较明显。在西方，“教育”一词的英文为 education，德文为 Erziehung，盖由拉丁语 Educare 演变而来。拉丁语的 Educare 又是从动词 Educĕre 变成的。“E”在拉丁语中有“出”的意思，ducĕre 有“引”的意思，合在一起的 Educĕre 就含有“引出”之意，即通过一定的手段，把某种本来潜在于人身体和心灵内部的东西引发出来。也就是说，“教育”一词含有用引导的方法促使儿童的身心得到发展的意思，更多地反映出教育的个体发展功能。②

在英语中，education 这个词在 18 世纪末和 19 世纪早期才获得现在一般通用的意义③。在此之前，人们讨论现在一般所谓的教育问题运用的是 nurture（培育）、rear（养育）、bring up（抚育）、nourish（养育）等，这些词的原意都不是指称人类教育活动的，而是指称植物栽培或动物饲养的。由此可见，教育与文化在词源上具有同义性。“文化”一词在拉丁语和古英语中通常具有“耕耘”或掘种土地的意思，表明了文化与人类劳动

① 全国十二所重点师范大学联合编写．教育学基础［M］．北京：教育科学出版社，2002：3.

② 黄济．教育哲学通论［M］．山西：山西教育出版社，2002：341.

③ 雷蒙德·威廉斯．文化与社会［M］．吴松江，等，译．北京：北京大学出版社，1991：19.

的天然联系。后来，古罗马思想家西塞罗用“文化”一词 culture mentis 时已演变为“耕耘智慧”之意。18 世纪，法国学者沃弗纳格和伏尔泰等开始在法语中以一种完全的意义使用“文化”一词，对他们来说，“‘文化’意指训练和修炼心智（或思想，抑或趣味）的结果和状态……很快这个词就被运用于形容某一位受过教育的人的实际成就。良好的风度、文学、艺术和科学——所有这些都被称为‘文化’，被认为是通过教育能够获得的东西”。在 18 世纪末，德国学者赫尔德开始使用现代意义上的“文化”一词，他认为“文化”意味着人的完善，或者在人的个体发展过程中所取得的工艺、技术和学识。在希腊语中，paideia 一词相当于中文“教化”之意，法语的“教育”（pedagogce）一词即源于此，现代英语中也用 pedagogy 指称“教育学”。汉语的“文化”一词是由“人文化成”演化而来的，意即通过文治教化和培养有教养的人的过程，也就是“教化”之意。据此，有关学者认为，在中西文中，“文化”与“教育”在词源上联系非常紧密，可把教育等同于文化，亦即“教育即文化，文化即教育”。①

应该说，教育确实起源于文化。文化是人的劳动实践的产物，教育是在有了初始文化之后才成为一种让人模仿、示范、传习的活动。文化是知识积累的产物，教育则是让人获得知识的途径。教育的直接意义又在于，它使得后代人不必重复前代人所走过的曲折道路，不必事事都从直接经验中获取知识，而可以通过文化这一载体最简捷地获得知识，并不断开发人的智慧潜能，创造出新的知识。

教育与文化相伴而生，相随而长，在漫长的历史长河中，两者互为前提，互相砥砺。文化给教育以社会价值和存在的意义，教育给文化以生存依据和生机活力，两者缺一不可。文化即人化②，其他各种对文化概念的表达，不过是“人化”意义上的各个侧面或表达形式。从历史的视野来看，由于文化和教育之间的亲密关系，教育对人的影响事实上也就是文化对人的影响，即教育促成文化对人的影响。因此，我们赞同教育的本质在于文化与人的双向建构。③ 教育一方面通过文化化人过程，使人获得一种能

① 周光迅．高等教育哲学的逻辑起点［J］．高等教育研究，2006，27（12）：22－26.

② 维多克·埃尔．文化概念［M］．晓文，译．上海：上海人民出版社，1988：2－5. 文化的起源是“人化”，即人的本质力量或主体性的对象化。文化的主要功能之一是“化人”，即教化人，或者说是塑造人和熏陶人。文化的本质是“人化”和“化人”的统一，是人的本质力量的外化和人的创造物的内化的统一，也就是主体客体化和客体主体化的统一。

③ 李颖．文化视野中的教育悖谬［J］．锦州医学院学报，2002（2）：76.

力，一种把握世界的方式，使人得到发展。同时，教育也通过选择、批判，对文化进行甄别，使之不至于成为人发展的障碍，这种使人适应文化又使文化适应人的过程，促进了文化与人的矛盾的统一。另一方面，教育所培养的人可以创造出更复杂、更高深的文化成果，从而在新的基础上形成文化与人的矛盾，在文化与人的矛盾、统一过程中，教育实现了文化与人的双向建构，即用文化完善人，又通过人来丰富文化，从而发展了文化与人的内涵。

在人类社会的发展进程中，教育是不可或缺的活动，教育的产生与发展是教育为社会服务和教育为人类自己服务的有机统一，是教育的社会属性和自然属性的统一。[①] 教育为社会发展培养所需要的人才，满足社会对人才的需求，推动和促进社会发展，这是教育的社会属性；教育为人自身的发展服务，满足人们接受教育的需要，提高其自身素质，实现人的全面发展，这是教育的自然属性。教育的社会属性是教育发展的直接动力，教育的自然属性是教育产生的基本原因。因此，我们考察“什么是教育”的问题必须以人的自然为起点，而非本末倒置。由于教育为社会服务主要是通过培养人这一社会职能来实现的，教育的价值最终要落实到人的培养上，因而需要从“人”的角度出发来把握教育，理解“使人成为人”是教育的根本意旨。

概括地看，教育思想史上重视教育对人的发展的意义，主要有以下三种普遍性的观点。

其一，教育是自我实现的手段。学校教育要提供有助于个体发展的知识、情境与手段，以促进个体的完善。不过，关于教育成为个人自我实现手段的理由是不一样的。例如，有的观点是从人与社会的道德关系、审美关系的角度理解人，把人的道德完善看做是人的全面发展的最高目的。

其二，教育要改善认知能力的观点。主张教育促进人的发展，实质是指教育改善人的理智能力与运用技能，而且，由于受教育者年轻，可以预先设置与规定教育目标，因而可以将学校教育目标分解成各个部分，这些部分构成复杂的体系，教育者的使命在于对这些复杂的过程进行控制，以使教育活动能够达到预先的目标。

其三，教育改造社会的观点。学校教育的目标是促进受教育者的社会化，成为对社会有用的人，而不是与社会处于对立状态的人。因而，教育活动的出发点应立足于社会的需要，教育者的任务是融合与调节社会需要

---

① 郑国庆．论教育的二重性［J］．鞍山师范学院学报，2001（2）：74－76.

与受教育者个体特殊性需要。

提出这些观点的出发点各有差异，它们在教育对人的发展方面的认识均局限于一定的范围内，或者简单地以为只要本质特性和能力的发展就意味着人的全面发展；或者只从社会性的角度来考虑人的发展问题，而缺乏对人的内在条件的关注。教育的本质是培养人，是人类自身的再生产和再创造，人性化和个性化是其鲜明的特征。

人性化首先意味着教育对人的尊重，它包括教育理念的人性化和教育环境的人性化。[①] 教育理念的人性化指教育者要在头脑中真正树立起受教育者之主体地位的意识，敬重受教育者的人格，不把受教育者当做“工具”，进而像对待“物”“动物”那样对受教育者进行改造、加工和训练。教育环境的人性化则指整个教育环境都要以对“人”的方式来设计。无论教育内容、教育方法，还是师生关系，都应该自觉地渗透一种关怀意识，亦即以关怀意识为底蕴。人性化还意味着自觉培养具有完满人性的人，也就是把人的培养放在根本位置。由此，对受教育者情感、意志等品质的培养也就必然得到关注，这样才能突出“教育”的完整内涵，也才有可能培养出相对完整意义上的人性丰满的人。《学会生存》确定了一个指导教育发展方向的基本思想：“人类发展的目的在于使人日臻完善；使他的人格丰富多彩，表达方式复杂多样；使他作为一个人，作为一个家庭和社会的成员，作为一个公民和生产者、技术发明者和创造性的理想家，来承担不同的责任。”[②]《教育——财富蕴藏其中》也指出[③]：“教育不仅仅是为了给经济界提供人才：它不是把人作为经济工具而是作为发展的目的加以对待。使每个人的潜在的才干和能力得到充分发展，这既符合教育的从根本上来说的人道主义的使命，又符合应成为任何教育政策指导原则的公正的需要，也符合既尊重人文环境和自然环境又尊重传统和文化多样化的内涵发展的真正需要。”

如果说人性化侧重于对人的完整性的强调，那么个性化则侧重于对人的独特性的强调。正如《学会生存》所指出的，传统教育有两个根本弱点，“第一个弱点是它忽视了个人所具有的微妙而复杂的作用，忽视了个人所具有的各式各样的表达形式和手段。第二个弱点是它不考虑各种不同

① 王啸．“人是价值的存在”及其教育学意蕴［J］．高等教育研究，2001，22（5）：7－11.

② 联合国教科文组织．学会生存［M］．北京：教育科学出版社，1996：2.

③ 联合国教科文组织．教育——财富蕴藏其中［M］．北京：教育科学出版社，1996：70.

的个性、气质、期望和才能”[①]。这种工厂“流水线式”的工业操作模式生产出来的只能是划一的“样品”，是“制器”而非“育人”。中国传统文化的一个根本缺陷就是对人的个性重视不够，也可以说是抹杀个性。没有了个性的内在支撑，这种“人”其实也就不是真实意义上的“人”。

（三）现实状况分析

我们知道，在从猿到人的漫长的演进过程中，发明制造工具的劳动发挥着重要的作用。人正是通过使用和制造工具这种方式才得以从动物中分化出来而成为人，或者说“发明制造工具”成了人之成为人的客观确证或现实规定性，也成了人的力量和文明的来源。但是，工具具有二重性质：一方面，它是人的器官，执行人的身内器官的劳动功能[②]；另一方面，它是由自然物质材料组成的，属于人的身外器官。工具的人性意义必须通过这一“身外器官”的内化过程才能实现。由于工具在形态上是外在于人的，工具的物质性决定了它对人的客观性。另外，人作为一个生物体并没有自动接纳工具的能力。尽管由于生物遗传的积淀作用，现代人的生物结构已经大大优于原始人的生物结构，但人本身并没有“工具化”。因此，在人类进化史上，工具的内化的过程是经过千百万年的进化而极其缓慢地实现的，在此过程中，教育的作用不能忽视。

当现代技术应用的另外一面——技术异化现象在工业化大生产时期表现出来并成为一种普遍存在的社会现象之后，应社会发展的需要，教育也分担着消除技术异化的责任。但是，在现代教育发展过程中，现代技术又逐渐地与之相结合，并最终走向了“技术化”，这就导致教育在一定程度上反而蜕变为工具性的驯化与生产，从而教育沉迷于其使人成才成器的工具价值，而遗忘了教育之为教育在于生成人之为人的本体价值。

随着技术的不断进步，人们对教育领域中技术的应用满怀热情和期望，但教育并没有因为技术的进步而天翻地覆，而且离期待仍有较大的距离。在应用技术的过程中，教育领域常出现以下两种现象。一是从技术的工具手段角度来看待教育和社会发展问题，认为技术的工具手段是推动教育和社会发展的根本动力，把技术看成脱离于人之外的工具，进而把“教

---

① 联合国教科文组织．学会生存［M］．北京：教育科学出版社，1996：105.

② 卡普的“器官投影说”把技术比喻为类似人体器官的客体，视技术为人体器官的一种投影，亦即形式和功能的延伸和强化。转引自：王楠，王前．“器官投影说”的现代解说［J］．自然辩证法研究，2005（2）：1-4.

育”理解为社会借此可以保存、延续、进步的工具。由于人们片面地扩大了技术的工具手段作用，不能辩证地对待人、技术和教育之间的关系，导致现代教育所致力发展的科技进步、经济和社会发展，都是实现人的存在价值的“形而下”的手段和过程，而不是人的存在价值的终极目的。二是虽然以教育需求和教育目标为出发点来考量技术的应用，意识到技术应用不能脱离教育价值的追求，由于技术对人的影响不能脱离现实存在的整体社会环境，因而功利主义取向使得教育中的技术的现实应用与目标背道而驰，非但没有使人获得自由，反而束缚了人，困扰了人，甚至把人降低为物。这就需要重新确定人的位置，以使技术在教育中的应用有助于为人的本质的自我肯定开辟新的道路。

从根本上说，技术应用于教育不能脱离教育系统的自身环境，同时技术自身的自律性以及其他种种复杂的作用因素也是不可忽视的。但是，在技术被推崇到无以复加的时代，技术的自律性可以超越任何限制，它完全按照自身的逻辑来发展。工具理性在技术推崇的时代则被无限地加以扩展，社会生活的各个领域被工具理性主宰。应用于教育系统中的技术也同样陷入工具理性的桎梏之中，主要表现为工具至上和功利主义。

1. 工具至上

技术在物质生产领域所取得的巨大成就，极大地推动了社会的发展，同时也使技术的思想普遍化，成为人们行为的日常准则和文化原则，对人们的观念产生了强大的冲击和影响，进而形成意识形态，这就是所谓的“技术主义”。技术主义思潮在教育领域的表现就是“工具至上”的理念，即教育中应用技术的过程关心的是技术，而不是教育主体，把技术看成脱离于教育主体之外的工具，片面地强调了技术的作用，认为技术可以解决所有的问题，看不到人、技术和教育发展之间的相互制约和相互作用。例如，在第二次世界大战背景下，早期新型媒体技术在教育领域的运用引发了人们对教育媒体的迷恋与狂热，并且人们还一相情愿而又不切实际地认为媒体可以解决所有的教育问题。对物质技术设备的过度关注导致了我们视野的狭隘，认为技术应用于教育的过程即不断追逐新出现的媒体技术（有线电视、卫星通信、计算机网络等）的过程，导致我们在欢呼每一次新技术进步之余对其效果的深切失望。媒体技术确实在相当程度上引领着教育技术理论和实践的发展，但如果把解决问题的一切希望和期待都寄托于技术手段的更新或新技术工具的开发应用上，而从不认真考虑这一途径是否正确可行，忽视或轻视影响和制约技术发挥作用的其他因素，则会沿着技术主义的方向越走越远。

2. 功利主义

由于技术在社会各个领域的广泛应用，特别是技术对经济发展越来越起着决定性作用，于是，功利主义思想在当今社会发展中居于支配地位。技术应用于教育过程中的功利主义，最重要的体现是忽视了教育（中）技术的人文意义和人文价值，从而遗忘了教育“使人成为人”的价值追求，具体表现在以下几个方面。（1）将技术及其技术的力量绝对化，从而在某种程度上导致对技术以外的文化和人的精神生活的漠视，造成工具理性主宰下的教育在价值追求上强调实用价值，忽视生命价值。由于其工具化和功能性的价值取向，教育领域从宏观到微观全面开始了制度化、规范化、操作化的进程。如夸美纽斯的班级授课制、泰勒的目标模式等，都将提高教学效率、加强学校工作的计划性和实现社会效益放在首位。对实用价值的追求使教育丧失了其本应承担的“使人成为人”的价值追求。（2）功利主义在本质上关心的是手段和功利目的之间的关系，其根本任务在于“为所选定的目的寻找手段”，却很少关心目的本身是否合理的问题。只关注教育的一种“技术的认识旨趣”，而不关注人的旨趣，从而使教育出现了一种知性取向，教育的关注点从人性的发掘让位给了能力的培养，追求效益最大化正逐步成为教育的主要目标与发展方向，而情感诉求、价值关怀、道德规范、伦理明察则日益缺乏。教育本身无论内容还是形式都渗透了技术化特征，因而导致其深厚的人文蕴涵消解，完整的教育转化成一种技术教育。（3）当技术日益成为师生日常依赖的拐杖般的工具时，束缚人、压制人甚至奴役人的危险随之而来，导致我们把应用于教育中的技术仅仅作为工具来理解，而没有意识到技术应用于教育的过程本身所具有的动力、意义和价值。

严格地讲，工具理性只是技术理性的一个维度，是指满足于人的目的性的工具效用①。技术理性内在的另一个维度则是价值理性，它反对把技术仅仅当做“手段”和功利的“行动”，而将技术与人的生存直接相关，是内在精神层面的维系人的生命存在的目的、人之所以安身立命的根据。技术理性的片面化，即工具理性的扩张遮蔽了价值理性的内涵，唯一的路径不是抛弃或进一步发展工具理性，而是实现工具理性向价值理性的提

---

① 李国俊，张信华．技术理性与现代性的文化嬗变［J］．自然辩证法研究，2006，22（11）：58－61.

升。工具理性和价值理性的关系理应是：前者作为工具和手段，使人们认识世界和改造世界的能力得到有效的发挥；后者则以价值标准评判这种能力的发挥是否有益于人类自身的发展，前者的工具作用与后者的价值评判作用应有机地结合起来，相互制约、相辅相成。作为技术理性的两个维度，工具理性和价值理性可以在技术理性中得到合理的融合，以使技术理性展现其人文关怀和价值意蕴，从而在教育与技术的互动过程中，达成技术自身的工具理性和教育以人为本的价值追求的协调。

（四）异化的根源和出路

现代的发展观是建立在近代的主体性哲学基础上的，因此科技的异化与近代的主体性哲学有必然的联系。笛卡儿的“我思故我在”首先打出人的主体性大旗，后来康德的“人为自然立法”命题则更进一步确立了主体性哲学作为近代哲学的主体地位。自此，神和上帝不再是宇宙的主体，而人才是宇宙的主体和中心。在笛卡儿之前，“任何一个自为的存在的物都被看做‘主体’，但现在，我成了别具一格的主体，其他的物都根据‘我’这个主体才作为其本身而得到规定”①。“我”成了他物的绝对规定者，外部世界中的一切便成了满足主体需要的“属人的存在”，基于这些哲学信条，人可以凭其需要去改造和利用“属于自己的”这一切，人的主观能动性得到了最大的肯定和鼓励，人的一切行为似乎都获得了合法性，只要是能够做的，都是应该做的。主体性哲学的错误就在于它仅仅把自然界理解为人的对象、客体，把人当做自然界的主人、主体，没有看到人本身来自自然界，是自然界的一员。

主体性哲学中心地位的确立，曾使物质财富得以迅猛发展，然而，这种只“关注”人的物质需要的发展方式却最终给人类带来了危机和灾难。这样以把握物质的方式去关注人，也就注定了反而失落了人。之所以失落了人，就在于人不仅需要形而下的“物质关怀”，还需要形而上的“精神关怀”。鞠曦认为：“现代社会把人的生命等同于形下性的物质存在，科学作为‘工具理性’一方面使人与自然对立，另一方面以科学为工具对人进行形而下的物理化分解。形下性的科学理性使人在形而下的方式中生存，形下性的存在方式疏离了生命的终极关怀，使人的存在走向异化。”②

---

① 海德格尔．海德格尔选集（下）[M]．孙周兴，译．上海：上海三联书店，1996：882.

② 汪建云．科技伦理化呼唤哲学复兴[J]．自然辩证法研究，2007，23（4）：95－98.

反思主体性哲学会发现，科技解决不了人的终极关怀问题，但这一切并不能归咎于科学技术本身，因为它们都是受目的支配的。真正的问题还是出在人自己的身上，因此，需要由对客体的征服开始回归到对主体，即人自身的关怀，这种关怀不再是人的某种理性精神的膨胀与泛滥，而真切地回归到人，人不再是发达的科技社会中的一个螺钉，而是真实生活世界中的一个生命整体。

在康德看来，人是自由的，正是这自由使人具有道德问题。而人只有在实践理性的意义上才能真正理解自由。[①] 所谓人的“自由”，并非指人可以无视自然世界的因果必然律为所欲为，而是指人并不消极机械地受自然世界的因果必然律支配。人作为感性现象界的存在，只是自然世界的一部分，无法摆脱因果必然律，但是人作为理性的存在，使自己的意志行为只服从于理性的自我立法。这表明意志自由可以作为原因影响自然世界的因果必然律。在理性的自我立法意志自律之下，人是目的，人之“能做”在于人的“应做”，是人的“应做”规定了人的“能做”。[②] 康德以自己的特殊表达方式揭示了应然（价值或善）与实然（事实或真）的关系：实践理性并不能直接改变“真”，但实践理性却可以通过行为主体的目的性、通过自由意志选择而作用于“真”，使“真”成为“善”。

马克思的“实践”理念继承了亚里士多德与康德思想的精华，并在“实践”基础之上实现了应然与实然的统一。实践是人的特质，是人的有目的的活动，它不仅包括对外部客观世界的认识，更包括在这种认识基础之上的行动与改造，它是人的尺度与对象尺度的统一。人的自觉目的性活动基于对自然必然性的把握，并使自然必然性为人的自由服务。“实践”理念表明：真为善提供客观必然基础，善为真提供价值目的性，使真为人的自由解放服务；技术为人的自由解放提供客观手段，道德为人的存在确定自由解放的目的性；实践是一个历史过程，真与善、技术与道德的统一亦是一个历史过程。真与善、技术与道德在人追求自由存在的过程中实现统一。[③]

自然界原本是统一的，人类的知识也应该是统一的。早在古希腊时

---

① 康德认为只有在实践理性的意义上才能真正理解自由，“德性首先给我们揭示了自由概念”。参见：康德．实践理性批判［M］．韩水法，译．北京：商务印书馆，1999：30.

② 李泽厚．批判哲学的批判［M］．北京：人民出版社，1986：295－298.

③ 高兆明．技术祛魅与道德祛魅——现代生命技术道德合理性限度反思［J］．中国社会科学，2003（3）：42－52.

代，先哲们就把知识、求知看做是人的最主要、最本质的属性。亚里士多德在《形而上学》中写下的第一句话就是："求知是人类的本性"，柏拉图要在人们心灵里建立的也是知识的"理想国"。到了近现代，科学技术知识更是取代了上帝的力量。伴随着科学技术成为第一生产力，人的工具行为（劳动）越来越合理了，越来越符合科学技术的要求，人变成了劳动的工具，像机器人那样机械地行动着，同时，人丧失了对世界的整体认识，被技术所统治。作为整个机器大工业基础的现代技术并不能被简单地等同于人们所控制和掌握的现代工具，应该看到它的本质是直接与人的本质，与人所处的一定社会的历史的生产关系联系在一起的。这就需要把技术发展放入一个更广阔的人类文明之中，技术只是手段，不是目的，人的生命高于技术。早在 19 世纪中叶马克思就指出①，科技是人类本质力量的展示，科学技术的最高价值就在于为人类全面发展创造和提供物质和精神条件。

人之所以不同于世界上的万事万物就在于人的价值向度和价值世界，可以说，人的价值世界是人之为人的根本特征，是人之本质。人的价值世界的遮蔽和迷失将导致人的异化。面对着当代科学技术的发展所造成的"人被抽象化""人被符号化""人被非个性化"和"人被工具化"的严峻现实，我们必须重建人的价值世界，重视人的价值向度在人的发展中的作用。因为只有人调整好了自己的价值观，具有了正确的价值理性，才能真正自觉地、有意识地反对科学技术对人的异化，从而追求人类特有的无限广阔的精神生活，以实现自己生命的价值。为此，我们的教育就要引导人们重视自己的价值世界，丰富自己的道德情感，培养自己的价值理性，追求有价值的人类生活，实现生命的不断超越和人格的不断升华。②

"人是价值的存在"，它以"人是目的"为最高原则和出发点，它尊重人的自由意志，它看到了人的选择性、超越性和创造性。按照康德的说法，人的存在本身就是自足的，因为"人是目的"，而且是最后的目的，亦即他的成为可能是不需要以任何其他目的为条件的③。这是人和物的根

① 龙翔，陈凡．现代技术对人性的消解及人性化技术的重构［J］．自然辩证法研究，2007，23（7）：69－72.

② 刘济良．论科学技术对人的异化与教育对人的价值世界的重建［J］．教育理论与实践，2003，23（4）：12－15.

③ 王啸．"人是价值的存在"及其教育学意蕴［J］．高等教育研究，2001，22（5）：7－11.

本不同。在以往的教育实践中，由于没有意识到“人是价值的存在”，没有意识到“人是目的”，人也就必然沦为“物”的存在、“工具”的存在，而教育也只能沦为一种“成物”的手段而已。

不执著于某一畸变了的功利价值而以诸多价值之生命主体（人）为目的的教育，必然要求教育过程的生命化而非技术化。教育的技术化最明显的表现为知识化，应当承认，知识确实曾经发挥过无比巨大的力量。知识，几乎可以使人无所不能。然而，认为知识可以解决一切问题，这是人们的错觉。维特根斯坦说过，我们觉得即使一切科学问题都能解答，我们的生命问题还是没有触及。知识，原本是人们谋求生活的手段，生活本身才是目的，但是，现在目的与手段却被颠倒。这在当今的学校教育中尤为突出。这一思潮下的教育的知识化即教育的功利化，功利化的教育在使人异化为功利的工具时使自身降格为工具的工具。教育的尊严的凭借是人的尊严，由知识化教育向生命化教育转进的底蕴在于人的真实生命的复归。教育的生命化在一定意义上也正可以说是教育的个人化或个性化。生命化的教育并不弃置或轻蔑知识，它只是力图使逻辑化、体系化了的知识与新的生命主体创思、立命的生长点相契接，由生命化既有的知识而拓辟出另一种格局中的生命的深度。①

以工业革命为标志，人类社会进入了以“物的依赖关系”② 为基础的阶段。由于对物的依赖性，现代教育出现了异化，教育日益与人对立，使人成为教育的奴隶。在现代教育中，支持教育者与受教育者关系的，不是作为个体的彼此之间的生命联系，而是建基于个体生命之上的“制度化生活”。现代教育通过其工厂化制度鼓励了受教育者的依附性，默认了受教育者对教育者知识与价值观的复制和再现，从而使教育活动更倾向于一种对“物”的加工塑造而非一种人性化、生活化的艺术。现代教育的伦理其实就是工业的伦理——节约时间、有效生产、精密控制以及尽可能地避免发生意外。近现代教育中的生命价值问题最终成为生命的有用价值问题，生命价值实现于它的有用价值。在古典教育的伦理中，生命之所以是必须尊重的，是因为生命是独特的；在现代教育的伦理中，生命之所以是必须

① 周毅．21 世纪中国两大支柱：科技教育化与教育科技化［M］．福州：福建教育出版社，2001：总序 2.

② 马克思的社会三形态理论认为，人类历史的发展划分为“人的依赖关系”“物的依赖关系”“人的自由个性全面发展”三个阶段。转引自：苏东霞．略论教育异化［J］．教育探索，2006（10）：40－41.

加以“琢磨”的，是因为生命是有用的。在古典教育中，教育倾向于从人的独特性、从人在宇宙中的位置方面来关怀人；在现代教育中，教育倾向于从人的有用性、从人力资本方面来算计人。有用价值凌驾于生命价值之上，这就是现代教育伦理的基本性质。在今天，受教育者所能够学习到的东西，被限定于“有用”的东西——那些能够带来明显的实利效果的东西；受教育者又以其所学的“有用”的东西，将其自身改造为被社会所承认的“有用”的人或“成功”的人。① “有用”的事功观念已成为当今的时代精神，使现代人遗忘了教育育人的根本，教育因此而被理解为“培养有用的人才”，即教育能否经济高效地生产出“有用之才”。因此，教育堕落为生产“有用之才”的工具，成为“人才”的生产加工厂。教育中的人被作为质料，按照预定的目标被加工为具有一定质量和规格的器物。因此，就社会而言，教育就是培养和造就满足社会发展所需求的各级各类有用之才的工具；就个人而言，教育则是个人实现阶层转换、攫取名利权的有效手段。教育所培养的人才是否“有用”，即能否持续地满足社会需求，就成为教育业绩和效益的标准。②

人的认识和知识原本是来自于生活并为生活服务的，在人的生活实践中，认识和把握事实的目的就是为了要超越这种已被给定的事实，实现在一定时期内仅仅存在于思想之中的、尚未成为事实的各种理想和追求。知识的学习对于人来说，其本质的意义是为了完善和提升自我，是为了人与世界的和谐发展。但是，把知识圈定在事实的范围之中，知识和生活实践之间也就必然树起了一道不可逾越的屏障，知识学习的本意便荡然无存。

教育并非只是为了“能用技术去做什么”才去使用技术，而是为了通达教育价值的追求——使人成为人，这是教育在应用技术的过程中所首启的、带有根本性的内容。教育实践的主体、目的和对象都是人自身，教育在应用技术的过程中不能离开对人的价值的关注，因而，以“以人为本”作为出发点，技术是人类智慧和能力的外在表现，教育场中的技术更多地体现为智慧的获得和运用的过程，有助于较好地把握人、技术和教育发展之间的关系。

以人为本，体现了技术与教育关系的转变过程：背景关系→他性关系→包容关系。在背景关系中，教育被缚在“技术茧”中，这类似于海德

---

① 高伟．论教育世界的异化与救赎［J］．教育理论与实践，2005，25（4）：10－14.

② 高连福．教育是人的教育［J］．淄博师专学报，2006（3）：36－39.

格尔的“Ge-stell”（译为座架），海德格尔把“Ge-stell”归属于解蔽之命运，意味着某个无可更改的事件的不可回避性，而不是指技术是我们时代的命运。[①] 在他性关系中，人们热衷于把教育的力量投射到他物上，物化技术则成为教育领域应用技术过程中的永远的追求。教育与技术的包容关系，实质在于把技术嵌入教育之中，教育一方面要借助技术来扩大自己的能力，另一方面又要保持自身的价值追求——使人成为人。

以人为本，体现了教育的本质力量的对象化过程。技术进入教育领域，首先需要做的就是将技术从基本的工具属性中抽离出来，将其置放在主客体行动框架内，表现为“教育的本质力量对象化”：教育的“能力”或“力量”自然而然作用于技术，使原来非教育的“自在”技术，变为“为教育”的——为教育而存在的技术，即成为“教育化的技术”。也就是说，教育的“力量”转化到客体——技术中去了，“教育”主体方面的东西因而“对象化”了，成了客体方面“对象世界”里的东西，成了主体可观照的“对象”。沿着这条思路，技术就成为了教育系统构成的一部分，教育系统就变成了在技术作用之下的一个主客体之间关系的世界，教育主体及其环境是教育中的技术的集中体现。

---

① 马丁·海德格尔．演讲与论文集［M］．孙周兴，译．北京：生活·读书·新知三联书店，2005：25.

第三章

教育中技术的本质探讨

教育自产生之日起，就与技术结下了不解之缘。在技术发展的起始阶段，技术的普及、发展在很大程度上受制于教育水平。当技术发展到一定水平，技术及其价值观也随之渗透到了教育领域。纵观现代技术进入教育的历程，在每次新技术的出现以及它被引入教育的过程中，尽管教育的总体形态有所改变，教学形式亦有所改变，但教育面向人的发展的基本诉求没有改变，教育的本质没有改变。在探讨教育中技术的本质时，教育是永恒的出发点，而技术的发展不仅要遵循技术发展的规律，也要遵循教育发展的规律。

一、教育为什么需要技术

通过前面对教育发展历程的考察可以看出，从教育的诞生之日起一直到今天，教育发展的任何一个阶段都离不开技术。一方面，教育和技术的本源都是人类社会的需求，两者都是人类社会特有的活动，是为了人自身的发展和完善。另一方面，也是最为重要的一个方面，那就是教育活动本身离不开技术，例如，教育环境建设需要用到技术；教师讲课要用到口语、动作、神情，而口语的表达方式方法，表达神情的各种方式、形态都是人的心理和技能的表现；学生学习要听、说、读、写、看，这些都需要技术。为此，下面通过分析教育的技术特性、技术进入教育的影响因素等相关内容来回答“教育为什么需要技术”这一问题。

（一）教育的技术特性

概念是人们对研究对象、认识对象的界定，能够直接反映人们对此对象的认识和态度，因此，对概念进行分析，能够比较容易地通过间接方式获得相关观点。下面将通过概念分析的方法来研究教育的技术特性。

1. 教育是技术

关于教育是技术还是艺术，历来就争论不休，大家都认可“教育是艺术”，因为教育涉及人的情感和价值，同时教育也需要艺术，以展现教师的个性与创造性。但对于“教育是技术”却仁者见仁、智者见智。

查有梁在《系统科学与教育》第三版序言中指出①：“教育是科学，又是哲学；教育是技术，又是艺术；不，教育是四者的综合。”我们关注的是这段话的后半段内容，即“教育是技术，又是艺术”。查有梁的分析如下：

（1）教育是技术。“技术”包含很多的意义。狭义的“技术”指人类发明的产品和人工制品，以及这种产品所需的知识体系。广义的技术包括产品、知识、人员、组织、规章制度和社会结构。“因特网技术”“教育技术”都是在广义上理解的技术。教育当然有产品和人工制品：教材、教案、课件（主要指软件）、教具、学具等；教育还有特定的人员、组织、规章制度、社会结构等。教育要使用工具，从简单的粉笔加黑板到复杂的多媒体。教育是技术，这要求教师的专业要具有一定的“技能”。（2）教育是艺术。从夸美纽斯1632年发表《大教学论》以来，教学是艺术，已获公认。艺术的基础是情感，艺术的哲理是美学。教学的艺术，其基础是教师和学生都要有情感投入；教学要求“真善美”的统一，要求“精气神”的统一。教育过程既有逻辑思想，又有形象思维。教育的美，它体现着教育与美的统一、教的美与学的美的统一、教育的目的美与手段美的统一、教育内在美与外在美的统一、教育科学美与艺术美的统一、教育美的创造与鉴赏的统一。教育是艺术，这是教育的内在本质所具有的。

在英汉词典中，有多个词可以表示或译为技术，如 art、skill、technique 和 technology。前两者常主要指技艺、技能，后两者则都与汉语中的技术相当。在英语中的 technique 与 technology 又有所区别，technique 多

① 查有梁．系统科学与教育第三版序［EB/OL］．［2008－01－29］．http：//www.chuanboxue.net/list.asp？Unid＝3394.

指事物的“制”（making）和“做”（doing）的具体操作和专门方法，technology 乃是对多种 technique 的系统研究。技术（technology）一词，从其词源学意义上看，源自希腊语 Technē。该词有很多意思，它原用于表示所有与自然（nature）相区别的人类活动，尤其是表示一种技能性，意为工艺、技能。另外，Technē 还与两个词有关：一是表示科学和知识的 episteme，另一个是表示创造、写诗及艺术技能的 poiēsis，所以，在希腊人看来，人们不能在科学、技术和艺术三者之间作出明确区分。

“艺术”一词源于古罗马的拉丁文 art，原义是指相对于“自然造化”的“人工技艺”，泛指各种用手工制作的艺术品以及音乐、文学、戏剧等①。当时广义的 art 还包括制衣、栽培、拳术、医术等方面的技艺。

海德格尔在《技术的追问》一文中，也从词源学上对技术进行了考证。“技术”这个词来自希腊语，希腊文 τεχυκόυ（技艺、精通技艺）意指 τεχνη 的内涵。着眼于这个词的含义，必须注意到两点。首先一点，τεχνη 不仅是表示手工行为和技能的名称，而且也是表示精湛技艺和各种美的艺术的名称。第二点，τεχνη 属于产出，属于 ποιησιζ（产出、创造）；它乃是某种创作（etwas poietisches）。从前，不只是技术冠有 τεχνη 的名称，也指那种把真带入美之中的产出，也指美的艺术的 ποιησιζ。为什么艺术在当时被冠以 τεχνη 这样一个质朴的名称呢？因为它是一种有所带来和有所带出的解蔽，并因而归属于 ποιησιζ。τεχνη 对应的德语词汇是 poiesis，指的是艺术家的艺术和工匠的手艺。② 通过对技术和艺术的词源学考证不难发现，技术和艺术可以说是有着天生的亲缘关系。

另外，狭义的技术定义为：“人类为了满足社会需要而依靠自然规律和自然界的物质、能量和信息，来创造、控制、应用和改进人工自然系统的手段和方法。”从中可以明确地看到在技术结构中所包含的两大要素③：其一，技术是人类的创造性智力活动，这是技术的本质特征；其二，技术存在于人类使用工具改造世界的活动之中，这是技术存在的外部形态。教育活动得以正常进行，同样离不开人类的创造性智力活动；教育是个整体

① 方珊．美学原理网络教程［EB/OL］．［2008－01－30］．http：//phil. bnu. edu. cn/duomeiti/meixue/c9. html.

② 马丁·海德格尔．演讲与论文集［M］．孙周兴，译．北京：生活·读书·新知三联书店，2005：11，35.

③ 桑新民．技术—教育—人的发展——现代教育技术学的哲学基础初探［J］．电化教育研究，1999（2）：3－7.

概念，包含了理念、理论、实施方法等，实施方法有个别教法，也有教育的整体通行方法，这些方法在于落实，在于教育的贯彻实施，这些都充分体现了教育本身就是技术的一种活动形式。因此，我们可以说教育是技术。

2. 教育是一种人造物系统

教育是一个人为的社会系统，是人按照自己的目的创造出来的，并非自然、天生的系统。[①] 因此，对教育功能的选择，即构建教育的决策人期望教育发挥什么作用，就成了办教育的第一个必须解决的问题。只有作出了教育功能的选择后，才有可能进一步地考虑功能的实现问题，即如何办教育的问题。教育功能的选择将具体表现为教育目的与方针的制定、教育制度的构建、教育内容的选择、对教育者的基本要求以及具体教育活动的安排与组织等教育活动的一切方面，最终落实到受教育者的成长上。因此，从教育系统形成的角度看，功能选择在先，结构形成在后，它与自然系统不同，不是结构决定功能，而是功能决定结构。

教育的基本要素有教育者、受教育者、教育内容和教育手段。[②] 教育者和受教育者不再是一个纯粹的“自然人”，他们并非自然地或自发地来到教育这个特定的场所，按照特定的方式，从事特定的活动，而是按照共同的目的（也就是教育的愿景）有意识、有计划、有组织地成为自觉活动的“角色人”。教育内容是基于一定社会的生产力和科学文化技术发展水平之上，教育机构向学生传授的知识和技能、灌输的思想和观点、培养的习惯和行为的总和，教育内容在学校中的具体表现形式是课程标准和教科书。最佳的教育内容是目的性与对象性的统一。它们都不是自然存在的，也不是自发地成其所是，而是根据“育人”的需要，经过精心的选择、设计、加工的产物，属于技术人造物。教育手段是指教育者将教育内容作用于受教育者所借助的各种形式与条件的总和，它包括物质手段、精神手段等。物质手段主要是进行教育时所需要的一切物质条件，可分为教育的活动场所与设施、教育媒体等，这些都是技术的产物。精神手段包括教育方法、教育途径等。因此，我们认为教育系统是一种人造物系统。

教育系统是一种人造物系统，是指教育是一种人类建构性的社会活

---

① 叶澜．教育概论［M］．北京：人民教育出版社，1991：319.

② 教育的基本要素［EB/OL］．［2008－01－30］．http：//www.jxtvu.com.cn/jxdd_ kczy_ 062/upload/ 2006_ 11/06111316394803.doc.

动，是一种事先按照理论指导、经过系统规划和设计后再实施的社会活动。教育系统是一种人造物系统，不仅仅意味着它是人为创造的，更重要的是，它是通过技术创造出来的，是技术创造的结果。①

3. 技术视野中的教育

张明国从文化的角度把技术分为器物层、制度层和观念层三个结构层。技术器物的生产与销售，需用技术制度的管理和观念意识的指导来保证，而它本身又凝集着一定的制作规范、使用方式、生产管理、审美情趣和民族特色。技术制度一方面作用于技术器物，另一方面又受控于技术意识形态；技术意识形态又通过技术制度对技术器物施加影响并显现出来。由此可以看出，技术器物位于最表层（或最外层），技术制度、体制位于中层，技术意识形态则位于最深层（或最潜层），正因为如此，才使得"一定的器物层体现了制度层的影响，也凝聚着社会心理层的价值观念"，技术意识形态通过技术制度对技术器物产生影响。②

如果说文化视野中的技术具有与文化相同的层次结构，那么技术视野中的教育层次结构不仅在形式上与技术相对应，而且在内容上更是相融的。教育中的器物几乎就是物化了的技术或技术的产物；现代意义上的教育制度与价值理念则在一定意义上是以技术手段或技术关系、规范和技术理性（价值理性或功能理性）为基础衍生及升华的结果。古代、近代的教育制度虽然在形式上与技术相分离，然而在实质上则是通过人们在从事技术性劳动的基础上，形成技术关系乃至生产关系而制定出来的；教育意识形态一般是指在一定的社会经济基础上形成的教育的思想观念，是人们对于教育的特殊认识结构，包括在一定社群中流行并反映了该社群在政治上、社会上、道德上和宗教上的偏好与兴趣的、相互依赖的有关教育的信念、观点、原理等。③ 在技术视野中，现代乃至后现代社会的教育在很大程度上是依靠技术塑造出来的，离开了技术，教育就失去了坚硬的骨骼（表现在器物、制度层上），失去了理性之光（表现在观念层上）。

当然，从技术角度看教育的时候，要防止走向技术决定论或技术统治

---

① 杨开城．论教育的技术学本质与教育技术学的历史使命［J］．中国电化教育，2005（5）：15 - 20.

② 张明国．"技术—文化"论——一种对技术与文化关系的新阐释［J］．自然辩证法研究，1999，15（6）：15 - 19.

③ 黄甫全．《课程与教学论》电子教材［EB/OL］．［2008 - 01 - 31］．http：//202.116.33.235/kcyjsl/wlkc/curriculum/ shouke/312. htm.

论的极端。因为技术视野中的教育并不能涵盖教育的全部性质和内容，教育本身所具有的价值观念、道德伦理、人性追求所表现出的价值理性色彩，随着拒斥工具理性、弘扬价值理性思潮的持续兴起，将得到维护和升华。因此，技术视野中的教育虽然和技术密切相关，但又不能完全投入技术的怀抱，不能失去其在技术发展中的主导地位。

（二）教育系统对技术的选择

技术是人类借以改造与控制自然来满足自身的生存和发展需要而借助的工具和人的活动，是以人对自然规律的认识为基础的，它既受到自然规律的支配，又受到一定的社会因素的制约，表现为技术的两重属性，即技术的自然属性和社会属性，两者是辩证统一的。

从技术产生之日起，它就表现为人类对自然的控制、改造和利用。人类改造自然的过程，也就是马克思所说的“人以自身的活动来引起、调整和控制人和自然之间的物质变换的过程”。[①] 在这个过程中，技术作为一种劳动工具和手段，为自然规律所规定，是人用来延长其生理肢体和活动器官的自然物，是客观自然界的一部分，这表明技术具有自然属性。同时，技术的内在属性如技术产生、演化的内在机制等也是技术的自然属性，是由技术系统内部各构成要素以及它们之间的联系所规定的，此时技术作为一种结果存在，而不是作为一个过程存在。它反映和代表了技术自身的逻辑和规律。

技术的社会属性[②]是由技术应用的目的性决定的。人类之所以发明和应用技术，其根本目的就是改造自然和利用自然，所以技术一旦被应用，便具有了目的性。技术作为人类的社会需要和行为，是按照人的目的，经过人的劳动而改变了形式的人工自然物，是自然物质存在的社会形式，因而具有社会属性。另外，技术的社会属性还表现在技术的发明和应用都受到社会种种条件的制约，以致影响到技术发展的途径和进程。因此，技术本身也是一种社会现象，具有社会属性。

技术的自然属性是由自然规律决定的，它规定了技术构成的科学基础和前提，规定了技术之所是的逻辑和规律；而技术的社会属性是由社会规

---

① 管晓刚．关于技术本质的哲学释读［J］．自然辩证法研究，2001，17（12）：18－21.

② 彭福扬，曾广波．技术应用后果与技术创新的哲学反思［J］．自然辩证法研究，2003，19（2）：93.

律（技术应用的目的性）决定的，它制约着技术发展的具体目标和方向。立足于技术的自然属性，由此说明技术的存在状态对人类的意义，这是我们理解技术自身价值的基本出发点。技术的自然属性告诉我们，无论技术以怎样的方式存在并且具有怎样的价值，却丝毫不会涉及技术自身被如何运用的问题。技术在使用过程中具有的某种价值偏向性是由其社会属性决定的，使用过程中的技术已经不再是“技术”自身，它已经成为人类的“手段”。所以技术的意义不仅体现为技术的自然属性的意义，而且也体现为技术的社会属性的意义，两者是不能截然分离的。

技术的二重属性决定了其在教育领域中的应用，需要经过“选择→应用→创造”的过程，从而形成教育中“合适”的技术。① （1）选择过程。技术的现实的和潜在的多样性造成一种发明与需求之间的矛盾，于是选择过程便必然发生，只有一些与特定的社会、经济、文化环境相适应的技术的革新与开发能融入特定环境的洪流。技术应用于教育，一定是针对解决教育领域中的实际问题的，如果不能用来解决问题，技术就仅仅是潜在的和可能的技术，只有当它与解决问题相连时，它才成为现实技术。例如，第一块黑板的使用②，是由于一位军校新生的英语表达能力差，想以图解来帮助自己克服此障碍，所以把教室的一面墙壁漆成黑色，再用粉笔写在上面。再如第二次世界大战时期，视听教学能快速有效地为军队和工业培训大批有知识和技能的劳动者，给传统的以手工操作为主的教学带来了新的技术手段。技术本身只是手段，因此在选择技术的过程中需要明确应用技术来解决什么问题。（2）应用过程。技术时代对于教育的最大影响，不是带来了多少新的教学技术和工具，不是改变了教学的程序和方法，而是改变了人。但在已往对教育中的技术应用的探讨中，较多关注了技术随着媒介的变化表现出不同的技术设备和手段。因此，要使教育中的技术应用有效，既要见“物”，也要见“人”，不能仅停留于纷繁多样的技术工具和手段上，更重要的是能在技术的设计与应用中解决面临的教学与学习问题，呈现人的主动性和发展性，从而为人的生命成长提供新的可能性。

---

① 德国学者汉斯·波舍尔（Hans Poser）在讨论技术传播与文化背景的关系时指出，技术传播必须考虑是否为不同地域的社会结构和文化环境所接受，因而需要发展一种适当的技术，以适应当地的知识、习俗、社会行为准则、工作方式和自然观等。这种“适当的技术”，实际上正是不同技术文化传统相互作用后经过选择的产物。转引自：王前．略论中国近现代技术发展的文化多样性［J］．自然辩证法研究，2002（2）：34－36.

② 章伟民，曹揆申．教育技术学［M］．北京：人民教育出版社，2000：17.

(3) 创造过程。应用于教育领域中的技术，不是限定人、强求人的技术，而是在技术的应用中呈现生命活力的技术，因此，技术应用于教育要经历一个创造过程。例如，互联网技术进入教育领域并被用来搭建校园网后，校园网应发挥哪些具体的功能以及使用效果如何，则取决于教育系统对技术的第二次创造过程。

“合适”的技术还有一层含义，即对技术的选择、应用、创造必须服从科学规律，即技术的自然属性。例如，幼儿的某一积木玩具，纵然可以搭形状各异的城堡，但却不能超越积木设计时既定的方式。在基于技术的自然属性的同时，如何更好地发挥技术的教育作用（如想象力的培养等）则由其社会属性决定。“合适”指的是合规律性与合目的性的统一。一方面，技术虽然有内在的逻辑，但不可能自主地展开，而是受社会的制约和规定；另一方面，技术的社会建构也不能脱离技术的物理、化学和其他客观性的规律，无非是在技术逻辑所提供的空间中进行选择。因此，我们从以下两个领域考虑技术选择：一是技术的适用性，即技术的能力范围或技术的获取能力；二是技术的应用范围，即技术的应用能力和应用技术的能力。

（三）技术进入教育的影响因素

“教育”与“技术”是现代教育发展过程中的两个方面，是一对矛盾体。技术进入教育系统的过程中，最主要的内在动力就是教育发展和（教育中的）技术实践的矛盾，其他各种内部矛盾都是它的具体展开和表现形式，如图3-1所示。当引入的技术与教育实践及教育价值相一致时，技术实践对教育发展起推动作用，形成一种新的教育环境，技术在此环境中呈

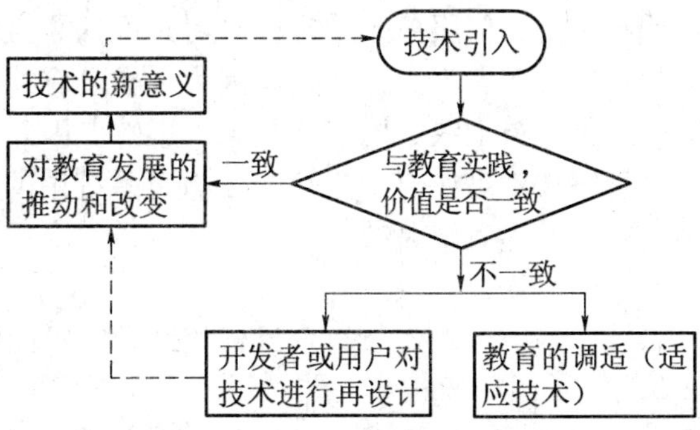

图3-1 技术进入教育系统的示意图

现出新的意义，有利于进一步引入新的技术；如果引入的技术与教育实践及教育价值不一致时，一般会产生一种必须要解决的紧张感，或者是技术的开发者或用户对技术进行再设计，或者是教育进行相应的调整以适应技术，极少数情况下采取抵制的态度。

教育中的技术发展并非单纯的技术体系内在联系的逻辑展开，而是因其理性或逻辑与其他各种教育要素的整合。从教育领域来看，技术在教育中的应用涉及的因素有教育目标、教育制度、学习者特点、教育环境、教学过程等，这些因素是相互关联和相互作用的。实际上，教育系统中技术所带来的各种变化，都不可能脱离原有的教育基础而凭空产生，技术发挥作用的基础是人类社会经过数百年发展而形成的现有教育体制。技术对教育的改变将是一个漫长的过程，一个进化的过程。教育通过已成系统的体制、形式、参与成员和各种成熟的制度对技术进行现实的、有效的控制。[①] 之所以如此，最根本的原因在于教育系统的特殊性，主要表现在以下几个方面。

1. 教育主体

在教育系统中，教育主体（教师和学生）为了某种特定目的而使用技术，例如为了交流、讲课或娱乐等而使用信息技术。纵观技术在教育中的应用，绝大部分是由教育的上层领导提出的，教学一线的教师被迫接受。然而我们应该意识到任何技术都得通过教师应用到课堂中，因此，需要在教师与技术之间建立广泛的联系，在推广技术的过程中，应该尊重教师已有的教学方法和教学环境，这样才能使技术发挥更大的作用。学生的学习过程是一种建构性的、人际互动的过程，加之学生本身发展的复杂性，这就要求我们了解学生的学习心理和学习动机，才可能有针对性地研究技术在学习中的作用和潜力。不能用“技术已成为可能”作为学习过程的充分理由，而应该说明技术是如何服务于学生的学习过程的。另外，教育主体之间的关系对于技术应用有着决定性作用。因为人类具有社会性，人们很容易被其他人影响，例如被上级、同伴或是家长影响。因此，需要从教育主体的特点出发，理解技术是如何“生存”于教育系统中的，从而使技术能够为教育主体更好地发挥效用提供建议。

2. 教育目标

技术在教育系统中的应用需要与教育目标相结合，不同的教育目标对

---

① 赵勇．传统与创新——教育与技术关系漫谈［M］．北京：北京师范大学出版社，2006：前言8.

技术本身有不同的要求和限制，因此不同的教育目标影响着什么技术会得到应用，在什么层次和范围使用，以及如何使用等。这些影响也反映在教育的各个方面。例如[①]，20 世纪 50—60 年代，美国由于关注过分拥挤的学校，对学校教育质量的批评也越来越多，因此提高教育质量这一教育目标成为推动教育电视加速发展的根本原因。1962 年，肯尼迪总统通过国会授权美国教育部将 3 200 多万美元专款用于发展教育电视。这是一个教育目标影响和制约技术使用的宏观的例子。

下面再举一个教育目标影响和制约技术使用的微观的例子。[②] 从计算器出现时起，大家对于是否允许中小学学生在上课甚至考试的时候使用计算器的争论就没有停止过。反对者认为使用计算器表面上可以使学生计算得更快更准确，但过度依赖计算器不仅不能提高学生的数学能力，甚至会阻碍其发展。支持者则认为使用计算器可以提高学生的学习兴趣，使他们将注意力更多地放在理解数学基本概念和运算关系方面。尽管目前大家公认的看法是技术只是一种工具，其对教育产生的效果取决于它是如何被使用的，可是如果在实践中发现大部分学生的数学能力因为计算器的使用而有所下降，那么在学校中禁用计算器就不足为奇了。因为我们的教学目标不是培养学生学会如何使用计算器很快地算出正确答案，而是培养学生的数学能力。

3. 教育系统环境

技术应用的具体环境对于技术应用有着重要作用。当技术和教育系统相协调并且受到支持时，技术应用就会顺利发展，如前面提到的教育电视的发展。假如某项技术应用和整个教育系统不协调，那么该项技术就很难存在下去。另外，教育系统中的不同的技术应用之间有着强烈的相互作用，一种技术的应用可能会促进另外一种技术的应用，但也可能会妨碍其应用。教育系统接纳技术的过程改变着技术应用、技术应用者以及其所处的环境，同时教育系统也被这些因素改变着，这是一个共同完善、共同发展的过程。

我国广播电视大学的发展体现了教育系统环境对技术的影响。20 世纪 70 年代末，为了尽快改变我国教育事业的落后局面，借鉴国外开办开放大

① 陈丽等．技术进化与社会发展［M］．北京：北京师范大学出版社，2004：54.

② 赵勇．传统与创新——教育与技术关系漫谈［M］．北京：北京师范大学出版社，2006：前言 8.

学的经验，我国创办了利用现代化教学手段面向全国进行远程开放教育的广播电视大学。广播电视大学不仅为“文革”期间被耽误的许多青年提供了接受高等教育的机会，缓解了高等教育在进入新时期后所面临的巨大压力，更重要的是从中国国情出发，为提高全民族科学文化水平，加速培养各类专门人才，开辟了一条与以面授为主的高等教育相互协调、共同发展我国教育事业的新路子。2006 年又启动了“数字化学习港与终身学习社会的建设与示范”教学改革项目，构建了中国网络教育超市。[①]

4. 观念因素和体制因素

就整体情况而言，制约和影响将现代技术运用于教育教学改革的根本因素，是来自人们头脑中的固有的旧思想、旧观念以及直接受这些思想观念影响的思维方式。把现代技术运用于教育教学改革看起来是属于技术层面的问题，实际上要解决的主要是思想意识方面的问题，因为教学方式、方法总是受一定的教育思想影响或支配的，所以“观念变革是先导”。就教师来说，由于传统教育的长期影响和缺乏现代教育理论、现代教育技术的熏陶，形成了守旧的心理态势，不去学习新理论和掌握新方法，而是按照传统的教学方法照本宣科。

教育体制也制约着技术在教育中的发展。国外教育技术之所以能迅速发展，除了得益于经济发达、技术领先等条件外，其中一个很重要的因素便是竞争机制。[②] 国外的教师十分在意学生对自己教学效果的评价，把教育技术的运用、教学手段的更新、先进教具的应用作为丰富教学内容的重要方法。因此，研究新技术在教学领域的开发、探讨新的教学手段与教学内容的有机融合、掌握新教具在教学中的熟练应用等，成为教师必备的条件之一，同时也成为教师择业、学校选择教师的条件之一。国内由于体制的缘故，教师竞争意识较弱，这影响了教育中的技术向高水平、深层次发展，以及技术在教育中的推广应用。

二、对教育中技术的本质的思考

技术本身就是为解决实际问题而开发的。新的技术进入教育领域，如

---

① 中央广播电视大学历史沿革［EB/OL］. ［2007－10－25］. http：//www.crtvu.edu.cn.

② 李平，张增荣. 教育技术相关的三个阶段三种状况及影响因素的分析［J］. 电化教育研究，2001（11）：7－11.

果不能用来解决问题，它就仅仅是潜在的和可能的，只有当它与解决问题相连时，它才成为现实技术，即教育中的技术。很显然，教育系统中的“技术”在广义上和其他的技术具有相同的本质，即技术的一般本质，而一旦将“技术”放在教育活动中来看待，“技术”就有了“教育”的烙印，教育中的“技术”有着与其他所有的技术不同的，可以跟其他技术区分开来的“技术特性（教育中技术的本质）”。

（一）对教育中技术的本质的理解

本书主要从功能性规定和事实性描述两个角度来阐述“教育中技术的本质”。教育中的技术是什么？我们认为教育中技术的本质就是对教育系统的利人的能动性改造。教育的本质是超越现实的生活理想与价值实现的运动，教育领域中的技术只能理解为这一价值生命运动的一个中介环节，而不是仅仅作为这一运动的某一要素或方面的附属而存在。什么是“教育中的技术”？从事实上看，教育领域应用的技术旨在实现教育的特定目的，究其实质是人的培养和人性的完善，所以，教育中技术的本质也只能是价值性或精神性的实践活动。这就要求我们不能仅从技术对于教育的外在的有用性来理解其价值，而是以实现“使人成为人”的“为人”价值作为其评价的依据和标准。无论从本质规定的哪个角度去看，都不难发现教育中技术的本质与人的价值的内在联系。

根据前面对“技术”和“教育”的阐述，对“教育中的技术”给出如下理解。

（1）教育中的技术有些时候就是教育（educate，动词）本身，由于教育本身属于一种技术活动，因此教育中的“技术”实际上就是教育活动的具体实现形式；有些时候又是指教育（education，名词）当中使用到的为“本位的教育”服务的技术，在此情况下，如果技术没有为教育作出丝毫贡献，则不能称之为“教育中的技术”。

（2）教育中的“技术”受到社会领域中其他“技术”的影响，同时教育中的“技术”也会影响社会领域中的其他“技术”；它们之间甚至可以相互转化，当技术从其他领域转化到教育当中的时候，需要为符合教育的本质而进行改造。因为许多技术并不是因教育需求而直接开发出来的，但经过修改和改进，可以为教育服务，而成为教育中的技术。当然也有直接为教育而开发的技术，如概念图技术，现在已经成为知识管理领域的重要工具。因此，“教育中的技术”的发展是和社会领域中的“技术”的发展紧密相关的，“教育中的技术”和其他“技术”会不断地融合和分化。

（二）教育中技术的本质是历史的、具体的

1. 教育中技术的本质是生成的

教育领域中技术的本质是生成的，原因在于教育系统与技术之间的对象性关系不是预成的，而是生成的。教育领域应用技术的过程是随着教育的发展变化而不断变化的。在现代技术进入教育系统之前，教育中的技术发展经历了原始社会的口传身教→文字的产生→书写工具的出现→印刷术的发明。在教育发展的不同时期，目的性活动中所运用的工具及其组合方式等因素之间的差异，对技术提出了相应的要求，从而促进了技术的发展，体现了技术与教育互生互长的过程。从现代技术的视角观察，教育领域中的技术有两类：一是其他领域的技术直接或间接地应用于教育领域，如传播技术、计算机技术等；二是基于教育理论开发出的专门用于教育的技术，如程序教学机、概念图技术等。从教育的视角观察现代技术，一方面技术要受教育理论支配；另一方面技术也为教育理论的发展提供了借鉴，例如学习的信息加工理论，其理论模型、术语很多都源于计算机技术。

与技术在物质资料的生产中所起的决定性作用不同，教育领域中的技术，无论多么先进，都难以独立地决定教育的最终效果。实际上，教育系统中技术所带来的各种变化，不能脱离原有的教育基础而凭空产生，人类社会经过数百年发展而形成的现有教育机制是技术发挥作用的深厚基础。不同的教育目标对技术有不同的要求和限制。教育通过教育系统的人员、体制、形式、方法对技术进行现实地、有效地控制。教育系统接纳技术的过程改变着技术应用、技术应用者以及其所处的环境，同时教育系统也被这些因素改变着，这是一个共同完善、共同发展的过程。由此，教育领域应用技术的发展过程应该关注由教育者、受教育者和技术共同构成的教育场域，关注各个教育要素之间如何相互影响和作用。从实践和现实的角度看，教育和技术是互动发展的问题，应在技术和教育的交互作用图景下来思考和解决教育领域中的技术问题，即技术是教育活动的一个有机组成部分，教育领域中技术的发展是处在一定的教育背景之中的，应将技术作为系统的而不是孤立的单个技术，将技术作为多元决定的而不是技术决定论的。只有这样，才能对技术所带来的教育变革进行更清晰更客观的分析和认识，从而找到现实中可行的解决问题的路径。

在20世纪涌现出的技术发明中，并不是所有的技术都应用于教育中，仅有极少数、通常是那些满足教育系统规定特性的技术才能被应用到教育中。也就是说，技术本身并不是变革教育的一种自足的力量，只有当它与其他因素相结合，才能在教育中发挥作用。教育中技术的本质属性就在于它是具体的、生成的，无论是作为方法、手段还是工具都体现为教育功能性关系的存在，所以，它总是要为教育的发展而生成和展开。这首先表现在主体方面，技术设计和开发的主体一般是教育者，需要考虑受教育者的特点，并受教育系统诸多方面的影响；其次，表现在技术的价值及其教育功能通过教育化过程被教育认同；再次，表现在技术被教育系统应用，并对教育产生一定的影响；最后，表现为技术得到教育系统的支持、支撑、养育而成长、成熟。

2. 技术在教育领域的应用是一个有阶段的过程

萨弗提出，至少在过去的五个世纪里，新思想完全渗入一种文化所必需的时间一般约为30年，他把这称为30年法则。在这30年当中，一项新技术从实验室转移到市场的时候，一般会经历三个典型阶段。“第一个十年：许许多多的兴奋，许许多多的迷惑，但是渗透得并不广泛。第二个十年：许许多多的潮涨潮落，产品开始向社会渗透。第三个十年：哦，又有什么了不起？只不过是一项标准技术，人人都拥有了它。”[①] 技术在教育领域的应用也同样会经历这样一个发展阶段。美国学者埃林·瓦格纳（Ellen Wagner）对美国1996年到2003年网络学习项目进行统计发现，从1996年到2000年是网络学习缓慢爬升的过程，到2000年达到了顶峰，而2000年以后就快速下降，2002年底到了谷底，到2003年以后又重新出现缓慢的爬升。美国学者罗米佐斯基（J. Romiszowsiki）对20世纪50—70年代的程序教学的文献进行了统计，发现了同样的现象。从1958年到1966年是一个缓慢爬升的过程，到1966年左右达到了顶峰，之后就迅速下滑，到1968年以后出现了低谷，并且持续了一段时期，1968年以后又出现了缓慢的爬升。约翰·逖芬对拉丁美洲各国的教育电视台的数量作了统计，发现了同样的现象。从1958年到1973年是教育电视台数量缓慢增加的过程，到1974年达到顶峰，而后数量就开始减少。罗米佐斯基给这个现象起了个好听的名字“凤凰现象”（ Phoenix Phenomenon），借“凤凰再生的传说”

① 罗杰·菲德勒．媒介形态变化：认识新媒介［M］．明安香，译．北京：华夏出版社，2000：7.

来比喻新技术在发展过程中所经历的迅速发展、急剧下滑、再重新发展的曲折过程。①

为了促进技术在教育领域的应用，美国的CEO论坛也提出了技术整合的周期，它包含以下四个阶段。阶段一：计划、调查和实验。在这个阶段，学校处在计划和实验的初级阶段，有些教育者开始以新的方式使用技术，成为技术的拥护者和支持者。阶段二：最初资本的投入。一旦学校和学区相信了教育技术的价值，最初的投资是把技术带入学校。阶段三：调整阶段。当教育者对技术及其潜力日益得心应手的时候，他们就会扩大技术的使用范围，学校必须重新调整投资、期望值和教学方法，以获得更大的资源优势，从而提高学生的学业成绩和实现特定的教育目标。阶段四：新工作和组织模式的出现。对学生和教育者而言，技术成了一种基本的工具，它为创造新的合作模式、咨询式学习和提高学生的学业成绩提供了多种可能性。②

3. 教育领域的技术应用是共同存在、协调发展的关系

技术发展首先需要一种协调，因为孤立的技术是不存在的，它需要其他补充技术。换言之，对于某个特定的技术来说，它的发展逻辑首先是由它存在其中的技术体系决定的，如果一项新的技术不能与现有的相互关联的互补性技术较好地兼容，它就注定难以迅速地融入现有的技术体系之中。强调新技术在教育领域的应用并不排斥其他技术的使用。首先，技术向教育领域的渗透是一个有阶段的过程，这意味着必然会出现多种技术共存的局面。其次，技术本身并无优劣之分。每一种技术都有其存在的合理性，具体到教育领域，技术的优劣不仅取决于技术本身，更取决于用技术实现什么样的教育目标，以及如何使用技术。柏拉图③认为书写形式的技术是人类联系的大敌，实际上，技术的教育影响取决于技术是如何被设计和使用的，书写可能有助于师生之间的不断对话，而话语可能很容易地变化为喃喃自语。同样，教育领域中计算机、网络技术的发展并没有完全取代广播、电视等技术，而是构成了一个有机的（教育）技术体系。近年来的发展表明，相对于学历教育而言，网络教育在职业培训和继续教育领域

---

① Alexander J. Romiszowsiki. How's the E-learning Baby? Factors Leading to Success or Failure of an Educational Technology Innovation [J]. Educational Technology, 2004 (1): 8-10.

② 张俐蓉. 信息技术与学校教育关系的反思与重构 [D]. 上海：华东师范大学，2005：68.

③ 安德鲁·芬伯格. 技术批判理论 [M]. 韩连庆，曹观法，译. 北京：北京大学出版社，2005：146.

更具潜力，它并不能完全取代传统的学校教育，而是与课堂教育、广播教育、电视教育共同构成多元化的教育体系。由此可见，教育领域的技术应用不是取代与被取代的关系，而是共同存在、共同演进的关系。

4. 技术在教育领域的应用存在“时滞”现象

考察技术发展的历史，会发现历史上技术停滞、变革迟缓以及人们抵制新技术的采用是普遍发生的事实。许多技术在发明以后，并未能很快地在社会生产和生活领域得到推广和利用，而是经过一定的时期以后，随着各方面条件的成熟，才逐步得到大规模运用。蒸汽机发明之后，经过了一个多世纪的漫长时间才在英国成为主要的动力来源；发现电磁感应90年后才出现了第一台可实际应用的发电机；世界上第一座发电站建成40年后，电力在美国制造业中作为动力所占的比例才达到50%。

今天在新旧技术更替速度已极大加快的大背景下，我们还是可以大量地观察到某些具有明显优势的新技术在取代旧技术的过程中困难重重，甚至最终被拒绝。一般来说，一项新技术被研制出来后总是具有某些直接或潜在的功用，可以满足人们的某些需求，但是仅此并不能保证它会被社会普遍接受。在以追求价值为核心目标的现代社会中，实际上只有当技术实现了商业化时才能在社会的技术体系中占有一席之地，否则就会很容易被人们遗弃。

究竟该如何解释这种令人困惑的现象呢？流行的观点一般总是执著于经济分析，试图从新旧技术的交替过程中寻找不利于新技术扩散的市场因素，通常这样做是可以找到令人信服的理由的，但是也不尽如此。当他们发现这样做难以成功时，就将技术惰性简单地归因于社会对新事物的非理性的恐惧或者落后的传统习惯的阻挠。这不仅存在理论上的幼稚之处，而且这种缺乏反思的态度也阻断了对技术扩散的复杂过程进行深入探索的可能性。① 主要原因在于，不能够深入领会技术体系和社会系统的本质和历史性，从而无力说明技术的“时滞”现象，即技术惰性这个事实。

在教育领域内不仅存在技术应用的时滞期，而且在很多情况下这一时滞期要比社会其他领域更长一些。8—11世纪，中国先后出现了雕版印刷术和活字印刷术，而且后者在经济上更有效率，但直到19世纪都没在中国广为使用，因为它不能像雕版印刷那样能保存完美书写的艺术形式。雕版

---

① 王志伟．技术扩散过程的几类限制性因素［J］．自然辩证法研究，2002，18（1）：23-27.

印刷在中国的被选择说明在某种环境中某种社会文化价值在选择中起到了支配作用。例如，14 世纪中期，欧洲出现了刻板印刷术，15 世纪后又出现了铅字印刷术，书籍的制作成本因此而大大降低，本应能够直接推动教育的迅速发展。但实际上，直到18 世纪末期印刷的教科书才真正在学校中得到普及使用，中间的时滞期竟长达四个世纪之久。[①] 这也说明虽然技术为教育活动提供了各种可能，但某一阶段究竟会采取什么样的教育组织形式、教育内容等，并不完全由技术决定，而是由教育体制、教育目标、教育形式、教育系统环境等因素共同决定，技术提供的只是一种可能性，从可能转变为现实，需要各方面的努力。

（三）教育中技术的本质是技术与教育的融合

我们知道，在刚刚发明电灯的时候，人们对电灯的依赖性还不是很强，传统的蜡烛、油灯等仍作为主要照明用具而存在。但随着社会的发展，电灯进入千家万户，人们的生活从此开始了对电灯的依赖。一旦停电，人们便会感到极大地不便，这时人们才感到电灯已成为其生活中不可或缺的一部分。同样，教育领域中的技术发展也必然会经历这样一个过程，即技术与教育的融合。当技术还仅仅作为一项技术产品存在于教育中时，它还不会对教育活动产生深刻的影响，只有当技术成熟到一定程度，伴随着相应的教育教学理论的发展，技术才能真正渗透到教育系统中，并成为其中不可或缺的一部分。例如，计算机在教育领域应用的初始阶段，人们关心的核心问题是计算机能否有效提高教学效果。今天，计算机技术已经成为日常生活的必然组成部分，人们不再简单地探究计算机的有效功能以及怎样或如何应用计算机，而是去理解计算机是如何“生存”于教育环境之中。[②] 在这个阶段，计算机技术不再是作为独立的外物而存在，而是与教育系统中的其他要素产生广泛而实质性的融合。教育领域需要的技术已融入教育系统中并成为教育系统的组成部分，它的发展是教育环境和技术的充分的交互作用，技术被采用以适应新的教育需要，当技术融入教育系统后，它又推动了教育的发展。

---

① 赵国栋．关于信息技术与教育关系的理论与实践分析［J］．嘉应大学学报（哲学社会科学），2002（5）：75.

② 赵勇等．技术的社会性生命：学校技术传播的生态分析［EB/OL］．［2008－10－23］．http：//www. etc. edu. cn/articledigest36/jishu. htm．余胜泉．教育信息化生态观与新技术教育应用的科学发展［EB/OL］．［2008－10－26］．http：//www. etc. edu. cn/blog/ysqetc/archives/004289. html.

技术的本质使得技术进入每一个教育环节、真正成为教育的一部分之后“消融”为教育的一部分。技术进入教育的过程应该是技术向教育回归的过程，此时的技术是一个很自然的存在。例如，在网络教育初期，它是作为一种独特的教育方式被强调着，但随着对相关技术的成熟、运用推广的理性思考，网络教育回归到其教育的本质，比如基于网络的教师发展、远程教育等，技术已经是不需要再强调的内容了。因此，教育系统中追求的技术是合适的、恰当的、能体现人性的技术，是合目的性与合规律性的统一。这就需要把技术作为教育系统的一个组成部分进行研究，一方面只有强调从教育的实际需要出发，才能发挥技术对教育的推动作用；另一方面，技术对教育的作用的研究应上升到人性的高度。在技术、人、教育的关系中，人是目的，教育是手段，技术是环境条件。人为了生存和发展需要教育，技术服务于和服从于教育发展的需要，教育提供了人活动和技术发展的空间。技术、人、教育在其相互关系中各得其所。

第四章

教育中技术的价值探讨

纵观人类历史，人的价值并不是一开始就能被人发现和认同的，而是伴随着人类对自身认识的深化和社会发展水平的提高而逐步被人认识到的。近代以来，由于社会的高度技术化，人的价值一直没有得到更充分的发挥，即使到了20世纪后期，人的价值的发挥仍然受到各种困扰。有学者[①]将教育看成人之所以为人的唯一途径，认为教育有责任不断提高人们对人自身价值的认识，帮助人摆脱受技术奴役的困境，使人充分认识到人的主体地位、人的个体的独特尊严。这样，人、教育与技术的关系也就蕴涵其中了。一方面，人们对教育中的技术满怀热情和期望；另一方面，教育并没有因为技术的进步而发生翻天覆地的变化。这就促使我们反思关于“技术的教育价值”等问题，如教育真的需要技术吗？技术到底能给教育带来什么？我们首先探讨价值哲学视野中教育与技术的关系，然后探讨技术本身所蕴涵的人文价值，并通过考察教育发展的不同阶段，挖掘教育中技术所应具有的人文价值。

一、对价值本质的理解

Value（价值）一词来自拉丁语Valere。从词源上来讲，这个词的词根的意义十分模糊，其意义遍及所有方面，从“是好的”到“具有体力或勇

---

① 王坤庆．教育哲学——一种哲学价值论视角的研究［M］．武汉：华中师范大学出版社，2006：92.

猛”。它在14世纪进入英语中，可直到19世纪，该术语也几乎只与经济学和政治经济学有关，意指物的价格或凝结在商品中的一般的人类劳动。从19世纪末开始，在新康德主义者、叔本华、尼采的哲学中，该术语的意义扩张了。同时，以价值为研究对象的学说，即价值论（value theory）或价值哲学（axiology）开始得以系统发展。广义地讲，价值泛指人们认为是好的东西，某种因为其自身的缘故而值得估价的东西，这种东西具有人所欲求的、有用的、有兴趣的质。[①]

中外哲学家对价值进行了长期的研究和探讨，目前主要有三种观点，即客体价值论、主体价值论和关系价值论。[②] 客体价值论的持有者认为，价值就是客体，或是指客体本身，或是指客体的某方面的属性或功能。他们希望以此来突出和强调价值的客观性。主体价值论者认为，价值的产生取决于价值主体，即取决于人。他们突出强调了价值的主观性，并进而提出了“价值是人”的哲学命题。无论是客体价值论还是主体价值论，最大的不足在于理论上的片面性，前者强调了价值的客观性却忽视了人，后者突出了人的作用却忽视了客体对人的影响。因此，学术界更多的学者提出并认可关系价值论，认为价值应该是主客体的统一，应从主客体的关系出发来理解、把握和界定价值。为此，我们从关系价值论出发，尝试探讨教育与技术的关系，主要强调以下三个方面。一是价值的关系说，即教育中技术的价值既不是技术自身的属性，也不是教育的单方面规定，而是技术与教育间的一种相互关系——客体主体化与主体客体化的统一。二是以实践的思维方式来研究教育中技术的价值，这就意味着必须以主客体相互作用的实践活动为基础，把重点由对技术价值现象的描述转入对技术价值形成过程的考察，价值的形成过程包括价值创造与价值实现，在实践中得以统一，体现出教育中技术价值的本质。三是从实践结果出发来理解教育中技术的价值，实践结果是主客体双向作用的产物，注重实践结果，有助于克服过分夸大主体/客体因素的作用，从而能正确地理解价值的本质。

（一）价值主体

主体是一个哲学范畴，在哲学上，它有多重含义，主要有以下几种。[③]

---

① 李醒民. 价值的定义及其特性［J］. 哲学动态，2006（1）：13－17.

② 颜士刚. 技术教育价值的实现与创造研究［D］. 南京：南京师范大学，2007：24.

③ 孙迎光. 主体教育理论的哲学思考［M］. 南京：南京师范大学出版社，2003：32.

一是指“实体”，它被理解为事物的属性、状态和作用的承担者，与现象等概念相对应①。二是指“物质的主要组成部分”，与“次要组成部分”相对应。三是逻辑意义上的主体，指逻辑判断中的主语、主词。四是指人，又分为两种观点：一种观点认为凡是人就是主体；另一种观点认为人只有作为某种活动的发出者才是主体，并总是相对于认识和实践的客体而言的。

价值哲学认为，主体必须是主动地进行活动的一方，具有自主性、自觉性、主动性、创造性，所以主体只能是人。这就要排除实体、主要构成部分、主语和主词意义上的主体，同时也要意识到人和主体的不同。第一，人具有实体性的一面，因而人可以独立存在；但主体作为价值存在，却只能在关系中存在，离开了客体就无所谓主体。第二，当人失去作为主体的价值性质时，人还是人，人是可能作为客体而存在的；但主体却离不开承载着他的实体的人，没有了人，也就无所谓主体。第三，人可以用实体和属性的关系来表达，如人具有自然性、社会性和思维性等，但主体标志着一种能动性的价值，因而主体性表达的是人对世界的能动关系，而不能用人的属性来说明。由此可见，主体属于关系范畴，主体的存在和确立必然依赖于客体，而特定的活动成为主体、客体的关系桥梁。主体是人但不等于人，人并非都是和总是主体。

1. 对教育主体的理解

哲学中的“主体”被引入教育领域后，自然而然地生成了“教育主体”这一概念。谈及“教育主体”，往往会陷入主体教育理论中的教师和学生谁是主体之争的论战中（教师和学生是教育的主要构成部分），也有学者②把其他哲学意义上的非人的主体应用到教育中来，如谈论学校主体、教育自身主体（实体意义上的主体）等理论。这些研究都有其现实价值，但它们将非人的因素和实体、主要构成部分、主语和主词意义上的人统统归为教育主体，则不利于把握技术的教育价值主体。

---

① 本体论意义上的主体是指属性、关系、状态、运动变化等的基质、载体和承担者，近似于哲学中的“实体”或“本体”概念。张天宝．主体性教育［M］．北京：教育科学出版社，2001：17.

② 可参阅：李晓蕾．对主体性教育有关争论的思考［J］．教育理论研究，2005（10）：8－11. 周燕燕，叶海忠．主体性教育：反思与建构［J］．教育探索，2006（1）：61－62. 李森，尹弘飚．主体性教育研究的反思与建构［J］．西南师范大学学报（人文社会科学版），2002，28（3）：48－52. 王绍文．关于主体性教育的思考［J］．吉林教育科学，1998（2）：12－14.

根据马克思揭示的人类发展的三种形态①，有学者提出了教育主体的四重形态②：个人形态、小型集团形态的教育主体、大型集团形态的教育主体、人类形态的教育主体。人类主体是主体社会形态的最高层次，"类"的发展是教育所追求的最高目标和最终结果。因此，教育主体应当从"类"的层面上把握。原因在于，"类"③ 是人的全面本质的尺度，既涵容差别、对立、矛盾，又超越了差别、对立、矛盾，既趋向本质统一的总体性，又能发挥多样个体的独立性，属于多元中的一体性、多极化的共容性、开放性中的绝对性的一种新价值尺度、新观念视野。这种理解与社会学中的社会主体④的理解相一致。教育主体作为"类"的存在，其本质特点是具有自为的本性，是内含自由个性差异的多样性、多元性的统一。它扬弃了群体主体和个体主体两者的极端性，同时又吸收了它们的合理内核。它具有主体间的聚合性、整体性，但又不压抑个体；它具有个体的独立性，但又不追求"占有"，而以个体间的和谐共存为目的，因此，它体现了群体与个体的和谐统一。

教育发展的历史就是人的类的本质生成和完善的历史。但我们在处理技术与教育发展的问题上，却又经常忽略了教育主体，甚至常常是"见物不见人"。只有从"类"的观点出发把握教育主体，才能避免人的失落，真正搞清人、技术和教育的关系。

2. 对价值主体的理解

当我们考察教育中技术的价值时，需要把教育主体定位于价值论意义上的主体——价值主体，它是教育体系内"类"存在意义上的具有人格形态和价值主体特性的教育主体。价值主体是教育与技术的价值关系的承担者一方，是与客体技术发生价值关系的教育主体，是价值的创造与享受者。作为一种特殊的价值主体形态，技术的教育价值主体的特性主要体现

① 马克思把人的成长过程归结为三种历史形态："人的依赖关系"形态、"以物的依赖性为基础的人的独立性"形态、建立在个人全面发展基础上的"自由个性"形态。这三种形态从人的主体性的生成出发，把人看做是群体主体、个体主体和类主体形态的人。高清海．人就是"人"［M］．沈阳：辽宁人民出版社，2001：263.

② 项贤明．走出传统的教育学理论体系——泛教育理论的哲学建构［J］．华东师范大学学报（教育科学版），1996（2）：17－29.

③ 高清海．人就是"人"［M］．沈阳：辽宁人民出版社，2001：268.

④ 社会主体是指处在一定社会关系中从事实践活动的人及其群体，如阶级、阶层、集团、民族、国家等。社会主体—百度百科［EB/OL］．［2008－02－13］．http：//baike.baidu.com/view/1265462.html.

为主体性、拟人格性和开放性。

(1) 主体性。价值是一种主体性事实，前面已经论述过主体是人，那么这里所说的主体性无疑就是人的主体性。主体性是指“人的活动的主体性，是一定主体的特点、特征以及受它们影响和制约而形成的行为和行为结果的独特功能和作用”。[①] 主体性是指主体的对象性活动中所具有并表现出来的特性，如自主、自为、自律、自觉等特性，是人作为活动主体的根本属性和本质特征，而不是主体的全体属性。技术的教育价值的主体性，是指教育主体在同技术客体的相互作用中所表现出来的功能特性，是价值主体区别于一般教育主体，特别是区别于客体的特殊性，它是作为消极、被动、盲目的客体性的对立面而提出的，是在同客体的对比中来揭示主体的规定性的。

(2) 拟人格性。在这个世界上，只有个体才具有真实的生命人格[②]，由于技术的教育价值主体是教育主体，是类本质意义上的主体，在这种存在状态中，“人”是普遍地存在于每一个个体之中，又把一切个体从本质上统一为整体的“类”存在，因此，价值主体的人格只能是拟人格。拟人格也不同于非人格，它是以众多真实人格作基础的人格形式，只有类主体才具备拟人格的条件。个体主体是一个个肉体存在的生命人格，是看得见、摸得着的东西，是活生生的现实。与之相比，价值主体的人格性虽然现实存在，但是，一方面它并不像个体人格那样鲜明、生动，有时甚至是不易感觉到的，需要观察、分析和判断；另一方面，归根结底，价值主体的人格还是要通过个人来体现和实现，离开了具体的个体，价值主体人格也就不存在了。

(3) 开放性。也就是说，价值主体不是一成不变的，而是一个不断丰富、发展着的存在。这说明价值主体不仅是一种逻辑存在，更是一种现实的、可感知的历史存在。

(二) 价值客体

主体和客体是一对“关系”范畴，并不是实体范畴。主客体的确切划分以内涵为准，主客体的外延和内涵的统一的表述如下：在人的任何实践活动中，作为实践者、行为者的人是主体；而作为实践和认识对象的世

---

① 颜天民．论竞技体育的价值主体和价值客体［J］．体育科学，2004（10）：17－20.

② 庞井君．社会价值主体析论［J］．天津社会科学，2007（2）：33－38.

界、事物和人是客体。也就是说，主体和客体这对概念，仅仅是指作为人类实践活动两端的实体在这一对象关系中的地位，并不包含关系和地位以外的含义。价值客体是价值主体活动的对象，是主体价值活动的对象，并非任何客观存在物都是价值客体，只有对象作为价值主体对象性活动中指向的对象时，对象才是价值客体。价值客体与一般认识客体不同，价值客体必须是作用于主体，并对主体产生一定的作用和影响的客体。

1. 潜在的价值客体和现实的价值客体

在实践活动中，主体改变客体的形式，使潜在价值变为现实价值。如果客体不具有某种潜在价值，不论主体有多大的本质力量，也不能使之变为现实价值，也不能增大客体的价值。所以，主体本质力量对象化要以客体自身的结构与属性为前提，必须遵循客体的规律，而不能违背客体的规律。主体本质力量对象化的过程，实际上是对客体规律的开发运用的过程。

教育系统中应用技术的历史表明，并非所有的技术都适用于教育，即使应用于教育系统的一些技术，也需要进行适当地改造，以适应教育本身的需要。这是由技术的双重属性，即自然属性和社会属性规定的。也就是说，教育主体想要的具有某种特定功能的技术（要什么）和技术自身的规定（是什么）并不完全一致，应借助主客体的相互作用，使技术由潜在的价值客体变为现实的价值客体。客体在现存形态下，不经加工、开发，能够直接作用于主体产生价值，这就不是潜在价值，而是客体的自在价值。客体在现存形态下作用于主体，产生一定的价值，但是往往并未把客体的全部能量释放出来。客体内在还蕴藏着丰富的能量，在通常情况下，这些能量不会释放出来。只有在一定条件下，客体内在蕴藏的能量才能发挥出来，这个条件就是主体的开发和利用。潜在价值可以转化为现实价值。这种转化需要一定的条件：首先，经过实践、认识、评价、发现潜在价值，认识客体开发的意义；其次，通过实践、开发、创造、改造客体的形式，使客体的潜在价值变为能作用于主体产生实际作用和影响的现实价值。

技术由潜在的价值客体变为现实的价值客体表现在客体身上，则是客体形式的变换。首先，从前提来看，技术的存在形式发生了改变。其次，从过程来看，技术获得新的形式规定。最后，从结果来看，在生成的技术中，教育对技术功能的设定直接决定了技术具体的内在功能，这种新的客体是主体活动目的的实现。技术由潜在的价值客体变为现实的价值客体表现在主体身上，则是主体本质力量的增强。

2. 内在价值和外在价值

所谓内在价值①，是指客体已经具备产生价值的现实可能性而尚未表现出来的内在素质、能量。内在价值不是判断的对象。技术的内在价值正是使技术成为其本身所是的承诺，其表现出以下两个特点。(1) 技术的内在价值规定着技术所表现出来的自然特征——所是和应当是，可分析性和可计算性、可操纵性等都是内在价值的体现，它们构成了技术活动的内在目的和合理性标准，是技术的意义所在和技术进步的指向。② (2) 技术的内在价值是客观的而不是主观的。这就是说，它是自身固有的，是客体内在的属性、素质、功能、能量具有的产生某种价值的现实可能性。

技术的外在价值是技术价值论中最主要的、也是迄今人们讨论最多的议题。技术的外在价值是指技术的自然的、社会的和人的等方面的价值，可以从技术对于自然、社会、文化、个人生活等领域的意义、后果、作用等方面入手，考察技术的外在价值。在教育领域中，技术的外在价值是技术与教育本质力量作用的产物，体现了技术的教育属性，规定了“技术目的”所表现出来的教育性特征。同一客体其内在价值在一定条件下是确定的，但其外在价值则随着条件不同和主体不同而不同。例如：网络由计算机技术与通信技术相结合而成，它把处于不同地理位置，具有独立功能的多台计算机、终端及附属设备、通信线路连接起来，并配备相应的网络软件，最终实现资源共享。网络具有资源共享的性能，是其内在价值。网络最先是作为信息沟通的工具应用于社会领域，后来才逐渐延伸到其他方面（如办公自动化管理、ERP③ 等)，在教育领域中则可用于网络教学等。

如果我们把技术看做教育系统中的一个“子系统”，即把技术作为一个整体，那么我们可以从系统的“自组织”特征来理解技术系统自身的内在驱动力、内在价值取向。正是因为技术作为教育系统的一个子系统，所以它不但要有自己的内在价值，还要有一定的功能输出，服务于教育系统，外在价值必须对照其内在价值，看其发挥了何种作用才能被理解。技术的内在价值和外在价值之间并不总是和谐统一的，技术的内在价值应服从于技术的外在价值。

---

① 王玉樑．价值哲学新探［M］．西安：陕西人民教育出版社，1993：112.

② 李宏伟．现代技术的人文价值冲突及其整合［M］．北京：中国市场出版社，2004：37.

③ ERP 是 Enterprise Resource Planning 的缩写，译为企业资源计划系统，是指建立在信息技术基础上，以系统化的管理思想为企业决策层及员工提供决策运行手段的管理平台。

二、价值论视野中教育与技术的关系

从价值哲学层面看，教育与技术之间其实是主客体之间的一种关系，并存着主体客体化与客体主体化的双向运动：在功能上，价值意味着主体对客体的取向，主体把客体的属性、规律内化为自己的本质力量，即客体主体化；在发生上，价值表示主体对客体的改造，主体的本质力量的对象化，即主体客体化。在这种双向互动的过程中，教育（主体）会不断创造出相对稳定的目的性活动序列，推动“目的—手段”系列中的技术手段在教育系统中的发展，从而为教育价值的实现服务。为此需要强调以下三个方面：一是价值的关系说，即（教育中）技术的价值既不是技术自身的属性，也不是教育的单方面规定，而是技术与教育间的一种相互关系——实践过程中的关系；二是价值的过程说，即（教育中）技术的价值是一个动态的发展过程，离不开特定的教育系统，技术“作为手段的有效性”不能脱离教育价值的一贯性；三是技术与教育之间的相互作用说，即技术不是单纯的工具，听任教育的随意支配、使用，技术也要对教育施加影响、作用，对其进行改造。

（一）主体客体化

马克思指出：“对主体来说，对象如何成为主体的对象，这取决于对象的性质以及与其相适应的本质力量的性质。”[①] 在实践中，主体与客体的相互作用表现为主体自身能力的客观展开，主体通过改造客体把自己的本质力量从可能变为现实，并在结果中获得客观存在的形式。因此，结果不仅反映着被改造对象的属性，而且还反映出主体的特性，反映出主体的实践能力、愿望和意志。主体本质力量对象化表现在客体身上，则是客体形式的变换，是主体赋予客体以形式，使客体获得新的属性和功能，形成新的价值客体，从而体现了价值的创造过程。

教育领域中的技术发展是按照教育实践的需要建构起来的，技术不仅按一种内在的技术逻辑发展，而且也是由创造和使用它的教育系统所决定的。就此而言，我们可以说主体客体化是教育的本质力量得以对象化和教

① 门忠民．价值创造的本质和根据［J］．陕西师范大学学报（哲学社会科学版），1994，23（2）：22－27.

育的价值得以确证的过程。由于“使人成为人”是教育的根本意旨，这就造成了教育领域不同于经济、军事、医学等领域，技术的应用是为了教育价值的实现，而不是为了追求经济效益或达到一定的政治目的。这就不难理解始于1998年以清华大学等四所高校为试点的现代远程教育为何并不适合网络学历教育，因为大学本科教育不仅是一个进一步学习知识的过程，同时也是一个发展人际交往能力和社会责任感的过程。

主体客体化过程，即教育中技术的创造/改造过程，必须坚持以人为本的教育价值，以人的全面发展为准则去不断调节技术（包括器物、工艺、组织、管理等）与教育的各种具体关系，从而促进技术、教育与人的协调发展。以人为本的价值基准具有以下特点。① 以人为本的价值基准，符合教育与技术主客体关系的要求。② 以人为本的价值基准，坚持了人在教育活动中的主体地位。③ 以人为本的价值基准，体现了技术人文价值的理性回归。

主体客体化过程具体体现为技术的内在价值被教育实践具体规定、实现的过程，即教育（主体）本质力量作用于技术的内在价值，使内在价值转化为现实价值。内在价值是主体实践的结果，是主体本质力量的对象化。从内在价值的来源上分析，其客体来源是潜在价值，主体来源是主体本质力量的作用。在潜在价值存在的条件下，要转化为现实价值，关键是对客体的物质改造活动。但是如果客体不存在某种潜在价值，那么仅仅依靠主体对客体的物质改造活动，也不可能获得某种内在价值。内在价值是相对稳定的。内在价值决定外在价值，外在价值表现内在价值。因而在教育运用中，技术的评价不仅是技术功效的问题，更重要的是要看技术运用的教育效果，我们可称之为技术的现实价值。现实价值是技术的属性、功能与教育本质力量作用的产物。不难看出，技术的现实价值对于教育价值的追求即“人的价值实现”具有绝对优先的地位，技术的内在价值相对于外在价值而言，只能是手段而不是目的。因此，经过主体客体化过程，教育中的技术应该是适用的技术。

教育主体的对象化活动指向的客体，是有价值选择取向的。这表明在主体客体化活动发生之前，主体已优先选择了某一主导性的价值目标，同时也就放弃了其他价值目标。价值选择的存在，意味着教育（主体）在追求其主导价值目标过程中，由于价值需求之间的矛盾，可能存在因基于自身的价值选择而产生与其业已存在的价值需求相悖的消极结果。这也与技术的社会属性相符。技术在使用过程中具有的某种价值偏向性是由其社会属性决定的，使用过程中的技术已经不再是“技术”自身，它已经成为主体的“手段”。价值选择既体现了教育主体的能动性、自主性，也反映了技术客体的多样性和客观性。例如，我国现阶段实施的“国家农村中小学现代远程教育工程”提出了三种模式，各项目单位可以结合自身的实际情况，选择一种模式，以使技术实现其现实价值。

（二）客体主体化

主体按照内在的尺度把自身的本质力量作用于客体，使之成为“为我之物”，主体在改造客体的同时也要按照客体的尺度，接受客体的改造和锤炼。因此，客体主体化和主体客体化实际上是同一个过程。客体主体化，从客体来说，就是由现实的价值客体作用于主体转化为价值的过程；从主体来说，则是客体作用于主体，使主体受到客体的一定的作用和影响，内化为主体的本质力量，价值才得以实现。①

技术在教育中的应用可以说从教育产生的那一天起就存在，作为教育的目的性活动②的序列或方式，技术的基本功能在于支持教育目的的实现。例如，氏族公社③时期的教育侧重于生产、生活经验的传授，言传身教则是有效的技术手段；书写形式的技术则有助于实现教育传播知识的目的，等等。一般来说，技术在进入教育的最初阶段，位于教育系统的外侧，然后经过相互作用的目标制约，渗透到教育系统当中，并贯穿于教育的全过程中。一旦技术渗透到教育系统中，它就不再作为独立的外物而存在，而是与教育系统中的其他技术要素产生广泛而实质性的融合，从而内化为教育的本质力量。从客观上看，技术的影响作用于教育系统所引起的变革，不仅说明了技术渗透的巨大力量，而且反映了教育对技术影响的反抗性——一方面来自教育系统本身所固有的保守性，另一方面也说明教育系统具有一定的价值标准和价值取向。这种反抗性应该说是技术作用于教育系统的一种正常现象，是一个整合的过程，随着整合过程的深化，这种现象也会逐步消失，随之而来的是新的技术在教育中的应用，新的整合过程的开始。主客体的作用过程如图 4 -1 所示。

（1）“要什么”中的“什么”与“是什么”中的“什么”并不等同，

---

① 王玉樑．价值哲学新探［M］．西安：陕西人民教育出版社，1993：354.

② 目的性活动是经过理性设计，并在主体意志控制下指向客体的对象性活动。

③ 孙培青．中国教育史［M］．上海：华东师范大学出版社，2000：3 -8.

教育主体目的(要什么)——┐
　　　　　　　　　　　　├→主客体相互作用的过程 ——→ 教育中的技术
技术客体规律(是什么)——┘

图 4－1　主客体的作用过程

前者是主体想要的具有某种特定功能的技术，后者是技术自身规定的形式和内容。这是由技术的双重属性，即技术的自然属性和社会属性规定的。“要什么”和“是什么”是主客体相互作用过程中的一对矛盾体，也是客体主体化过程中的最主要的内在动力。

（2）主客体相互作用的过程是实现“要什么”与“是什么”的整合过程，它深刻地体现了主体与客体的内在统一。主客体相互作用的过程是一种有目的的双向运动，是通过预期目的的实现而达到其目标的过程。实践过程是主体与客体相互作用的过程，在实践过程中，主体作用于客体、改造客体，使主体客体化，同时，客体也作用于主体，使主体适应于客体的本质与规律，克服主体思想中的错误和盲点，使主体潜力释放出来，从而提高主体能力，使客体主体化。主体客体化，是主体本质力量对象化，客体主体化，是非对象化，这两个过程统一于实践过程中。

（3）通过主客体相互作用的过程，形成了教育中的技术，这既是技术发展的一个状态，也是客观的必然的教育发展的结果。一方面，主体作为对象性的存在物，不是消极地等待，而是积极主动地利用客体及其规律去改造客体来满足自己，他有着强烈的追求自己对象的本质力量。也就是说，主体总是要将自身的需要、目的输入客体，使客体发生符合主体需要的变化，其结果就是使客体获得了主体的本质力量，客体被塑造成为符合主体需要的对象，客体主体化了。另一方面，主体在对象化于客体的同时，利用客体提供的条件、材料，将客体的规律性纳入主体自身，进一步促进了主体的知识和能力的全面提高和发展，这样，主体也就获得了客体的本质，主体客体化了。

客体主体化的过程中往往存在着滞后现象，这种滞后[①]现象可能是过

---

① 奥格本的文化滞后理论指出：“文化滞后是指相互联系的各部分，各自独立的率先变化或滞后。自变量包括技术、经济、政治、意识形态以及其他一些东西。当变化的时间和程度不平衡引起相互联系的各部分关系紧张，换句话说，相互关系减弱时，我们就称之为文化滞后。文化滞后理论的适应程度要看文化各部分关系是否密切而定。”转引自：马和民．教育社会学的研究范式与模型建构［J］．吉首大学学报（社会科学版），2006（3）：131－137.

程性因素所致，即从技术的发明到技术应用于教育中，再到技术内化于教育是一个过程，也可能源于教育系统对技术本能的甚至自觉的抵触。柏拉图[①]认为书写形式的技术是人类联系的大敌，同样，视听技术的引入和应用过程经历了与语言文字传统从对立到融合的过程。[②] 这其实也从反面证明了教育系统的主体性的存在。如果技术在教育中的应用仅仅是借用外来的技术，即使是借用了很多，也仍然无法称其为“教育中的技术”。只有技术与教育经过主客体相互作用成为一个整体之后，“教育中的技术”才是理所当然的结果。

（三）技术与教育的价值关系

我们强调价值关系是主客体关系的本质，并不是贬低实践关系的重要性。[③] 在主客体关系中，价值主体和价值客体构成了价值关系的两极，实践是连接两极的中介环节。价值实现的过程是主客体相互作用的过程。从总体上看，这一过程表现为“主体—实践—客体”的动态系统。具体地说，价值只存在于实践关系形成的主客体的一致性之中。价值的本质在于它的实践性，是主体本质力量的对象化与客体属性非对象化的统一。

1. 对实践的理解

实践是人类的存在方式，自从有了人类，就有了人类的社会实践活动。随着人类社会实践活动的发展，人们关于社会实践的观点也在发展。亚里士多德将人类活动分为理论、实践和创制，前两者因其以自身为目的，所以是自由的活动，唯独创制活动自身与它的目的分离，因而是不自由的。亚里士多德贬低生产劳动，认为功利性的生产劳动并不是与人的本性相关的活动，因而，从事生产劳动的奴隶是不被当人来看待的。这种思想几乎支配和影响了整个西方哲学史。康德对实践的定位也是如此，康德实际上用“道德上实践的”排开了“技术上实践的”[④]，这意味着康德并没有将技术与工业看成是肯定性的实践形式。西方传统的实践强调的是人

---

① 安德鲁·芬伯格．技术批判理论［M］．韩连庆，曹观法，译．北京：北京大学出版社，2005：146.

② 刘美凤．教育技术学学科定位问题研究［M］．北京：教育科学出版社，2006：49.

③ 相关论述可参阅：王守纲．价值及其实质［J］．山东社会科学，1994（4）：64－67．张国华．价值：满足主体需要的实践——对价值的一种阐释［J］．思茅师范高等专科学校学报，2000，16（2）：20－25.

④ 邹诗鹏．马克思实践哲学的现代性质［J］．马克思主义与现实，2007（1）：64－70.

的内在的道德践履活动，具有非对象性的性质。黑格尔提出了“实践理念”的概念，并把它作为达到和实现“绝对理念”的一个必经的环节，他以抽象思辨的形式揭示了人类实践活动的创造性特征，指出了实践在改造世界、创造人类历史方面的重要意义。但是，黑格尔所说的实践在根本上是抽象的理念活动，现实人的活动只是这种抽象理念活动的“样式”。尽管黑格尔提出了实践的概念，特别是劳动对人的解放具有积极的意义，但他把实践仅仅限制在精神、观念活动的范围，回避了人类现实的实践活动及其意义。

马克思所理解的实践，从一般意义上讲，就是指人的对象性活动。这种活动如何历史地呈现呢？马克思直接诉诸工业与技术。在经验直观中，自然界原来没有的各种劳动产品、机器设备等人造物完全是人以外的存在物，但马克思却看到了它们与人的本质之间的内在联系，由此获得了一个历史性的重大发现：“工业的历史和工业已经产生的对象性的存在（工业文明创造的现实存在或者是工业的产品），是一本打开了的关于人的本质力量的书……”，“因此，如果把工业看成人的本质力量的公开的展示，那么自然界的人的本质，或者人的自然的本质，也就可以理解了”。① 在此，我们看到，作为人的实践的对象化活动，必然表现为一定的物化，这种物化一方面借助科学技术特别是工业，表现出人的本质力量；另一方面，当人与相应的财产关系及其私有制度固定在一起时，必然表现为人的异化特别是劳动异化。马克思的实践哲学通过把技术与工业确定为人的本质性活动，把实践理解为人的对象性活动，开启了实践哲学的现代性视阈，其最终意旨在于实现人与自然、人与人之间矛盾的解决，克服人的存在的分裂，实现人的完整性及人的解放。在马克思那里，实践指的是人类生活中的一种最基本的物质生产活动，它是建立在科学理性认识基础上的一种现实的人与世界发生关系的“感性的活动”，“技术—实践的”“物质活动”。因而，我们不难理解马克思何以能把人类社会历史阶段更替建立在生产技术的发展之上，人类社会的所有制度安排、意识形态、精神现象需要在社会的生产技术之中找到其合法性根据。

从形式上看，马克思与康德都把技术看成是实践（理性）可以控制的因素，但在康德那种非对象性的实践理性中，技术就成了一个外在的对象；马克思的实践因为其本质的对象性活动，因而把技术看成内在的人的

---

① 马克思，恩格斯．马克思恩格斯全集［M］．第42卷．北京：人民出版社，1982：127.

活动。在马克思看来，技术（与工业）不仅是现代性及资本主义的基础，更是人的本质性的实践活动。由此可以看出，在实践的基础上，技术与杜威的教育即生长、教育无目的有着内在的一致性，如其所言①，“生活就是发展，不断发展，不断生长，就是生活”。教育主体应用技术的过程是一种教育实践，是一种自由自觉的、有目的的主客体之间对象化的活动；教育主体主要是通过对技术应用过程的实践性掌握，既合规律又合目的地创造出自己的理想客体，使本来外在于实践主体的技术转化成为“教育中的技术”的过程。由此可见，技术应用于教育的过程有着自己独立的内在的活动逻辑，有着自己特定的价值追求。教育中的技术不能简单地等同于工具和人的行为②，应该看到它的本质是直接与人的本质、教育的本质联系在一起的。因此，在现实的实践活动中，教育主体不仅需要把握和遵循技术世界的客观尺度，而且还需要使自己的活动符合和遵循自身的内在尺度。

2. 价值创造与价值实现

在主客体关系中，最基本的是两种关系：认识关系和实践关系。③ 认识关系揭示的是主体的认识与客体的规律、属性是否一致的问题，即真理关系和真理问题；实践关系揭示的则是主体和客体之间改造和被改造的关系，所蕴涵的需要与需要的满足问题，也就是价值问题。这说明，价值只存在于人的实践关系之中。同样，技术的教育价值是教育主体在教育实践中生成的。在实践过程中，当教育主体把技术作为自己认识和改造的对象时，教育主体才成为现实的价值主体，技术也只有在成为教育主体认识和改造的对象时，才成为现实的价值客体。要在现实中实现主客体的一致性，就必须通过实践，包含着主体本质力量对象化和客体属性非对象化两个方面的内容。

一方面，实践活动是主体本质力量对象化的活动。主体按照内在的尺度把自身的本质力量作用于客体，使之成为“为我之物”。主体的需要是形成价值的动因，它既是主体的本质力量对象化于客体的内在根据，又是

---

① 杜威．民主主义与教育［M］．王承绪，译．北京：人民教育出版社，1990：54.

② “技术是工具和人的行为”，这种工具论和人类学的技术规定已经成为通行于世的关于技术的观念。

③ 参阅：查庆，田方林．构建主客体关系在马克思主义哲学中的作用和意义［J］．四川大学学报（哲学社会科学版），2001（1）：46－51．张国华．价值：满足主体需要的实践——对价值的一种阐释［J］．思茅师范高等专科学校学报，2000，16（2）：20－25.

主体评价客体是否有价值的内在尺度。通过对象化活动，主体把自己的能力与智慧、理想与欲望凝结在特定的对象上。众所周知，价值创造过程主要是创造价值客体，这个过程主要是主体客体化过程，同时也伴随着客体主体化过程。但是价值创造过程中的客体主体化是作为主体客体化的条件、产物和前提，是服务于主体客体化的。确切地说，价值创造的主要目的是生产价值客体，即主体客体化。

价值创造过程离不开价值目标与价值选择。价值目标是根据主体利益和客观规律而提出的，是以对主体利益与客观规律的认识为前提的。价值目标的提出是价值创造活动的起点，实现价值目标是一定的价值活动的终点。整个价值创造过程都是在价值目标的指导下进行的。价值目标的确立与手段、方式、方法的运用，都是价值选择的结果。价值选择既体现了教育主体的能动性、自主性，也反映了技术客体的多样性和客观性。

另一方面，实践活动是客体属性非对象化的活动。客体主体化正是价值实现的实质。价值实现是客体作用于主体，对主体产生实际的效应，这个过程是主客体相互作用中客体主体化的过程。客体主体化过程中，客体作用于主体，客体的要素作用于主体转化为主体的要素或作为主体的工具，客体的属性与规律作用于主体，内化为主体的知识能力，增强主体的本质力量，因此，客体主体化就是价值的实现，是价值实现的实质。没有客体主体化，就不可能实现主体客体化。

三、技术的教育价值

技术应用于教育系统，不能脱离教育系统的自身环境，不能离开对人的价值的关注，因而，以“以人为本”作为出发点，技术是人类智慧和能力的外在表现。基于此，教育与技术可以找到对话的基础——基于人本的思想和对人的关切，共同寻找适合的教育方式和相关技术，以使技术在教育系统中的应用展现其人文关怀和价值意蕴，达成与教育以人为本的价值追求的协调。

（一）技术的人文价值

技术的价值包含技术的内在价值和外在价值。技术的内在价值正是使技术成为其本身所是的承诺；技术的外在价值体现在自然、社会和人三个层面上——前者可以称为技术的自然价值，后两者是关于技术对人和人的生存方式整体的影响、后果和意义的，可以称为技术的人文价值①。技术的人文价值体现在社会和作为社会中个体的人两个层面上，从根本上说，关注社会的最终目标还是在于关注人本身。因此，技术的价值归根结底是技术之于人的价值，本书“人文价值”的称谓，就反映了这种思想倾向。目前对人文价值有两种理解②：一种是狭义的理解，基本上将人文价值局限在价值客体的文化价值和精神价值的范围内；另一种是广义的理解，将人文价值理解为价值客体对人的全面发展，特别是对于人的生存、发展、自由和解放的意义和价值。这样理解的人文价值既包括价值客体对人的精神生活和精神需求的满足，也包括价值客体对人的物质生活和物质需求的满足。我们认为，应该从广义上理解技术的人文价值。

纵观技术的发展历史，技术总是和“目的”“使用”“满足人（社会）的需要”相关联的，技术是包含着一种主观愿望和价值追求的活动，不能游离于价值活动之外，这为技术染上了浓厚的人文价值属性。正如艾雪培认为③，“技术是与人文主义不能分开的。技术不同于科学，科学方法之特性是把人的因素削减到最大限度，科学虽不反对人的价值，但它在形成的过程中，却必须消除人的价值之判断，以免影响科学的结论；反之，技术则是把科学使用到人与社会的需要上去，因此，不管技术人员喜欢不喜欢，他都必须考虑人的问题”。这虽然略带偏激，但也有一定的合理性，说明作为应用的技术需要考虑更多的人文因素。

从人类进化史的角度来看，技术在本质上是“形成中的人”的物质需求与其动物性本能之间矛盾运动的结果，是“形成中的人”在变化着的生存环境压力下，经过长期的经验摸索而创造出来的谋生手段，是原始人类动物性本能的扩展与延伸。“形成中的人”在原始技术创新活动的驱动下，开始从原有的动物与环境的被动的“本能性适应活动模式”中，进化出了以技术为基础的主动的“实践活动模式”。④

在古代，技术是按照人的尺度和人性的要求而创立和发展起来的，因此它被置于人的控制之下，并成为人与自然、人与人密切交往的中介，从而带给人们以舒适感和自由感。儒家强调“六府三事”⑤，“六府”为“水

① 刘文海．技术的政治价值［M］．北京：人民出版社，1996：19.
② 孟建伟．探讨科学的人文价值的意义［J］．新视野，2000（3）：26－28.
③ 金耀基．大学之理念［M］．北京：生活·读书·新知三联书店，2001：48－49.
④ 王伯鲁．技术运动过程剖析［J］．科研管理，2000（4）：61－66.
⑤ 孙宏安．中国古代科学教育史略［M］．沈阳：辽宁教育出版社，1996：291－292.

火金木土谷”，指的是当时社会生活所需要的基本技术活动，如沟恤、烧荒、冶铸、井田、贵粟之类，“三事”为“正德、利用、厚生”，指的是技术发展的目标，既对国计民生有利，又有道德教化功能。《庄子》将技术描述为一种合目的性、个体性、手艺主导性、经验与灵感——体悟相辉映的活动，抓住了古代技术的实质。《庄子》的描绘与《考工记》[①] 也是一致的。《考工记》说：“天有时，地有气，材有美，工有巧，合此四者然后可以为良”，“知者造物，巧者述之，守之，也谓之工”。[②] 与庄子同时代的亚里士多德将技术与艺术归为一类，称为“创制的科学”，以与理论的科学（物理学、数学、哲学）和实践的科学（伦理学、政治学、经济学）相区别，灵巧、巧合是技术不可或缺的要素。由此可见，与庄子同时代的中西学者都把技术视为 technique（技巧、技艺）。古代技术多表现为一种技艺形式，是人经过长时间的习得，或受家庭或师傅传承的一种工艺诀窍、技巧和技能的混合，是脑和手的巧妙恰当配合的能力。从这个角度可以认为古代的技艺是技术与艺术的组合，当希腊把艺术与技术统一使用的时候，技术是充满人文关怀的范畴。[③]

到了近代，由于科学的发展，受到科学熏陶的人看世界的方式也发生了变化。在笛卡儿之前，“任何一个自为的存在的物都被看做‘主体’，但现在，我成了别具一格的主体，其他的物都根据‘我’这个主体才作为其本身而得到规定”。[④] 主体性哲学中心地位的确立，曾使物质财富得以迅猛发展，人类开始沉醉于科技的伟大，痴迷于理性的魔力。“由于现代技术……事物唯一的从技术交往中被构造，以至于它们的存在只能显示为千篇一律的功能性的材料，显示为可统治的可耗尽的可预测的对象”。[⑤] 技术以其巨大的物质力量和行为方式的“合理性”确立了它的权威地位，

---

① 《考工记》中提到，制弓要依所用的人的体形、意志、血性气质而异。对长得矮胖、意念宽缓、行动舒迟的人，要为他制强劲急疾的弓，配以柔缓的箭。因为人若宽缓舒迟，再用柔软的箭，箭行速度就快不了，自然不易命中目标，即使射中了也无力深入。而对于刚毅果敢、火气大、行动急疾的人，要为他制作柔软的弓，配以急疾的箭。因为人若果敢急躁，再使用强劲的弓和剽疾的箭，箭的蛇行距离过长，自然也不能稳稳中的。王前．技术现代化的文化制约［M］．沈阳：东北大学出版社，2002：116.

② 刘明．庄子技术论思想评析［J］．自然辩证法通讯，1995，17（3）：35－41.

③ 李丰茂．重建技术化生存的人文主义向度［D］．长春：吉林大学，2006：13.

④ 汪建云．科技伦理化呼唤哲学复兴［J］．自然辩证法研究，2007，23（4）：95－98.

⑤ 冈特·绍伊博尔德．海德格尔分析新时代的技术［M］．宋祖良，译．北京：中国社会科学出版社，1998：80－81.

从而成为衡量一切的尺度，甚至于成为审美的标准。然而，这种只“关注”人的物质需要的发展方式却最终给人类带来了危机和灾难。这种以把握物质的方式去关注人的做法，也就注定了其结果反而是失落了人。之所以失落人，就在于人不仅需要形而下的“物质关怀”，还需要形而上的“精神关怀”。①

技术悲观论者看到了人与技术之间的冲突，并从不同的视角对技术进行了反思，试图寻找可能的拯救之途。② 如马尔库塞认为③，现代科学技术是一种新的控制形式，使得发达工业社会陷入单向度的“病态社会”，而生活在其中的人则成为单向度的人；技术进步使人满足于富裕的物质生活的享受，而放弃了对理想、自由和高级精神境界的追求。弗罗姆认为现存的技术系统之所以有一个非人道化的前景，是因为它是建立在两条坏的指导原则上④，一个原则是“凡技术上能够做的事都应该做”，另一条原则是“最大效率与产出原则”。尽管技术悲观论者对技术的批判是彻底的、尖锐的，但大都忽略了人的创造，看不到人类对技术发展的超越，理论上的片面性使他们对现代技术采取了一种敌对的立场，他们对未来持悲观的态度，看不到有意义的未来。

从结构和功能上来说，近现代的许多技术已经不再是简单的“器官延伸”，然而技术工具的操作以及使用仍然是根据适合人的生理和心理需要、特征而设计的。现代工具所体现的更多的是人的自然能力在质上的扩张，这仍然是人类对自然强加在自己身上的生理及心智限制进行超越的渴望和追求。现代的工程心理学研究强调“人—机”系统中人的条件要和技术相协调⑤，从而把劳动条件对人的神经系统和工作能力的消极影响降到最低限度。当前信息技术在教育中的应用表现出以下三个趋势：观察性技术向互动性技术的转变；虚拟体验的呈现技术向真实体验的呈现技术的转变；娱乐为主的媒体应用向寓教于乐的媒体应用的转变。人对技术发展的介入，实际上是人的价值和目标的选择，而这些有时并不取决于具体技术自身所具有的特质和功能，即使这些技术的特质和功能在效益上可能优于同

---

① 汪建云．科技伦理化呼唤哲学复兴［J］．自然辩证法研究，2007，23（4）：95－98.

② 张成岗等．技术之路：死亡与拯救——超越论者的技术批判思想研究［J］．自然辩证法研究，2000，16（10）：20－24.

③ 余良耘．人对技术社会的适应和改造［J］．自然辩证法研究，2003，19（3）：86－90.

④ 李宏伟．现代技术的人文价值冲突及其整合［J］．自然辩证法自然通讯，2004（6）：21－26.

⑤ 张相轮，凌继尧．科学技术之光［M］．北京：人民出版社，1990：199.

类的以往的技术。技术靠近人、满足人、为人服务，这是当代信息技术发展的明显的趋势，也是它区别于以往类型的技术进步的显著特征。由此看来，技术作为人类生命进化的延伸的实质意义并未改变，这充分体现了技术的“以人为本”的思想和人文价值追求。

（二）教育中技术的价值

教育的价值取向都是首先指向人的，都是为人的发展呈现积极意义的。同样，发展教育中技术的目的也应该是指向人的，应该充盈着对人和人的发展的关爱，闪耀着人文主义价值追求的光辉。例如，刚开始时，图书和纸张因降低了人们的记忆能力而受到了抵制，但后来人们发现，学生不应该只是知识的复制者，而纸张和图书除了可以储存知识外，有更大的潜在作用，可以激发学生的想象力和创造力，图书和纸张才能真正得以推广。由此可见，教育中技术的价值不能离开对人的价值的关注，必须从人的本质力量来理解进入教育系统的技术的价值，从人的立场和视阈出发，教育中的技术才有价值和意义。

1. 社会生存阶段

教育是人类的行为，它伴随着人类社会的产生而产生。目前学术界普遍接受的以“使用和制造工具”作为人类诞生标志的观点，实质上就是以技术作为划界标准的。如有学者写道[①]：“当人类开始成为人类的时候，教育也就产生了。发明工具、制造工具、应用工具去和自然作积极的斗争……使人类产生了文化……文化的传递与创造乃是教育的具体运用，人类为了生产劳动和社会生活而进行知识、技能、理想的传递与创造，这种行为便是教育。”人类为了求得生存，在连续不断地与环境作斗争的过程中，逐渐地组成社会，以便从事集体活动，集中于追求生活所必需的物质方面的需要，学会怎样去求知和怎样表达他的欲望和意愿，从而获得知识和经验，教育就是对这种知识和经验的传授和把握。

前人类时期[②]，人类的生活条件是极为恶劣的，因此，掌握生存经验和技能就成了教育的首要内容。从这个意义上讲，原始教育的内容就是其社会生活之全部。氏族公社[③]时期，凡是生产、生活经验的传授、公共生

---

① 转引自：齐梅，柳海民．关于教育起源的假想与推断［J］．辽宁教育研究，2004（7）：17－20.

② 本书中前人类时期的人类是指正在进化中的人类或者说是形成中的人类。

③ 孙培青．中国教育史［M］．上海：华东师范大学出版社，2000：3－8.

活规范的培养，都是利用口耳相传，并结合实际动作的示范和模仿，当时还没有比言传身教[①]更为有效的教育手段。当时的教育的基本特点是[②]：教育融于社会生活之中，或者说是社会生活中包含一些教育的因素或教育的活动。中国古代，至少在周代，人们仍生活在氏族族团等各种血缘共同体之中，与此相应，官府垄断控制了所有的文化知识及农工技艺等，形成所谓学在官府、工商食官之制。在各个封闭的社会职业集团内部，知识技艺的传授主要依靠父子之间在实践中的口说言传。由于百工技艺的强烈实践性，使口说言传与身手实践同时作为可行的直接传授方式在劳动者阶层中流行。即使后来随着社会文化的发达，劳动者阶层由于缺少文化教育的素朴的本质，仍不习惯于书本文字这种间接传授方式，始终习惯于口说言传式的直接传授方式。[③] 与此时的社会文化历史背景相关，文化知识的保存传授同样以口说言传的方式进行。

随着生产水平的提高，产品有了剩余，教育才开始从生产劳动中脱离出来，成为一种专门的职业。社会上出现了专门的教育机构——学校，教师也作为一种职业应运而生。文字的产生是教育发展史上的里程碑。有了文字，人类的知识可以迅速积累。其次是纸的发明。早期的文字是刻在龟壳、竹简等上面的，不利于携带和传送。公元100年，人类发明了纸，有了记载文字、传播知识的理想媒介。印刷术的发明，引发了教育传播的巨大变革，它扩大了教育传播的对象，使知识传播的速度与广度大大增加，把知识传播得更久远。

由此可以看出，在教育发展的演进过程中，技术既是教育发展演进过程的推动力量，同时技术自身在教育中的作用和地位也发生了变化。在社会生存阶段，教育和技术与其生产和生活活动融为一体，其目的和作用均是要为当时的社会服务。

2. 技术生存阶段

技术作为人生存的“手段”，与生存联系起来，包括以下两个方面的意义。一是从生存论意义上理解，与动物本能地适应于自然、获得极有限的生存条件不同，人类由于本能方面的内在缺陷，他们会以自己的技术活动来保证自己的生存和后来的发展，技术是人的自我生成的原始存在方

---

① “口传身授”是任何一个没有文字的民族的经验传承的最常用、最主要的形式。

② 孙喜亭．教育原理［M］．北京：北京师范大学出版社，2003：23.

③ 葛志毅．今文经学与口说传业——试析古代的讲学传业方式及其文化历史原因［J］．历史教学，1994（5）：3－6.

式。也就是说，技术总是从人的原始的生成领域中产生出来的，技术是属人的技术，是人的内在本质的外在表现。二是从工具的意义上理解技术，指技术渗透于人的生产、生活全过程，人们的生活越来越依赖于技术，甚至有人把技术看做生活形式的根本方式，是一切人的存在都可以在其中展现的具体形态的框架。① 这一点在工业文明中表现得最为明显。例如，尼葛洛庞帝在《数字化生存》一书中有句名言："计算不再只和计算有关，它决定我们的生存。"目前，技术已经成为人类的行为方式、生存方式，技术已成为人类社会生活的一种决定性力量，或者如海德格尔所说，已成为现代人的历史命运。

转向技术生存的现代教育，有着不可解的矛盾：一方面，"使人成为人"的教育自身有一种把人引向"善""美好""幸福"的行动倾向；另一方面，以"技术—经济"为主体的现代社会的发展遵循着"发展""开发""效率""利润"的"现代"逻辑。仔细审视当下技术在教育中的应用状况，我们会发现由于过于注重技术的工具价值，忽略了教育自身的内在价值，出现了手段与目的颠倒的现象。由于教育活动自身是有目的的实践活动，这就需要从教育系统自身的目的来理解教育中技术的价值。之所以形成技术与人文对立的现象，主要是因为在发展技术时教育系统忽略了内含于教育和技术本身的人文价值和人文关怀，具体表现在以下两个方面。

（1）纯粹从技术的角度考虑。它考虑的是如何将技术的成果充分地运用于教育，包括直观教具、教育传播方式、远距离教育的信息化模式和教育媒体技术（诸如教学软件、光学投影媒体、电声媒体、电视媒体、计算机媒体）等属于技术本身的各种硬件性的成果，侧重于进行新的（教育中）技术的设计和研发。虽然这些技术的设计与研发过程中包含了相应的教育目的，体现了一定的教育思想，但由于定位在技术本身的开发和使用上，忽视了教育主体的存在价值。

（2）由于技术在社会各个领域的广泛应用，特别是对经济发展越来越起着决定性作用，于是，功利主义思想在当今社会发展中居于支配地位。教育中技术的应用关心的是技术手段和功利目的之间的关系，只关注教育的一种"技术的认识旨趣"，而不关注人的旨趣，从而使教育出现了一种知性取向，追求效益最大化正逐步成为教育的主要目标与发展方向，而情

① F. 拉普. 技术哲学导论［M］. 刘武，等，译. 沈阳：辽宁人民出版社，1986：145.

感诉求、价值关怀、道德规范、伦理明察则日益缺乏，从而导致教育本身深厚的人文蕴涵消解。

3. 人本生存阶段

工业文明时期的技术生存，既会使人感受到技术发展带给人的便利，也会使人面临技术使用带来不良后果的困境。雅斯贝尔斯认为[①]技术化是一条我们不得不沿着它前进的道路。抨击技术并无益处，我们需要超越它，必须坚持“以人为本”。从人的角度看，人是自己的最高目的，作为人的最高目的的人的生存是为了实现人的全面发展。人的存在本身就是目的，一切其他事物作为手段都是为人服务的，因而人也就成了价值的源泉，正因为人本身就有价值，所以他应该受到尊重。人类从事任何实践活动都是基于自己生存和发展的需要。“人是目的”，一旦人从本体性的目的地位滑落，或者，一旦脱离人之目的地位来把握人，那么，人必将沦为工具性或手段性的存在。[②]

人之不同于世界上的万事万物就在于人的价值向度和价值世界，可以说，人的价值世界是人之为人的根本特征，是人之本质。在马克思看来，工业和技术，只因为它们是人的本质力量的展示，才获得其价值。[③]同样，教育也因其在培养人之为人的过程中获得其价值。教育活动的主体、目的和对象都是人自身，离开对人的价值的关注无法谈教育问题。教育系统中的技术大多是人们出于一定的目的、为满足特定的需要而引入和改进的，是作为价值客体而存在的，在技术设计、创新与应用的过程中，人的目的和价值观念随之内化于其中。由此可见，教育在应用技术的过程中不能离开对人的价值的关注，必须从人的本质力量来理解进入教育系统的技术的价值，从人的立场和视阈出发，教育中的技术才有价值和意义。所以，以人为本，以人为尺度，应当成为教育中技术的价值基准。

第一，以人为本的价值基准，体现了技术人文价值的理性回归[④]。技术的本质决定了技术在追求创新和发明的同时也在追求着人类自身的进步与发展，技术的任何现实运用，必然与人有关。人类自身的存在与发展是决定教育系统中技术取舍选择、发展方向的最终依据。坚持以人为本的价

---

① 张宝英．关于人的本质的再思考［J］．哲学原理，2001（4）：377－383.

② 王啸．教育人学内涵探析［J］．华东师范大学学报（教育科学版），2006（1）：23－29.

③ 许良．技术哲学［M］．上海：复旦大学出版社，2004：145.

④ 王海霞．科学技术的本质、价值基准及其人文价值目标［J］．科学管理研究，2005（5）：24－26.

值基准，要求以人为本，强调要尊重人，充分肯定人的价值。

第二，以人为本的价值基准，符合技术与教育之间互渗互促关系的要求。技术进入教育领域，表现为教育系统中人的“能力”或“力量”作用于技术，使原来非教育的“自在”技术，变为“为教育”的——为教育而存在的技术。教育系统一方面要借助技术来扩展人的能力，另一方面又要保持自身的价值追求——使人成为人。

第三，以人为本的价值基准，坚持了人在教育活动中的主体地位。人是教育活动的主体，教育领域在积极研究开发利用先进技术的同时，应充分体现以人为本的思想，重视满足人的需要、追求人的发展、实现人的价值，使技术进步、教育发展与人的价值的实现相一致。

（三）技术的教育价值体现

一般来说，教育中技术的价值有两种形态，一种是技术相对于“教育系统（教育中的物）”本身所具有的价值，也即是“物的、功能上的价值”，另一种是技术相对于“教育主体（教育中的人）”所具有的价值。以往人们在探讨技术的教育价值时，更多地侧重于前者，而忽略了深层次的技术对于人的教育价值。从本来意义上讲，技术相对于“教育系统”原无价值可言，有的只是自在的相互作用、相互影响，若说这种作用和影响也可看做价值的话，无非是把人的本性投射、泛化于物的结果。因此，技术相对于“教育系统”的价值主要说来也是相对于人所具有的价值。因此，我们把“教育中技术的价值”界定为技术在教育的生存和发展过程中所实现的人的价值。这就要求我们不能仅从技术对于教育的外在的有用性来理解技术的教育价值，而是以实现“使人成为人”的为人价值作为评价技术的教育价值的依据、标准。因而，技术的某些功用价值，如网络技术很好地解决了教育资源的存储、共享与有效利用等问题，这只能作为一种手段的价值，而非目的的价值。

技术在教育中的价值表现为三个层次。第一个层次，即技术的教育价值的工具层次，指技术在教育活动过程中表现出来的功用价值、手段价值。例如，氏族公社[①]时期的教育侧重于生产、生活经验的传授，言传身教则是有效的技术手段；书写形式的技术则有助于实现教育传播知识的目的，等等。手段价值不能代替“使人成为人”的教育目的价值的追求，但

---

① 孙培青．中国教育史［M］．上海：华东师范大学出版社，2000：3－8.

不可否认它对于目的价值实现的重要基础性作用。第二个层次，即技术的教育价值的现实层次。在这一层次上，对于技术的价值考量不再局限于技术、技术体系自身的技术功效，而是（教育中的）技术对于现实的教育发展和社会发展起了怎样的作用。在这一层次上，强调（教育中的）技术的实用价值，从而在某种程度上导致对技术以外的文化和人的精神生活的漠视，忽视生命价值。例如，在工具理性主宰下，教育领域从宏观到微观全面开始了制度化、规范化、操作化的进程，如夸美纽斯的班级授课制、泰勒的目标模式等，都将提高教学效率、加强学校工作的计划性和实现社会效益放在首位。然而对实用价值的追求使教育丧失了其本应承担的“使人成为人”的价值追求。第三个层次，即技术的教育价值的理想层次。在这一层次的技术活动中，教育中技术的价值追求的最高目标是人自己，是人自身本质的实现，也就是要使人成为“人”。对人的本质的追求、选择、创造和实现，是人的价值的追求和选择的终极关怀和最高目标。这就要求我们不能仅从技术对于教育的外在的有用性来理解其价值，而是以实现“使人成为人”的“为人”价值作为其评价的依据、标准。只有在第三个层次上才能理解为什么技术应用于教育离期待仍有较大距离的原因。由此可见，技术的教育价值不能离开对人的价值的关注，必须从人的本质力量来理解进入教育系统的技术的价值，从人的立场和视阈出发，教育中的技术才有价值和意义。技术的教育价值的第一、第二层次是较低的层次，对于第一、第二层次的过分追求常常会遗忘、排斥对于技术的教育价值的第三层次的追求，造成技术的价值异化，这就是当前技术应用于教育的过程中产生冲突的实质所在，也是研究技术的教育价值实现或者技术的教育化的现实意义所在。

（四）教育中的技术：手段价值与目的价值的统一

迄今为止，我们对任何事物可能有的价值所作的最充分最普遍的概括无非是两大类：手段价值和目的价值。明确地从目的和手段的角度把价值划分为目的价值和手段价值并强调两者不同的是古希腊哲学家亚里士多德，他认为[①]：“如果在实践中有某种为其自身而期求的目的，而一切其他事情都要为着它，而且并非全部抉择都是因他物而作出的，那么，这一为自身的目的也就是善自身（或价值自身）。而那些以善自身为目标的他物

① 转引自：江畅．论价值的基础、内涵和结构［J］．江汉论坛，2000（7）：55.

就是外在的善。……善自身是灵魂的善，因而是主要的、最高的善。”显然，亚里士多德这里的善自身实际上就是目的善，而外在的善就是手段善。在亚里士多德之后，把价值划分为目的价值和手段价值已成为一种主流观念。①

社会系统中的技术进入教育子系统，其价值形态也发生了变化，表现在两个方面：一是价值主体的转移，即技术从社会主体转到教育主体手中，作为工具，它服务的价值主体不同了；二是技术的教育价值的发生，即技术要“起它的真正的作用”。所谓“真正的作用”，理应包括技术不再仅仅是工具，而是手段和目的的统一。因此，技术对于教育来说，不仅仍然具有手段价值，而且有了以往不曾被认识的价值——“实现教育价值追求”的目的价值，即技术的教育价值。后者理应是“教育中的技术”所首启的、带有根本性的内容。

把技术作为手段、工具，是技术的、最常见的、最为人们熟悉的价值，是主体目的性行为的结果。从客体主体化的过程和环节上看，技术的目的价值是它的手段价值的必要补充。但是，仅仅这样理解教育中技术的手段和目的价值，总的来说仍未超出把它当做客体手段的思考范围，没有考虑主体客体化过程中的主体本质力量的对象化活动，尚未涉及对教育根本目的本身的内在的思考。手段毕竟是过渡性的中介，其价值归根到底在于为主体目的服务，而目的则高于手段：目的是价值尺度，手段是价值载体；对手段的取舍，是以主体的目的和能动性为转移的；采用手段的方式、过程和效果，也总是受主体的需要、能力、条件及所处的环境等制约；评价手段及其效果的得失，以主体的目的为标准来衡量。由此可见，技术的手段价值是主体目的性行为的结果。

技术的目的价值可从以下两个方面理解。首先，从教育价值的追求和教育发展角度来看，承认技术的目的价值，其实质和前提是承认教育的主体性地位。教育并非只是为了“能用技术去做什么”才去使用技术，而是为了通达教育价值的追求。例如，教育技术学界在计算机辅助教学、现代

---

① 美国哲学家培里把价值划分为道德价值、宗教价值、艺术价值、科学价值、经济价值、政治价值、法律价值和习惯价值八类；美国哲学家刘易斯在亚里士多德的基础上进一步把价值划为内在价值、固有价值、工具价值和贡献价值。王玉樑在《价值哲学新探》中从以下几个方面研究了价值存在的形式：普遍价值与特殊价值、自在价值与自为价值、潜在价值与现实价值、内在价值与外在价值、直接价值与间接价值、真实价值与虚假价值、眼前价值与长远价值、局部价值与全局价值。从中不难看出，目的价值与手段价值的分类要比其他的分类更合理。

远程教育等领域的研究和实践充分证实了这一点。技术的目的价值在于它对教育价值追求的“贡献”，技术价值的衡量尺度不是技术本身，而是在于它的目的价值。其次，从人的价值存在的意义来看，技术的目的价值在于技术本身就是人类生存发展的一个标志，它的发展本身就意味着人的发展、社会的发展。正是基于这一点，我们说技术是人的价值、社会的价值体系中不可或缺的一个方面。实现技术的目的价值意味着要把教育中技术的发展和完善纳入人和教育整体发展和自我完善的目标体系之中，以使技术在“合目的性”的意义上成为对教育有价值的、达成技术的手段价值与目的价值的统一。

第五章

技术教育化的理论探析

通常，人们会从既成的、现存的乃至直观的意义上看待和理解教育中的技术存在，此时在人们的视野中作为对象的技术是已然存在于教育中的事物，是“存在者”而不是“存在”本身。从根本上来说，教育中的技术不是天然的、现成的，而是生成的，即技术在教育中的存在是“生成着的存在”，它不会最终完成于某一确定的状态，而总是向未来、向新的可能生成开放。这具有以下几方面的特点和重要寓意。首先，这里突出的是“存在”而不是“存在者”。作为“存在者”的技术，当它作为研究对象时，所涉及的问题主要是“做什么”“怎么做”；而作为“存在”的技术，或研究技术存在本身时，所面临的问题则主要是“如何存在”“为何存在”“怎么演变”等。前者是既成的，注重的是作为主体的教学之目的、手段、过程、结果诸事实及其实现；后者是发生的，着重于教育中的技术存在本身生成、维持与演变乃至消亡的原因、根据、机制及其合理性等。其次，突出强调技术在教育中的生成机制，体现出还技术在教育中的存在之本来面目，回归教育中的技术是教育与技术相互作用、相互依存、相互渗透的过程和结果这一基本蕴意和研究意向。最后，显示出强烈的反思和批判意识，即不仅要了解教育中的技术之所是、之所为、之所欲，还要了解教育中的技术所是何由、所为何故、所欲何理。

一、技术发展规律研究综述

技术的发展问题是被普遍关注的问题，这是因为技术的产生与发展始终与人的生活密切相关，一方面，技术的发展为人类创造了越来越丰富的物质和精神的世界（确切地说，是支撑精神世界的技术基础），使人类不可能放弃它，而去重新寻求别的生存方式和实现自由发展的途径；另一方面，技术的发展与运用却屡屡超出人类可控的范围，置人类于尴尬境地。正因为如此，人类在推进技术发展的同时，从未中断过对技术发展规律的探索。在"人—技术—自然"相互作用的系统中，应该包括两个方面的关系：技术与人的关系，要求技术的发展与人性的发展相一致；技术与自然的关系，要求技术的发展最终应该与自然界的进化运动相一致。对技术发展模式的探讨，有助于揭示技术发展的特点、趋势、机制和规律。国内外已有许多学者对此进行了大量的探讨，其中不乏精湛的见解。为此，下面采用文献综述的方法，来考察业已提出的技术发展模式和规律，以期把握技术发展的总体规律。

（一）动力机制

1985 年，刘则渊从技术发展的科学背景和社会背景的角度来揭示技术发展的机制，提出了动力模式①：科学推力和社会引力。1986 年，远德玉、陈昌曙以"新技术目的的设定"为核心，将技术发展的基本模式描述为：社会需要→技术目的→潜在技术→现实技术。② 荷兰技术社会学家比克（W. E. Bijker）与英国科学社会学家平奇（T. J. Pinch）以"技术框架"和"包容性"概念为中心，于 1987 年提出了技术人造物的演化规律，强调技术人造物是由社会文化建构的，使人们了解到技术与社会的相互作用，指出社会结构、文化规范和价值观念如何形成技术设计或技术人造物的特征。③ 1989 年，盛世豪提出了技术发展的动力机制：从技术内部来看，是技术的自律性，即技术内部结构和要素之间的矛盾，促使技术得以进化和完善；从技术外部来看，社会经济发展的需求是推动技术发展的重要动力，科学的进步是另一个动力。④ 范颂祥、万君康认为，技术发展是各种动力因素相互作用的结果。概括地说，有技术系统的内在动力、科学推力及需求拉力。内在动力表现为在技术系统内部存在着自身的层次结构和运

---

① 刘则渊，王海山．论技术发展模式［J］．科学学研究，1985（4）：10－22.

② 远德玉，陈昌曙．论技术［M］．沈阳：辽宁科学技术出版社，1986：194.

③ W. E. Bijker ect . The Social Construction of Technological System：New Direction in the Sociology and History of Technology［M］．Cambridge mass：MIT Press，1987：136－145.

④ 盛世豪．试论技术进化和技术体系的演变［J］．科学管理研究，1989，7（3）：44－47.

行机制，它们所形成的技术内部的逻辑规律性遵循着客观的自然规律，反映着一定的社会生产方式。科学推力主要体现为科学理论成为技术发明的先导，技术成为科学理论的产物。需求拉力表现为需求是人们发展生产、技术、工艺以及变革整个技术系统的动机。①

由此可见，技术发展的动力机制是从技术内部的逻辑规律性和社会需求的角度来分析的。技术内部的逻辑规律性更多地体现在技术发展的周期模式和进化模式中。从本质上说，技术是人们为了进行物质生产和社会生活而开发和利用的手段和方法，因此它总是作为存在于一定社会关系和经济关系中的一个实在要素而同广阔的社会需要密切地联系着。这意味着技术只有作为社会的技术才有存在的价值。从技术发展的社会因素即社会依存性来看，社会对技术发展的推动作用主要表现在社会生产和生活不仅向技术提出广泛多样的社会需要，而且也为技术的社会存在提供了客观条件，从而规定了一定时期内技术发展的规模、速度和整个技术体系中各类技术优先发展的先后序列。

社会需要是技术发展的“加速器”。技术是由社会的需要而诞生的，社会的需要又促进技术的发展。也就是说，技术的存在和发展，首先取决于社会提出的技术需要。技术在满足社会需求的同时，也促进了科学、技术和经济、社会以及人类自身的发展。据说，遥控器的开发源于人们对于电视商业广告的反感。美国顶峰（Zenith）公司的总裁尤其痛恨电视节目频频被广告打断，在他的领导下，顶峰公司在1950年开发出了世界上第一个有线遥控器，在1955年又研制出了世界上第一个使用光学传感器的无线遥控器，后来又发明了超声波遥控器以及红外线遥控器。今天遥控器已经成为家电产品的标准配置。利用手持遥控器把电视从一个频道换到另一个频道也成了电视给人们带来的欢乐之一。在强调社会需要是技术发展的动力时也应当看到，技术发展也会造成新的社会需要，推动社会需要的发展。

（二）周期模式

1985年，刘则渊在《论技术发展模式》一文中分析了技术发展的周期模式。② 无论是单元技术的发展，还是技术体系的发展，都呈现出一定的波动性与周期性，即S形规律。技术在自身的生命周期内功能能力增长的

① 范颂祥，万君康．技术进步的动力机制研讨［J］．科技管理研究，1990，8（4）：9－11.

② 刘则渊，王海山．论技术发展模式［J］．科学学研究，1985，3（4）：10－22.

横向波动（功能横波）和在各种相关社会因素相互促进、交替高涨的历史周期内因果链条上的纵向波动（历史纵波），二者彼此交融、互相渗透，构成技术发展的周期模式。

1987 年，邓树增提出了单项技术发展的 S 形模式。[①] 他认为每一项技术在时间序列上都有一个发展过程，就像任何生物都有自己的生命周期一样，技术也有自己的生命周期。这种生命周期也是一个 S 形曲线。该 S 形曲线由 4 段组成，第一段为开始期，是新技术产生后的缓慢发展阶段；第二段为加速发展期，标志着新技术发展进入加速增长阶段；第三段为转变期，标志着加速发展后的技术将会减慢发展速度，从而进入减速增长阶段；第四段为饱和期，标志着该项技术进入稳定平衡的发展阶段，并在平衡中潜伏着新的飞跃。

常立农以 S 形模式为依据，探讨了技术体系的发展模式，即某一领域的技术成长过程实际上是一系列单项技术的无数“S 形曲线”的叠加，其发展在整体上表现为不断起伏上升的过程。例如，考察电子计算机技术系列的连续更替过程就可以发现，它呈现出从电子管→晶体管→集成电路三种不同类型计算机计算速度的发展趋势。

可以说任何一项技术都是以一系列技术的存在为前提的，即一项技术总与其他技术有着某种联系，这种技术系列或技术体系就是技术的自然存在方式。对于特定的技术来说，它的产生首先由其赖以存在的技术体系决定。已有的技术相互关联而构成一种“技术生态”或“技术势”，体系的力量可能导致新的组合，即新的人工制品。正如斯蒂格勒对吉尔的思想的理解：“构成发明的各种可能的选择依体系的制约而实现于某时某地，同样，体系又受一定的外在条件制约”。[②] 从纵的方面来看，技术的产生与发展经历着从个别、分散的技术到逐步实现技术体系化的过程，这也是技术从低级向高级发展的过程。从横的方面来看，一项技术的出现会导致相关技术的不断变化，这种变化会从小的范围逐渐扩散到更大的空间，进而引起整个技术体系的变革。

（三）进化模式

美国技术史专家乔治·巴萨拉认为，技术世界中普遍存在着连续性，

---

① 邓树增．技术学导论［M］．上海：上海科学技术文献出版社，1987：71.

② 谢咏梅，邓磊．关于技术进化的个案研究［J］．自然辩证法研究，2006，22（9）：45－48.

新的制品是由先前的制品演化而来。他通过与生物进化进行类比，构造了技术发展的进化模式。巴萨拉在考察技术发展史的过程时得出这样的结论："现存最古老的人造物是石器。它们处在人类刻意排列的一系列相互勾连、有分叉的、不间断的人造物序列的最前端。这些系列的个别分支可能走入死胡同而停止了发展，但人造物中更大比例的制品的发展却从未中断过。包容了千变万化的复杂事物的现代技术世界，可以追溯到人类文明的开端和最早的人类制造品，它只不过是延续性的最新翻版。"①

远德玉的《科学技术发展简史》一书中有这样一句话："有人估计，现代人衣、食、住、行所需要的技术，约有70％可在原始的技术发明中找到它们的原形。"② 这里其实就表明技术的发展在总体上有着一定的继承性、连续性和累积性。法国哲学家让·拉特利尔认为："技术一般来说是一种进化的过程，在很大程度上是累积性的，但是，现代技术由于同科学的相互作用，却具有一种与科学十分相似的特殊的进化模式。"③ 德国著名的技术哲学家F. 拉普认为："技术成就有累积性，一个新获得的见解、程序和设计都会扩充已有的技术储备，从而成为将来的技术革新所要依据的技术能力和技术知识的一个组成部分。"④ 我国著名的技术哲学家陈昌曙在谈到技术演化的周期兴衰时也认为："技术是在连续不断的累积中发展、日趋完善和高级化的，技术功能的累积进步也可作为技术发展的一个特点，这个特点与科学知识的累积增长是相似相通的。科学技术进步的累积性，表现于其总在增长其高度层次，少有高峰更无顶峰，因而又最有活力，最富生命力。"⑤

王金柱指出，技术的发展是连续性与间断性的统一。由技术的历史考察可以看出，任何技术的出现都要经过长期积累，新技术总是在原有技术的基础上发展起来的，技术有世代相承和连续发展的历史，技术发展过程中又有连续性的中断，在连续发展的序列中显现出间断性，基于技术发展的连续性和中断性，产生了技术发展的两种形式：技术发展的连续性表现为渐进式，即技术改进和技术革新；技术发展的阶段性表现为跃进形式，即技术革命。技术改进和技术革新是指在原有技术基础上作出局部性技术

---

① 乔治·巴萨拉．技术发展简史［M］．上海：复旦大学出版社，2000：33.

② 远德玉，丁云龙．科学技术发展简史［M］．沈阳：东北大学出版社，2000：3.

③ 让·拉特利尔．科学和技术对文化的挑战［M］．北京：商务印书馆，1997：145.

④ F. 拉普．技术哲学导论［M］．沈阳：辽宁科学技术出版社，1986：118.

⑤ 陈昌曙．技术哲学引论［M］．北京：科学出版社，1999：155.

变革，技术改进是对已有技术作程度不同的改变和补充，技术革新以技术发明为前提，表现为技术要素的完善，或者技术要素之间的关系的优化。技术革命主要是指改变社会生产技术基础的整个技术体系的根本性变革（有时指某一技术领域或某一技术系统中出现的以构成技术发展产生飞跃或质变的重大突破）。[①] 盛国荣从累积效应入手，分析了技术发展过程中的技术累积效应及由此而带来的技术革命，指出技术的发展是连续发展的累积性过程和非连续发展的革命性过程的统一。[②]

在生物的进化过程中，选择是一个重要步骤，达尔文把它概括为物竞天择、适者生存。在技术进化的过程中，选择也是一条重要的机制和一个重要的手段和过程。巴萨拉认识到，生物的进化与技术的进化有本质的区别。例如，在选择机制上，生物的进化是自然选择的结果，自然选择带有很强的随机性；技术进化更多的是人为选择的结果，带有很强的目的性。巴萨拉用进化作类比，探讨了经济约束、军事需求、道德压力、政治控制和文化价值、时髦和流行的力量对技术选择的影响，并认为最终获选的是与社会价值观和预期需求相一致并顺应了该社会当时对“好生活”所持看法的那些项目。[③]

韩小谦认为，在技术进化的过程中，在其方式和方向上总会形成多种可能性和趋势，可以发生许多“盲目的变异”，这些众多的变异提供了对原有“遗传”突破的前提和机制，技术发展的必然性则体现在人们对技术自身盲目变异的“选择保留”中。一定的历史时期，同一类或同一方向的技术发明往往是很多的，可是“发明某物只是意味着给社会提供一种可能性，社会才决定这种可能性是否值得实现”，并在一定程度上决定它是否能最后实现。[④]

盛世豪认为，技术发展的选择机制是指确定和影响技术轨道的因素，可分为定向机制和向心机制。定向机制是指确定技术目的从而从功能上对技术发展方向进行控制的因素，它主要是由技术环境决定的。从另一个角度来看，定向机制也是社会价值标准的一种体现。向心机制保证技术发展

---

① 王金柱．技术的自组织特征分析［J］．系统科学学报，2006（2）：84－89.

② 盛国荣等．论技术发展过程中的量变和质变现象——累积效应与技术革命［J］．自然辩证法研究，2005，21（7）：47－50.

③ 乔治·巴萨拉．技术发展简史［M］．上海：复旦大学出版社，2000：157－172.

④ 韩小谦．技术的必然与自由——历史唯物主义视野中的技术发展［J］．西南民族大学学报（人文社科版），2006（12）：127－131.

过程中各要素和结构的发展与技术目的的一致性，使技术努力向结构的完善、稳定发展。它是技术自律性的一种表现方式，保证了技术发展过程中的连续性。①

（四）系统模式

“系统”是一个古老的概念，但从贝塔朗菲开始，系统才真正具有了明确而科学的定义。尽管国内外学者对“系统”概念的表述有若干形式，但都离不开“整体性”“功能性”“关系性”或“相互作用”等词语，它们是系统概念的主要内涵。② 随着系统科学的发展，在当前关于技术哲学的讨论中，技术的体系化特征、技术与众多相关因素的关系备受关注。技术体系作为技术在社会中现实存在的方式，是社会的一个有机组成部分。如果把影响技术体系的众多社会因素整合为一种“环境”，可称其为技术体系的“外部环境”。相对于“外部环境”来说，技术体系还有一种促使其自我增长的“内部环境”。技术体系的发展既要吸取“内部环境”之中的信息，也要吸收“外部环境”的信息。同时，技术体系的发展还在于自身的发展信息不断向“外部环境”进行反馈。由此可见，技术发展的系统模式的关键在于，通过研究技术体系的内在逻辑和技术体系与外部世界的关系，来揭示技术体系的发展规律。

贾凤亭以系统科学为理论依据，阐释了技术系统的演化。③ 所谓技术系统的演化，是指技术系统的结构、状态、特性、功能等随着时间的推移而发生的变化。

王金柱则认为，技术系统内部自组织机制是技术发展的主导力量，外界因素将以物质、能量和信息输入的方式或控制参量的身份参与技术系统的演化。④ 技术发展的直接动力是技术系统的基本矛盾——技术目的与技术手段的矛盾；外在动力是人类的一般目的，通过技术系统而转化为技术目的，技术目的的实现由技术手段的创造而获得。正是技术系统的基本矛盾规定了技术演化的发展方向。技术在发展的过程中既要受到自身自组织

---

① 盛世豪．试论技术进化和技术体系的演变［J］．科学管理研究，1989（3）：44－47.

② 所谓系统，就是指以相互作用关系联系在一起的若干要素所组成的功能性整体。刘敏．系统科学“整体论”思想进路及意义研究［D］．南京：南京大学，2007：61.

③ 贾凤亭．技术系统演化的哲学分析［J］．辽宁工程技术大学学报（社会科学版），2004（2）：117－119.

④ 王金柱．技术自组织演化机制和序参量［J］．自然辩证法研究，2007（4）：47－49.

机制支配，又要受到自然规律的制约和人类不断变化的需求的影响，技术自身的发展是与人类社会和环境的发展同步的。

另外，《技术系统进化的动力机制初探》《技术发展的自组织过程探讨》《技术系统自组织演化分析》等文章[①]都自觉地运用系统科学和自组织理论来研究技术的发展，探讨了技术系统的自组织机理以及人类社会和环境系统对技术发展所起的巨大作用。

系统模式为研究技术体系发展的内在逻辑性指明了方向，因为技术体系是一个非线性、复杂的立体网络结构。但目前鲜有以系统论思想为指导，探讨人类社会和外部环境对技术发展影响的文献。技术哲学的奠基人F. 拉普认为："由特殊的文化制度、法律制度、社会结构和政治力量构成的社会，根据给定的技术知识和技能，考虑特殊的价值和目标观念，运用物质资源，在经济过程的框架内生产和应用技术系统。然后，这个过程又反作用于以前的技术系统，从而促进技术进一步发展。……具有决定意义的不是描述所讨论的元素、因素、条件或原因的特殊方法，而是所有这些不可忽略的因素所构成的环境，它们总是在整体中起着各自的作用。"[②]

上述关于技术发展模式的研究从不同侧面、不同视角进行了探讨，在不同程度上反映了技术发展的某些规律，对理解技术的发展起到了有益的指导作用，是进一步研究的基础。我们认为，以技术体系为研究对象，把技术放在社会这样一个背景中加以研究，这样，既强调了技术体系发展的内在逻辑性，又重视其赖以生存的外部环境对技术体系的发展产生的影响，只有这样研究技术的发展规律，才能把握其本质意义。

二、实践中的技术教育化规律考察

在教育的演进过程中，技术的发展既是其推动力量，同时它们自身在教育中的作用和地位也发生了变化，也就是说，教育与技术之间是相互作用的，既包含教育的技术化过程，也包含技术的教育化过程。颜士刚和李

---

① 陈来成. 技术系统进化的动力机制初探［J］. 系统辩证学学报，1995（4）：48－50. 秦远建. 技术发展的自组织过程探讨［J］. 系统辩证学学报，1997（3）：86－88. 秦书生，陈凡. 技术系统自组织演化分析［J］. 科学学与科学技术管理，2003（1）：34－37. 王金柱. 技术的自组织特征分析［J］. 系统科学学报，2006（2）：84－89.

② F. 拉普. 近代科学技术为何恰恰在欧洲兴起［J］. 自然科学哲学问题，1989（2）：17－21.

艺在《论教育技术化是技术教育价值的实现和彰显》[①] 一文中论述了教育技术化的内容，本书则从技术教育化的角度来思考教育与技术之间的关系。

（一）对技术教育化的理解

在《辞海》中[②]，“化”是指转变成某种性质或状态，如现代化、信息化、社会化等。中国现代化研究专家、北京大学已故教授罗荣渠在《现代化新论》一书中归纳了世界各国学者关于现代化的解释，他认为：“从历史的角度来透视，广义而言，现代化作为一个世界性的历史过程，是指人类社会从工业革命以来所经历的一场急剧变革，这一变革以工业化为推动力，导致传统的农业社会向现代工业社会的全球性的大转变过程，它使工业主义渗透到经济、政治、文化、思想各个领域，引起深刻的相应变化……作为人类近期历史发展的特定过程，把高度发达的工业社会的实现作为现代化完成的一个主要标志也许是合适的。”[③] 所谓信息化，就是人们在一个系统中推动信息技术应用，并依此信息技术推动信息资源的传播整合和再创造的过程。教育信息化就是依据学校教育教学的需要，应用信息技术，将传统的教学模式加以数字化和改进，其目的是为了提高学习效率和共享教育资源。[④] 狭义的社会化是指个人接受社会文化并被社会认可的过程。广义的社会化是指个人学习社会文化、扮演社会角色并形成人格的整个一生。[⑤] 可见，“化”是一个过程，是一种转移。

技术教育化“化”什么？这是我们要追问的问题。概括地说，技术教育化就是将技术转化为“教育中的技术”的过程，是技术向教育的性质或状态进行转变的过程。在此过程中，教育主体运用其智慧，使之作用于技术，使技术具有了教育的某些本质属性，或者说表现为教育的状态。“走向”教育为这个过程的终极目的。

---

① 颜士刚，李艺．论教育技术化是技术教育价值的实现和彰显［J］．电化教育研究，2007(12)：9－12.

② 董传升．“科技奥运”的困境与消解［D］．沈阳：东北大学，2004：16－18.

③ 何传启．什么是现代化？［EB/OL］．［2008－09－25］．http：//www.cas.ac.cn/html/Dir/2002/08/21/4717.htm.

④ 信息部（2005）．信息化概念知识［EB/OL］．［2008－09－25］．http：//jxic.jiangxi.gov.cn/Html/200574101846－1.html.

⑤ 社会化意义［EB/OL］．［2008－09－25］．http：//course.cug.edu.cn/cugThird/sociology/chapter04/chapter04－1－2.htm.

“技术教育化”是一个过程，是一种转移，但是这个过程和转移却并不是必然发生的结果。只有当事物发展变化满足了三个基本条件之后，“教育化”才可能发生。第一个基本条件是，技术是社会的技术，社会是技术的社会，技术作为社会系统中的基本要素，与社会系统的各个方面相互作用、相互影响。教育社会学者一方面从来不认为现实中存在着完全独立于“社会”之外的“教育”及可将“教育”剔除在外的“社会”；但一方面又不得不首先在思想上把“教育”从整个社会系统中“分离”出来，将之视为一种相对独立的变量①。正因为如此，才会导致技术发生变化，即发生“技术教育化”。第二个基本条件是，技术教育化过程的前提是教育系统“主动”调整自身结构，并且“主动”放弃了一些本质属性来适应技术本质属性的要求，为“引进”技术属性创造出一个双方衔接的“接口”，然后再由技术属性与原来的部分属性共同构成一个新的属性，即主体寻求的技术属性替代行为。从另一个角度来看，技术教育化过程是技术扩张行为的必然结果，是技术获得发展条件、维护自身利益的一种手段。所以，技术自身发展扩张的需求以及衍生的各种需求成为“技术教育化”的第三个基本条件。

作为一个独立、具足的教育系统，在它健全的运行过程中，总能起到两方面的作用②：一是关注“人”本身，注重伦理、道德、理想、艺术、礼仪等方面的培养；二是关注现实，为现实社会的发展、个人的生存提供智力支持。例如，古希腊在早期设置的课程中就既有语法、修辞、逻辑，也有算术、几何、天文、音乐；我国从周朝开始，在教育中就十分强调“六艺”，即强调礼、乐、射、御、书、数六门功课的学习。19 世纪，洪堡在创办柏林大学的时候，对教育的功能提出了以下两个方面的要求：一是培养具有独立思想与自由意识的思想者；二是培养具有某种知识特长的特殊人才。毫无疑问，教育以它对人的精神因素的特别关注和对人性的张扬，引导着技术教育化过程的方向。

技术教育化是技术应用于教育的实践方式和发展的状态，是在时间和空间上的动态展开，是教育中技术实现的程序。技术教育化过程实质上是以技术为推动力，使技术工具和手段、方法、价值观念等渗透到教育系统的各个领域，并引起深刻的相应变化。这一方面是教育发展的必然结果，

① 吴康宁．教育社会学［M］．北京：人民教育出版社，1998：52.

② 朱晓江．教育的技术化倾向及其述评［J］．辽宁教育研究，2000（10）：23－26.

技术的发展影响、制约着教育的发展，教育系统通过技术教育化过程，使技术的本质属性也成为自身的本质属性的一部分；另一方面规定了技术在教育中的发展方向——向教育方向运动，由教育属性来重新规定技术的存在状态。理想化的技术教育化过程应当是教育与技术之间的相互作用的过程。深入探讨和系统阐述技术教育化过程，有助于我们从全程的、内在的、双向的视界来把握教育与技术之间的联系；对技术教育化过程的研究将为教育系统应用技术、开发技术提供一种新的思维范式。

因此，对技术教育化的过程的研究，是非技术中心的。本书的出发点不是技术，而是关注技术在教育系统中是如何发展的，关注技术在教育系统中是怎样协调教育关系的，这就需要把教育系统中的技术活动放入教育——技术系统的框架下，透过教育系统中的技术形态看技术功能，进而将技术的功能与教育活动联系在一起，以便认识技术的教育化过程。

（二）技术教育化过程的基本规律探索

1. 结构与功能的有机统一①

在哲学和系统科学中，“结构”一词的使用，有广义和狭义之分。广义地说，“结构”一词表示一个系统的组成要素，以及这些要素之间的组织或相互关系。狭义地说，“结构”一词指的只是系统所包含的诸元素之间相互关系的总和，而不包括元素本身。广义地说，世界上任何一个系统，无论自然系统或人工系统，它们的结构就是其元素与关系的集合。技术结构的概念主要是在广义上使用的，即包含其内部组成要素以及这些要素之间的相互关系。例如，一辆汽车的结构就包含它的部件（如汽缸、轮胎、方向盘等），以及这些部件之间的相互联结、相互耦合、相互作用组成的体系。

如果说结构是从内部的组成和关系上来认识客体或系统，那么功能便主要是从外部的关系与作用来认识客体或系统。一个系统在与其他系统以及与外界环境的相互关系中所呈现的变化、所具有的能力与倾向、所表现出来的行为，称为该系统的功能。技术功能所说明的问题是“为了什么”的问题，即这个技术为了什么目的，对人们的需要与要求起到什么作用等。所以技术功能的概念是不能脱离使用者的意向性行为来定义的，它正是在

---

① 张华夏，张志林．技术解释研究［M］．北京：科学出版社，2005：64－66．马会端，陈凡．试论技术客体的二元性［J］．东北大学学报（社会科学版），2003（2）：82－84．

这个语境中建立自己的意义的。例如，“钟表”有各种各样的，机械钟、电子钟、日晷钟、水漏钟……它们之间的组成与结构完全不同，是什么将它们归入同一类呢？是它们的计时功能。

技术的结构表征着技术要素在系统中的结合方式与地位作用，决定着技术整体的功能；功能是技术系统的意向性或倾向性行为。一般来说，人们首先考虑的目标是实现技术的功能，要实现某种功能，人们会选择不同的结构，选出最有利于实现特定功能的结构，而一定的结构有一定的运行原理和操作规程。也就是说，结构和功能是密切相关的，但要意识到，不能由结构描述推出功能描述，也不能由功能描述推出结构描述：我们不能从技术“是”什么推导出它“应该”做什么，也不能从它“应该”做什么推导出它必然“是”什么。虽然不能在理论上从“是”推导出“应该”，但克努斯认为工程设计者通过实践的推理能桥接这一逻辑鸿沟，事实命题（结构描述）与价值命题（功能描述）在设计者的实践活动中得到了统一。①

结构与功能的关系有三种形式：一种结构对应一种功能、一种结构有多种功能、不同的结构有相同的功能。第一种关系使一个技术系统与另一个技术系统区别开来，于是这就产生了形态各异的技术系统，它是技术系统多样性的根据。第二种关系说明一种技术形式会有多种效用，因此，我们在使用技术时应注意从多方面充分发挥它的功能。第三种关系是在生产过程中可以用一种技术形式代替另一种技术形式以完成某种作用的根据。②

对教育变革过程的研究表明，获得新的技术本身并不会带来变化，主要原因在于同一种技术在不同的情况下有不同的功能，而同一功能也可以由不同的技术来实现。例如，计算机不仅可以用来打字，也可以用来编辑图像、编写程序、网络聊天等；文字处理功能既可以用 WPS 软件实现，也可以用 Microsoft Word 软件实现。因此，要使结构与功能统一，则需要经过技术教育化的过程。

技术教育化的过程首先体现为结构依随于功能。这意味着一个技术客体的设计过程始自于一种功能的定义与功能的需求，以功能为出发点由某种指定的模型以一系列的步骤确定技术客体的结构。然而，技术教育化的

---

① 舒红跃．人造物、意向性与生活世界［EB/OL］．［2008－07－03］．http://hps.phil.pku.edu.cn/viewarticle.php?sid=2349&st=0.

② 魏建国，邹珊刚．技术的系统性特征［J］．系统辩证学学报，1996（3）：66－69.

过程是一个复杂的过程，起初确定的功能说明与需求时常会被重新考虑和重新调整，因为功能不可能在同一时间全部实现，这样重复就发生了，功能与结构相互黏结在一起。另外，从逻辑分析来看，结构依随于功能的原则意味着结构是功能的一种逻辑后果，或者说，物质结构逻辑地由功能需求所规定。例如，校园网技术（互联网技术在教育领域中的应用）是基于“合理问题解决的方式”，首先识别目标，并将目标与现存的实践进行比较，说明技术在实现这些目标的时候能够做什么。既然网络能把全世界连接起来，也一定能把一个学校连接起来组成一个校园网，但校园网连接有其特殊性（如带宽、资源共享程度等），需要把互联网技术恰当地改造成校园网。

技术的功能不得不从技术的结构或者依随于技术的结构而推演出来。因而我们可以认为，技术教育化的过程还体现为功能依随于结构。在互联网技术迅速发展和普及之前，远程教育过程中的信息反馈滞后，现在利用校园网技术可以方便地实现实时的师生交互和在线答疑，为远程教育的发展注入了新的生长点。

在技术的结构与功能之间并没有确定的因果对应律，如何才能使技术的结构与功能得以统一呢？我们认为，技术教育化过程可以使得技术客体的结构与功能之间的关系得以统一。可以作出如下两种陈述：① 技术具有某种功能，例如，现在许多文字处理软件都有在文档中插入注释的功能，是为了解决文档与注释分离的问题，这与特定的教育教学没有关系；② 技术可以应用于教育系统中，从而解决教育领域中的相关问题。教师在学生的文章中插入批注或评阅意见时，文档注释这一功能则具备了特定的教育目的。由此可见，行为规则②是置于因果关系①的基础之上的，而且此功能只能在技术客体的详细结构或设计的基础上被推导出来。因此，技术教育化的过程体现了从因果关系到实用主义规则的转换，从而使得技术客体的结构与功能之间的关系得以统一。也就是说，结构与功能统一的规则有两个前提：① 因果关系；② 基于因果关系的实用主义行动规则。

2. 内在逻辑与教育环境的统一

技术教育化过程的基本规律探索，需要通过研究技术体系的内在逻辑以及技术体系与教育环境的关系来揭示。

（1）技术体系的内在逻辑：自组织机制。

战国时代的学者韩非在《韩非子·外储说左·上》中记载了一个利用小孔成像原理制成世界上最早的“幻灯片”的故事：“有人为周君画风景

画，三年才成。周君一看，只见如刷了一层漆一般，纵纵横横的各色细线，根本看不清画的是什么，于是大怒。画者说：‘请筑十版之墙，凿八寸小孔，待太阳刚出时放在孔上看。’周君照做了，只见画上龙蛇、禽兽、车马，万物之状俱备，周君大为高兴。”① 这个故事说明在战国时代，利用光、孔的互相作用绘制影像已达到了相当高的水平。

幻灯机最早是作为传教士的传教道具出现的。1654 年，德国的犹太籍人基夏尔首次记述了幻灯机的发明，最初幻灯机的外壳是用铁皮敲成一个方箱做成的，顶部有一个类似于烟筒的排气筒，镜头和铁皮箱之间有一块可调节焦距的面板，箱内装有光源，最初的光源是烛光。最早的幻灯片是用玻璃制成的，靠人工绘画。19 世纪中叶，美国发明了赛璐珞胶卷后，幻灯片即开始使用照相移片法生产。幻灯机的工业化生产开始于 1845 年，光源也从最初的蜡烛，先后改为油灯、汽灯，最后改为用电光源。19 世纪末，幻灯机被广泛应用于教学领域，后来逐渐被新兴的数字投影仪所取代。② 现阶段，PowerPoint 演示文稿加投影仪替代了传统的胶片和幻灯机，在教育领域发挥了重要的作用。从中可以看出，技术体系的演化总体上有两种情形③：一种仅指技术系统的结构或形态向另一种结构或形态转化（如幻灯机到投影仪）；另一种是指包括技术系统从无到有的形成，从不成熟到成熟，从一种结构或形态到另一种结构或形态的转变，以及技术系统的退化，直至消亡等。技术系统演化的路径可以分为线性路径和非线性路径两个阶段。技术系统以线性路径演化时，呈现出渐进的、积累的、连续的过程，没有发生技术系统的跃迁（或突变），强调的是秩序性；技术系统以非线性路径演化时，呈现出突变的、跃迁的、非连续的过程，强调的是非秩序性。技术系统演化一般有两种结果：一是新增层次的形成，即技术系统在原有的层次基础之上，不断地增加其高度层次，即技术系统的结构演化，如投影仪取代幻灯机；另一种是新层次结构关系的形成，即技术系统的功能的演化，多表现为技术系统的涌现或突变，在具体技术上则表现为技术革命及技术创新，如 PowerPoint 演示文稿对传统胶片的替代。

---

① 世上最早的幻灯片［EB/OL］.［2007－12－06］. http：//cn. chiculture. net/1504/html/d07/1504d07. html#.

② 百度百科之幻灯机［EB/OL］.［2007－12－06］. http：//bk. baidu. com/history/id＝239245.

③ 贾凤亭．技术系统演化的哲学分析［J］．辽宁工程技术大学学报（社会科学版），2004（2）：117－119.

一般来说，系统最重要的特征分别是整体性、层次性与自组织性。[①]技术发展史表明，技术系统具有自创生、自生长、自适应、自复制等自组织特征。技术系统自组织是指一种有序的技术结构自发形成、维持、演化的过程，即在没有特定外部干预下由于技术系统内部的组成成分相互作用而自行从无序到有序、从低序到高序、从一种有序到另一种有序的演化过程。技术系统自组织的“内部”程序是技术的规则性、有效性、合理性等。[②]

（2）教育系统环境。

技术体系发展的内在逻辑表明，技术体系是一个非线性、复杂的立体网络结构。技术演化的根本动力来自于系统内部的观点，体现了技术系统自组织演化的系统本质，但强调这个本质并不排斥人类社会和环境系统对技术的发展所起的巨大作用。侧重于从教育系统环境来考察技术教育化过程，需要把教育中的技术活动放入教育—技术系统的框架下，透过教育中的技术形态看技术功能，进而将技术的功能与教育活动联系在一起，从而有助于认识技术的教育特性。

系统的环境是系统生存和发展的全部外界条件的总和。系统的要素与环境的根本区别就在于是否参与了系统质的直接建造。[③] 因此，我们把教育系统环境锁定在与技术教育化相联系并对其起作用的周围事物上。用系统和环境的关系理论来考察技术教育化的周围事物，技术教育化的要素为技术、教育主体和教育实践，关于它的环境因素可以通过对这些要素的分析来得到。技术教育化的三要素在技术教育化过程中不是静止的而是进行着一连串的运动。第一阶段是教育主体选择技术阶段，它所受的影响主要来自于教育主体的接受水平以及接受欲求、教育实践的发展水平等。第二阶段是生成阶段，在这个过程中，最重要的环境因素是学校的管理方式、氛围等。第三阶段是发展和创造阶段，环境因素主要有教育理论和教育实践的发展水平、教育改革思潮等。另外，国家的教育政策、民族的文化氛围、国际教育环境会对教育系统产生影响，从而也对技术教育化产生影响。最后，技术教育化的最外层环境——社会大系统也在对其起着作用。

3. 教育目的与技术手段的有机统一

从教育的角度来透视，技术教育化是以技术为推动力，以教育目的为

---

① 刘敏．系统科学“整体论”思想进路及意义研究［D］．南京：南京大学，2007：95.

② 秦书生，陈凡．技术系统自组织演化分析［J］．科学学与科学技术管理，2003（1）：34－37.

③ 陈平水，成宁波．教育知识实在化环境因素的理论分析［J］．教育理论与实践，2005，25（7）：8－10.

根据，使技术渗透到教育领域中，引起教育系统相应变化的过程。从技术系统内部来看，真正起作用的是技术目的与手段的矛盾，而这个矛盾的中心在于技术目的的设定，技术目的的实现由技术手段的创造而获得。[①] 技术教育化过程由教育属性来重新规定技术的存在状态，教育目的制约着技术目的，由此可见，技术教育化过程的基本矛盾是教育目的与技术手段的矛盾，规定了技术教育化的发展方向，而由这一基本矛盾所引起的问题指引着技术教育化的研究方向，即以教育目的为中心，通过技术手段的利用和创造来推动技术教育化进程以满足教育需求，并最终推动教育系统的发展。

（1）教育目的。

“教育目的”是教育基本理论中的一个重要概念。教育目的理论主要探讨教育应该培养什么人或教育所培养的人应该具有何种素质的问题。[②] 许多教育学家从教育哲学层面探讨教育目的理论范畴，如“内在的”教育目的与“外在的”教育目的、“个人本位的”教育目的与“社会本位的”教育目的、“应然的”教育目的和“实然的”教育目的等。刘梓良则从个体自身发展的矛盾、个人与社会之间的发展的矛盾的角度，对教育目的进行了理性反思：以社会主体的道德需要为指向的教育目的，所着重强调的是人的精神的存在，他们所追寻的人是“道德理性人”；以社会客体发展需要为指向的教育目的，所着重强调的是人的社会存在，他们所追寻的人是“现实社会人”；以个体生存需要为指向的教育目的，所着重强调的是人的自然存在，他们所追寻的人是“生活自然人”。这三种指向的教育目的，在各自的理论论证中，虽然不乏互有联系之处，但是，从作为建构完整的人的教育目的而言，却是在不同程度地割裂了“生活自然人”“现实社会人”和“道德理性人”的密切联系，未能建构出一个全面、完整而又系统、合理的教育目的观。[③]

杜威强调“教育本身无目的”的教育观，并不是说教育真的无目的，而是说教育的目的是内在于教育自身的，是根据现实的社会和人以及他们的需要，尤其是实现这种需要的可能性获得自身目的规定性的。教育目的

---

① 王金柱．技术自组织演化机制和序参量［J］．自然辩证法研究，2007，23（4）：47－49.

② 蔡国春．我国教育目的理论的若干实践范畴探讨［J］．教育理论与实践，2002，22（10）：1－4.

③ 刘梓良．关于教育目的的理性反思及价值定位［J］．教育理论与实践，1999，19（6）：22－26.

中深藏着教育是其所是的那个“是”，在既有社会和人的存在条件下生成的意象性（目的）引领下生成（新）社会和（新）人的过程就是教育的“是”，其核心动力是社会和人的需求。由此可见，现实的人及其生存于其间的现实社会乃教育目的的终极根据。然而，在很多情况下，教育是人们实现其他目的的手段，由此产生了教育目的的工具性引申内涵，即参与教育活动的主体对通过教育活动所要达到结果的规定。例如，美国的《国家在危急中：教育改革势在必行》、我国“科教兴国”的口号等都隐藏着通过教育实现国家发展的目的，这种教育目的多是引申而来的，具有强烈的工具性取向。[①]

（2）从教育目的到技术目的。

教育目的虽然是技术教育化过程的基本动力，但必须转化为特定的技术要求，提出明确的技术目的，并具有达到这种目的的手段，技术教育化过程才可能发生。技术本身不是目的，在技术（手段）逐渐成为教育中的技术的过程中，技术目的也逐渐得到实现，即技术目的的实现也是一个过程。技术目的在技术形成与发展过程中是不断变化的，技术目的的变化就会导致技术手段的变化，由此产生技术的不同形态。

教育目的在技术教育化过程中具有以下三种作用：其一，“它指导技术教育化过程”，使技术与教育体系内部不同部分之间联结起来；其二，“目标不仅应该提供技术教育化的方向，而且应该推动它……只有指导，而不推动的目标，只能说是一半有效而已”；其三，“提供评价技术教育化过程的标准”。[②] 教育主体在教育目的的引导下活动，通过自身的创造性来把握教育中的技术的发展规律，发现问题，把教育目的转化为技术目的，寻求解决途径，教育主体的创造性就在于发现矛盾并遵循矛盾的发展规律而一步一步导引技术向前发展。

工业革命的到来使班级教学形式应运而生，这虽然大大提高了教育工作的效率，但由于采用统一教材，而且这种教材包含的知识主要是人类的经验，对学生来说具有间接性，特别是当时的教学内容增加了许多自然科学的知识，仅仅靠语言和文字作为传播媒体，学生不易理解。在这种情况下，一类专门以向学生集体提供感性经验为目的的教学媒体——直观教具

---

① 方建锋. 论教育目的的本真与变异［J］. 教育研究与实验，2002（3）：6－10.

② J. S. Brubacher. 教育目的的基本理论问题［A］. 瞿葆奎. 教育学文集·教育目的［M］. 第4卷. 北京：人民教育出版社，1989：319－320.

便开始获得开发和使用。被西方教育家誉为“直观教学之父”的捷克教育家夸美纽斯把英国哲学家 F. 培根的唯物主义感觉论运用于教学，认为“知识的开端永远必须来自感官”“在可能的范围之内，一切事物都应该尽量地放到感官跟前……假如有一件东西能够同时在几个感官上面留下印象，它便应当和几种感官接触……假如事物的本身不能做到，便可以利用它们的模型图像”。① 1685 年，夸美纽斯编写了一本附有 150 幅插图的教科书《世界图解》，他在书中把图片、本国语和拉丁文结合在一起，书中的每一页中一半是各种事物的图片，一半是涉及图片的两种文字，力求使文字的意义形象化。② 由于社会生产和科学技术的发展，以及直观教学理念的推动，直观教具得到迅速推广，如图片、实物、模型、黑板、幻灯机、投影仪、PowerPoint 演示文稿等。从这个过程来看，技术目的一旦形成，便展开了自身的逻辑，主体以此目的为中心，通过自身的创造性而解决一系列相关矛盾，最终达到目的。主体的创造性是在教育目的指引下的创造性，是遵循着技术发展逻辑的创造性。偏离了教育目的和技术发展的轨道，创造性便失去了方向。由此可见，技术教育化过程受到教育目的的约束，同时也受技术本身发展规律的约束。

教育目的的终极根据是现实的人及其生存于其间的现实社会。而技术发展的本质在于使人实现人性及个性的自由发展并最终获得全面自由。技术的发展并不是最终的目的，人的发展才是技术发展的本质。人类在技术发展中“继续着自己的自由之路”。如 Henryk Skolimowski 所指出的那样：技术是诞生于关于自然的、进步的、世界之决定论结构以及人类结局的特定观念。③ 从这个意义而言，教育目的和技术手段是统一的。

---

① 夸美纽斯. 大教学论［M］. 傅任敢，译. 北京：人民教育出版社，1984：156－157.

② 章伟民，曹揆申. 教育技术学［M］. 北京：人民教育出版社，2000：14.

③ Henryk Skolimowski. Extensions of Technology：From Utopia to Reality［J］. inLinda Taxis (ed.). Man, Society, Technology, 1970：32.

第六章

技术教育化的过程探析

主客体关系学认为，所谓生物的进化，主要是指其调节主客体关系"功能"的进化。这种调节功能由两部分组成：一是主体内部的信息处理功能；二是外部的趋利避害功能。信息处理功能又分为三个等级：感应、感知、思维；趋利避害功能与之相对应也有三个等级：第一是适应，第二是利用，第三是创造。[①]进化整体论则把自然界的进化看做是生成的过程，该过程可概括为以下三个主要阶段。[②] 一是自选择阶段，即具有进化优势的突变体作为偶然涨落而出现，并通过自复制实现自我选择。二是自组织阶段，即经选择生成的突变体通过自组织进行功能整合。选择出来的众多突变体经相互竞争、相互协同，功能慢慢耦合起来，并在此过程中逐渐建立起负反馈机制，最终生成总体稳定的封闭环。这样，突变体通过自组织成为一个整体，从而作为更大循环功能整合的单元进入更高层次的进化过程。三是自稳定阶段，即在高度关联的组织中，经过不同层次因果的反馈循环、自我选择和组织，自催化与交叉催化嵌套起来，突变体组织成的多重循环逐步地强化并自我稳定。超循环所揭示的进化实质上是一种生成的过程，即生命发生及其完成的过程。以达尔文进化论为依据的主客体关系学关注的是渐变问题，是一种保守的线性自催化，而以现代系统科学为依据的进化整体论关注的是系统演化中的突变特性和生成问题。系统科学的发展为研究技术发展的内在逻辑性指明了方向，因为技术体系是一个非线性、复杂的立体网络结构。

---

① 《主客体关系学系统丛书》撰写组．教育是什么［M］．北京：商务印书馆，2000：序3.

② 李曙华．系统生成论体系与方法论初探［J］．系统科学学报，2007（3）：6－11.

以系统科学为依据，从“选择→生成→演化”三个阶段来探讨技术教育化的具体过程。

一、技术教育化过程中的选择

“选择”作为一个社会科学的范畴，早已为研究者所广泛使用。从马克思主义的角度来看，在劳动过程（以及其他社会实践活动）中包含的选择出现在两个环节中：第一个环节是选择目的，人的劳动是设定目的并实现这一目的的活动；第二个环节是选择可供实现这一目的的相应的手段。人的这种目的论活动是社会存在所专有的内容。马克斯·韦伯曾经对选择作过这样的界定：“个人或者某几类人为了生活或者生存机会而进行的、在意向上没有斗争企图的相互对抗的（不稳定的）生存斗争，应该称为‘选择’：只要涉及生活中的生活者的机会，就叫‘社会选择’，只要涉及遗传特征的生存机会，就叫‘生物选择’。”[①] 选择，即广义的有机体所固有的能动、积极的活动方式。[②] 主体选择系指主体根据自己的客观需要，以主观目的为中介，对事物、现象所作的判断、决策和取舍，以及在此基础上所进行着的有主观指向性的实践活动。

（一）一般意义上的技术选择

技术是不断发展的，对于发展中的技术，其成果是多样的，技术的现实的和潜在的多样性造成了发明与需求之间的矛盾，于是选择过程便必然发生。对技术的社会选择就是基于社会制约条件进行的对技术的选用和实施及判决性的鉴定，是技术从发明到应用中贯穿的一种社会抉择和判别。只有一些与特定的社会、经济、文化环境相适应的技术的革新与开发才能融入特定环境的洪流。首先，选择是有基本约束条件的而不是任意的。在市场经济中，一项技术的设计、开发和选择过程的第一约束条件是它在经济上是否有利可图。例如，蒸汽机和内燃机的使用、铁路运输的兴起及其没落等过程，经济因素在其中起着持久的作用。经济的选择因素还常常要与一定的文化的、宗教的和其他价值的观点相结合才起到作用。[③] 其次，由

---

① 刘精明．教育选择方式及其后果［J］．中国人民大学学报，2004（1）：64－70.

② 田鹏颖．主体选择是社会规律发展作用的内在机制［J］．求是学刊，1989（3）：6－8.

③ 张华夏，张志林．技术解释研究［M］．北京：科学出版社，2005：79.

于选择的执行者是人，是具有不完全信息的人，因此在既定的社会经济文化约束条件下，选择既非决定论的，又非纯随机性的，它是不充分决定的。

1960年，英国经济学家舒马赫针对发展中国家的状况提出了“中间技术”这一有代表性的技术选择理论。“中间技术”不是指特定专业的具体技术，而是指初级的、小型的技术形式。在他看来，发展中国家要引进的技术和生产方式最好能适合本国人民贫困落后的环境，并且要容易推广和消化，能提供较多的就业机会，所以这些国家及其企业最好选择中间技术。如果选用高级的、大型的最新技术，既需要巨额资金又难于消化，创造的就业机会也相对较少。但是舒马赫的选择标准引起了一些争论，持反对意见者认为，中间技术虽然可以创造更多的就业机会，但由于其生产率低、维修费用高、要求企业劳动者有高水平技能，对发展中国家并不适宜。1935年，法国哲学家雅克埃路提出了适用技术的选择理论，该理论到20世纪70年代才得到重视和流传。1975年，印度的雷迪把适用技术的目标归结为三点[①]：① 环境目标——节约能源和资源，做到尽可能使用可再生的资源，减少污染，求得生态平衡；② 社会目标——最大限度地满足人类最基本的需要，提供创造性和引人入胜的工作，能与传统文化相互交融；③ 经济目标——消除不均衡的经济发展状态，提供更多的就业机会，采用地方资源发展生产，生产地方消费的产品，并把经济引向分散经营。适用技术也不是特定专业的具体技术，而是一种技术选择的标准。它是国家、地区、企业技术发展的指导思想。适用技术可能是一种高技术、新技术，也可能是初级技术、传统技术。这种技术发展理论强调了技术的社会作用和环境影响，强调了技术选择基础和条件的特殊性。

以中国期刊全文数据库为例进行检索，检索年限设定为从1980年到2007年，检索项是“主题”，检索词是“技术选择”，在“文史哲”目录中的核心期刊中只检索到13篇文章，仔细浏览后发现相关度较高的文章有以下几篇。《论技术选择的多维性》[②] 探讨了自然、社会和人文因素在技术选择中的作用；《论技术的社会选择》[③] 主要考虑了选择主体（选择主体有国家即政府、企业和公众）的不确定性，以此为基础探讨了社会选择对技

---

① 陈昌曙，远德玉．技术选择论［M］．沈阳：辽宁人民出版社，1990：156.

② 常立农，李凯．论技术选择的多维性［J］．科学技术与辩证法，2007（1）：73－76.

③ 肖峰．论技术的社会选择［J］．自然辩证法研究，2000（5）：18－23.

术发展的意义；《技术价值系统分析》[①] 中指出，技术的社会选择形式主要有三种，即市场选择、政府选择和文化选择，文化以其特有的弥散性的渗透力，在观念、制度、器物层面上制约着人们的技术选择。由此可见，在哲学范畴中主要从普遍性、根本性的观点来讨论技术选择，是在较为概括的层次上研究问题。在“经济与管理”目录中的核心期刊中进行检索，设定的检索项是“篇名”，检索词是“技术选择”，检索到了120篇文章，如果将检索项改为“主题”进行检索，则可检索出414篇文章，从中可以发现在经济和管理类文献中一般会具体介绍定量方法（如投入产出法、价值工程方法、运筹学方法、数理统计方法等）。例如，《企业技术能力成长中技术选择的机制分析》[②] 中提出了技术选择的原则，认为在技术选择过程中，必须遵循系统性原则、动态性原则、兼顾经济和社会及生态效益原则以及先进性与适用性相结合原则等。《技术选择的评价与决策方法研究》[③] 中意识到对技术的评价和选择的决策是技术选择的核心工作，定量地给出了用于技术选择的评价指标和决策方法。傅家骥在《宏观技术选择》中，从技术分析、经济分析、环境分析和社会分析这4个方面探讨了宏观技术选择的分析内容，并以美国为节约石油而选择改善汽车燃料与开发合成燃料的技术选择为例，来对宏观技术选择进行说明。有时宏观技术选择并不一定能给出肯定的结论，它只是对各种可能采取的行动和政策作出客观的比较和分析，为技术选择提供参考。随后，傅家骥在《微观技术选择》中，分别从国家的角度和企业的角度探讨了产品的选择，提出了工艺和设备的三种选择方法：传统的费用效益分析法、投资收益率法、规模经济法。[④] 由此可见，在经济学范畴中一般是在经济学理论的指导下，主要考虑技术选择的实践层面的问题。

（二）技术教育化过程中的技术选择

以中国期刊全文数据库为例进行检索，检索年限设定为从1980年到

---

① 李宏伟．技术价值系统分析［J］．自然辩证法通讯，2003（1）：10－15.

② 饶扬德．企业技术能力成长中技术选择的机制分析［J］．科学学与科学技术管理，2007（5）：18－22.

③ 杨忠直，张世英，李光泉．技术选择的评价与决策方法研究［J］．中国软科学，1997（1）：121－124.

④ 傅家骥．宏观技术选择［J］．工业技术经济，1987（5）：1－5. 傅家骥．微观技术选择［J］．工业技术经济，1987（6）：1－5.

2007 年，检索项是“主题”，检索词是“技术选择”，在“教育与社会科学综合”目录中的核心期刊中，能检索到 11 篇文章，其中只有一篇高度相关的文章，介绍的是托尼·贝茨的 ACTIONS 媒体选择理论。① 受其启发，检索时把检索词设置为“媒体选择”，能检索到 46 篇文章，仔细筛选后有 10 篇文章的相关性较高。有学者指出，在媒体的选择上要考虑三方面的因素：第一是“媒体”因素，注意媒体的属性与功能；第二是“教学”因素，包括教学目标、内容特点、教学策略、学生能力、学习倾向等；第三是“情境”因素，包括已有的媒体、资源、投资成本、操作简易性及管理便利等因素。② 丁兴富在《媒体教学功能分析以及媒体的选择》③ 中，从 8 个功能维度探讨了媒体教学功能系统，以此为基础围绕着课程、师生、资源和教学 4 个范畴展开讨论了媒体的选择与组合。由此可见，教育领域中研究较多的是媒体技术，虽然限定的技术的面较小，如果较好地结合文史哲、经济学研究领域取得的研究成果，对研究技术教育化过程中的技术选择将很有启发。

1991 年，托尼·贝茨提出的 ACTIONS 模型包括 7 个要素④：① Access：技术的可获得性；② Costs：技术应用的成本；③ Teaching and learning：教育性；④ Interaction and user-friendliness：交互性与用户友好性；⑤ Organizational Issues：组织实施；⑥ Novelty：新颖性；⑦ Speed：课程开发与传输、更新与完善的速度。2003 年，托尼·贝茨将该模型演变为 SECTIONS 模型。⑤ 其中，S 为学生状况，即 Students；E 为应用的方便性，即 Ease of use。这反映了对在校学生的特殊考虑（如他们是脱产还是在职学生，年龄结构和层次怎样等）。这两个模型之间有什么区别呢？托尼·贝茨认为⑥，ACTIONS 模型更适合于远程教育，而 SECTIONS 模型更适合于基于校园的传统教育中对技术的应用。学生在校园中基本上都具备使用

---

① 冯晓英，陈青．新技术在远程教育中的应用——托尼·贝茨博士访谈录［J］．中国远程教育，2007（7）：21－24.

② 杨家兴．远程教育情境下的媒体选择与教学设计［J］．中国远程教育，2003（9）：20－24.

③ 丁兴富．媒体教学功能分析以及媒体的选择［J］．中国远程教育，2000（11）：14－18.

④ Tony Bates. ACTIONS Model, For Selecting Educational Media Technology［EB/OL］.［2008－12－20］. http://www.ceenet.org/workshops/lectures2000/Merill_Oates/Bates-ACTIONS-Model.htm.

⑤ Tony Bates. Effective Teaching with Technology in Higher Education: Foundations for Success［EB/OL］.［2008－12－20］. http://www.tonybates.ca/pdf/OPAS.pdf.

⑥ 冯晓英，陈青．新技术在远程教育中的应用——托尼·贝茨博士访谈录［J］．中国远程教育，2007（7）：21－24.

技术的条件，因此对于传统教育来说，技术的可获得性（Access）不那么重要，而学生的差异性，比如学生的类型是全日制的还是非全日制的，要重要得多。对于传统教育来说，学生的需求是要首先考虑的（SECTIONS模型）；而对远程教育来说，需要首先考虑学生对于技术的可获得性（ACTIONS 模型）。

ACTIONS 模型是用于指导评估技术的收益和成本时用的一个模型，特别强调技术选择的经济成本—效益因素，已经成为远程教育实践中最有指导意义的媒体选择理论。然而教育系统的社会公益性及教育行为的难以量化性，决定了技术选择过程中虽然需要进行经济成本—效益的评价，但却难以操作。为此，从以下两个领域考虑技术教育化过程中的技术选择：一是技术的适用性，即技术的能力范围或技术的获取能力；二是技术的应用范围，即技术的应用能力和应用技术的能力。

（1）技术的能力范围——客体角度。

① 支持现有业务。例如，幻灯、投影进入教育领域以后，为了让其更好地为教育活动服务，南国农总结出了在幻灯片和投影片的制作方面需要遵循的原则[①]：其一，选题要有助于解决教学中的重点、难点问题；其二，适于表现的内容应该是静止的多，活动的少，形象化的多，概念化的少；其三，每张片子的主题应单一，不能庞杂，这样才有利于突出重点。再如，为了降低教育成本，使每个孩子都能用上计算机，多家公司和厂商正在联合研发 100 美元笔记本电脑，这些计算机在结构和功能等多个方面都需要进行整体设计，既要去除冗余功能又要保证能够满足教育需要。另外，农村中小学现代远程教育工程[②]从投资、功能、收益面和发展的角度综合考虑，结合农村中小学的实际情况，提出了农村远程教育的三种模式。虽然计算机网络已成为全球教育技术发展的热点，也是发展的趋势，但是对于我国中西部地区来说，大范围应用还有待时日。因此，在现有的环境条件下，要重视投资效益比，要研究技术的特性，要看技术在现阶段发挥的效益大小，是否最适合学校的实际情况。

② 使考试发展成为考试制度[③]。从教育学的意义上讲，任何考试首先都是有关特定知识和能力的测验，因此，它首先作为一个教学环节而存

---

① 南国农．电化教育学［M］．北京：高等教育出版社，1985：80.

② 农村中小学现代远程教育工程情况介绍［EB/OL］．［2008 - 01 - 09］．http：//news. xinhuanet. com/school/2004 - 12/22/content_2367753. htm.

③ 刘精明．教育选择方式及其后果［J］．中国人民大学学报，2004（1）：64 - 70.

在，是检验教学活动成功与否的有效手段。在教育活动的诸环节中，考试之所以重要，还在于考试能帮助教师和学生检验自身在教学活动中存在的问题和差距，便于进一步改进教与学的方式和方法，调整教学内容等。其次，考试也是对学生的一种评价方式，通过对知识和能力的测试，可以将学生的成绩按照高低顺序进行排列，从而确定学生在特定时间点上知识掌握程度的差异和能力的差异。正是因为可以通过考试成绩来评价学生的差异程度，考试就具有了将不同学生加以区隔的功能，考试也便可成为特定教育利益的一种排斥手段。经过长期的历史演变，考试制度也就逐渐成为教育排斥技术中较为成熟的一种形式。考试制度之所以能作为支持教育分流得以成功维持下来的一个基本技术而长期存在，却不仅仅因为考试所具有的评价功能。作为一种具有选拔或筛选功能的教育选择技术，考试是社会、经济与权力地位资源的一种分配手段，尽管并非总是一种直接的分配手段。因此，它首先必须具有特定的利益联结，换句话说，考试制度必须具有特定的利益导向功能。如果只是纯粹的知识与能力的评价，考试就只能是教育学的研究范畴。

③ 创造全新业务。计算机和互联网进入教育领域以后，在教育领域中出现了许多与之相关的、知识型的新概念，如课件、积件、堂件、教育网站、网络远程教育等，并且在课件使用、教学资源库使用、网络远程教育的实施环节等方面已经形成独特的系统化的方法、策略和原则，这里不再详述。

我们知道，学生可以使用概念图这一教学工具组织任何学科的学习，这样不仅能够促进学习，而且还能达到“学会有意义的学习”这一重要的元认知目标。概念图的创始人 Joseph D. Novak 领导的研究小组正和美国国家航空与宇宙航行局（NASA）、海军部以及其他一些政府和私立组织进行合作，应用概念图来捕捉和归档专门知识，并应用这些知识来改进培训。[①]也就是说，可以应用概念图加强基础研究。

④ 引发思想变革。任何教育的变革总是从教育思想、教育观念开始的，没有思想、观念上的变革，就没有真正意义上的教育变革。对于教育实践中的广大中小学教师来说，仅仅是理念变革的呼吁往往不够有力，反而是伴随着思想变革而引入教育中的新技术更易深入人的“身”和“心”。

① 希建华，赵国庆．“概念图”解读：背景、理论、实践及发展［J］．开放教育研究，2006（1）：4－8.

因此，在此意义上，技术可以作为一种推动新教育思想进入教育实践的有效杠杆。在以往的教育领域中，人们总是认为教育思想和教育理论决定了教学的方法和技术，看不到技术在教育系统中的能动作用。这是因为过去教育中技术的发展远远滞后于理论的更新，常常是理论更新之后才会推动技术的发展和应用，因而技术对理论的反作用没能充分体现出来。现阶段，信息技术的迅猛发展及其在教育领域中的应用在很多方面超出了原有的教育理论范畴，对教育理论的牵动作用日益显现，甚至对一系列传统教育理论和观念提出了挑战。

（2）应用技术的能力——主体角度。

纵观近年来教育技术的发展，虽然我国在其中投入了大量的人力和物力，结果却并不尽如人意。究其原因，主要是我们对技术的理解比较肤浅，以为只要投入足够多的资金和人力去开发和引进各种新技术，就能保证教育技术的快速发展，结果反而造成了许多浪费。形成这种局面的原因在于教育主体应用技术的能力有限，技术在教育系统中的应用研究、功能开发还不够深入。例如，联合国儿童基金会的有关官员在北京的一所重点中学听完老师用计算机上的课之后有这样一句评价："使用得就像投影仪一样。"① 应用技术的能力是指教育主体在致力于搜索、选择、获取、吸收和改进现有技术的过程中，有效地学习、积累和使用技术知识的能力。下面以信息技术与课程整合为例来说明应用技术的能力。

从第一个计算机辅助教学系统在美国首先研制成功并得到应用之后，人们就开始讨论信息技术（计算机）在教育中的作用，其中比较有影响的观点是 20 世纪 70 年代泰勒提出的 3T 论，即"作为导师（as a tutor）、作为被指导者（as a tutee）、作为工具（as tools）"，该观点影响了计算机辅助教学系统的开发与应用。② 在我国，计算机应用于教学是从计算机辅助教学开始发展的。计算机辅助教学的观念与实践对教学起到了一定的促进作用。但是在计算机辅助教学的推广中出现了一些偏差和问题，国内研究人员对多年来的计算机辅助教学以及教学软件的开发与推广进行了反思和探讨，并且借鉴国外的相关研究成果，引入了信息技术与课程整合概念。由此可见，信息技术在教育中的作用已经发生了根本性的改变。

---

① 李华．中小学教育媒体的选择与应用探究［J］．中国电化教育，2000（12）：12－14.

② 王吉庆．信息技术在教育中的应用观的重新认识［EB/OL］．［2008－02－04］．http：//www.gcsce.org/gccce2001/big5/peper/paper/c_c_edu/S006-Wang.doc.

信息技术与课程整合的出发点应当是信息技术与课程两个方面，不仅要研究技术对课程的促进以及深层次影响，还要研究课程对技术的反作用，其主体包括教学者、学习者和整合过程的支持者。信息技术与课程整合主要有以下三种基本的课程模式[①]：① 将信息技术作为学习对象，即信息技术课程，以传授信息技术的基本知识与技能和培养学生的基本“信息素养”与能力为目的的学科本位型课程模式；② 在其他课程教学中以信息技术作为教学工具，提高教学效率和效果的整合的学科辅助型课程模式；③ 以信息技术作为学习资源、工具、手段来获取、存储、处理和交流信息，促进思维发展并解决问题，提高学习能力的学科研究型课程模式。由此可见，信息技术与课程的整合过程可以分为三个不同的层次：关注技术应用的层次、把技术作为学生学习工具的层次和关注学生素养形成的层次。在此过程中，教育主体应用技术的能力是非常重要的。也正因为如此，开展教师培训一直是教育机构关注的热点。

美国学者 Deborah L. Lowther 等在《准备好应用网络教育的明日教师》[②] 中，详细阐述了当今社会职前教师必须在计算机素养方面达到某一层次的应用技术的能力要求。教师应用技术的能力的一个重要组成部分是理解计算机的基本功能与学生学习之间的相互关系，这一理解将帮助教师正确地规划学生对计算机的应用。教师应知道何时和如何去创造一种课堂文化，在其中学生能够高效率地使用计算机并促进形成社会的和认知的成果。掌握了技术应用能力的教师应该理解：对技术的学习本身并不是最重要的，学会如何将技术作为工具来提高学习和交流的效果才是根本的目标。这种应用技术的能力使教师能够依据人们如何学习和交互的相关知识来设计有效的教育环境。

二、技术教育化过程中的生成

从根本上来说，教育中的技术不是天然的、现成的，而是生成的。要从根本上理解教育中的技术，必须将思维的触角延伸到存在者本身的存在，必须首先回答教育中的技术这一“存在者”本身是如何发生、如何

① 梁平，武常宏．信息技术与课程整合的新视点［J］．中国成人教育，2007（5）：27－28.

② Deborah L. Lowther，Marshall G. Jones &Robert T. Plants. 准备好应用网络教育的明日教师［EB/OL］．［2008－01－31］．丁兴富，译．http：//cnc. elab. org. cn/home/worldwide/tsdr/tsdr09. htm.

"存在"的问题，即技术教育化的生成过程。

（一）生成论的基本观点

"科学思想是从探讨宇宙的本原和秩序开始的。所谓本原意指一切存在物都由它生成，或一切存在物都由它构成。我把前一种观点称为生成论，而把后一种观点称为构成论。"① 构成论观点可以表述为这样一个命题：整体是由部分构成的。构成论描述的任务是回答以下问题：系统整体由哪些部分构成，部分怎样构成整体。生成论观点可以表述为这样一个命题：系统的整体和部分都是生成的，而非给定的。生成论描述的任务是回答以下问题：事物生成的起点何在，生成的过程、机制、规律如何。② 近代以来，科学界沿着构成论的思维方式认识世界，促使西方近代科学发展取得了重要成果。从马克思开始的现代哲学时代，开始认识到这种构成论思维方式的局限性，把一个东西无限制地分离与结合，以便给出一切问题的答案，遇到了很大困难，对许多问题难以说通。后来发现中国道家生成论思维方式的生成转化概念比构成论思维方式的分离结合概念更有用。

生成论的最基本概念是"生成"，最早源于老子提出的"道生一，一生二，二生三，三生万物"的生成思想。老子用"生成""过程"取代了"实体""组成"的概念，从今天的科学水平来看，后两个概念的确有很大的局限性。张岱年对中国古代哲学中的天道生生思想作了一个简明扼要的说明③："天道生生——中国古代哲学关于天道有一个基本观念曰'生'。所谓天道即是自然界的演变过程及其规律。所谓'生'指产生、出生，即事物从无到有，忽然出现，亦即创造之意。与生密切相关的观念曰'行'，曰'逝'，曰'变'。'行'即运动，亦即过程。'逝'即离去，过去亦即转化、转移。孔子曾对弟子说：'天何言哉？四时行焉，百物生焉。'特别提出了'生'与'行'。《论语》又载：'子在川上曰：逝者如斯夫，不舍昼夜。'指出事物是逝逝不已的，有如川流。自一方面说，一切事物都是生生不已；从另一方面说，一切事物逝逝不已。《周易大传》高度赞扬了'生'，以为'天地之大德'，再提出了'生生'的范畴，表示生不是一次

① 董光璧．从构成论到生成论——序关洪兄《现代原子论的演变》［J］．科学文化评论，2007（4）：97－99.

② 苗东升．有生于微：系统生成论的基本原理［J］．系统科学学报，2007（1）：1－6.

③ 张岱年．论中国哲学发展的前景［J］．传统文化与现代化，1994（3）：9－14.

性的，生而又生，生生不已。肯定了变化的实在性与普遍性。这种观点，用现在的名词来说，即是过程观点。这是一个非常深刻的观点。”

生成论的最本质的特征是动态性和整体性。这两个基本特征由以下几个方面体现出来：潜在性，显现性，全域相关性，随机性，自我同一性。潜在性是生成之源，显现性是生成之途，显现过程就是“生”的过程。而全域相关性、随机性、自我同一性都集中体现于这个“生”的过程中。“生”的过程不是将现存的要素组合转变而成就，而是整合了有关的全部潜能才得以实现的。①

马克思说：“在人类历史中，即在人类社会的形成过程中生成的自然界，是人的现实的自然界；因此通过工业——尽管以异化的形式——形成的自然界，是真正的、人本学的自然界。”② 这一自然界才是现实的、对人有意义的存在。人通过实践生成对人有意义的“自然界”的过程，同时也是人的自我创生、自我超越的过程。人绝非自我封闭的存在，从根本上来说，人是永远面向未来、面向各种可能性的存在。人正是在“自然界”的实践生成过程中不断地对象化并确立自己的本质性力量，从而走向自由的。可见，马克思从实践生成论出发，彻底打破了旧哲学企图一劳永逸地对“人”作出规定的幻想，针锋相对地指出“人的存在就是人的现实生活过程”，人的现实本质则在这一过程中生成。而人的现实生活过程就是人的实践活动过程，如此，实践就是人之本质的生成根据。需要明确的是，实践生成论包括人向自然的生成和自然向人的生成，并不是说这里存在着两个过程，实际上，它们是共生的，是一个过程的两个方面。在人向自然生成的同时，已然发生了自然界向人的生成，因而它们又是一种同时发生的相互生成，这种相互生成实际上就是现实的历史之在。③ 马克思哲学的“实践生成本体论”基础与生成论的哲学思维方式在根本上是融合的，后者是把握前者的根本前提。④

在生成论的视野中，一切都是生成的，都处于永恒的变化过程之中，不再存在一个预定的本质。在德语中，Ereignis 的意思是发生的事件，其动词 Ereignen 为发生的意思。但在海德格尔那里，它则有更深的含义。他

---

① 金吾伦. 生成哲学［M］. 保定：河北大学出版社，2000：186.

② 马克思. 1844 年经济学哲学手稿［M］. 北京：人民出版社，2000：89.

③ 许恒兵，胡亚军. 实践生成论：解读存在的全新境域［J］. 天府新论，2007（3）：17－20.

④ 许恒兵，丁增锋. 论马克思哲学的生成论思维方式［J］. 北京工业大学学报（社会科学版），2006（1）：50－53.

认为 Ereignen 一词由前缀 Er 和 eignen 两部分组成，其中 eignen 为词根，其含义是“为……本身所特有”“使……成为自身”，前缀 Er 则是“去开始一个行为”和“使（对方和自己）受到此行为的影响而产生相应的结果”的意思。结合起来，Ereignen 的意思就是“在行为的往返发生过程中成为自己本身”。Ereignis 表达的是这样一个思想：任何自身——“自己本身”——都不是现成的，而是在相互引发、相互作用的过程中发生和成为自己的。就其实质而言，这一思想正是一种彻底的生成论思想。①

（二）生成论视野中的技术

如果说近代的科学世界观包藏的是“本质先定、一切既成”的本质主义思维，那么，现代生活世界观所蕴涵的则是“一切将成”的生成性思维。立足于生成性思维，不难发现，人类世界（相对于自在世界而言）的一切存在物，其本质都不是先天的，也不是抽象的，而是具体地、历史地、实践地生成的，甚至人自身的本质也是实践地生成的。技术的本质亦是如此。在发生学意义上，技术产生于人类生活实践的矛盾。世界对人的限制和人对限制的超越是人类生活实践的基本矛盾。一方面，世界总是限制着人；另一方面，人是具有超越性的存在物，在本质上能够实现对外部世界限制的超越。正是这一限制和超越限制的矛盾关系，催生着人类技术体系从手工工具到机械化和自动化技术，再到信息化和智能化技术的跃升，它既是技术发展的表征，也是人的超越本性的活生生的再现。

（1）过程中的存在。

马克思认为，“世界不是既成事物的集合体，而是过程的集合体”②，由此就不难理解现代哲学何以要强调时间、重视历史。怀特海认为③，世界是由有机体构成的，有机体具有内在的联系和结构，具有生命与活动能力，并处于不断的演化和创造中，这种演化和创造就表现为过程。所以，过程是事物的存在方式，世界的本质就是过程的存在，离开了过程，事物不可能存在，也无法变化和发展。因而我们在考察事物时，必须坚持一种

---

① 邹广文，崔唯航．从现成到生成——论哲学思维方式的现代转换［J］．清华大学学报（哲学社会科学版），2003（2）：1－6.

② 李文阁．生成性思维：现代哲学的思维方式［J］．中国社会科学，2000（6）：45－53.

③ 李柿．从“预成论”到“生成论”——教学观念的重要变革［EB/OL］．［2008－01－24］．http：//www.etc.edu.cn/articledigest38/congyuchenglun.htm.

过程思维。按照怀特海的过程哲学，事物的过程是由性质和关系构成的有机整体，因而在运用过程思维来具体考察事物时，要确立整体性的思维观念。即对任何事物发展过程的分析都不能孤立地进行，不能机械地对事物的发展过程作简单地分解和还原，因为分解与还原的每一步，实际上都是对整体、对过程、对复杂性的一种抽象和切割，都丧失了原有的部分关系和属性。由此可见，技术的存在亦只能是过程中的存在，主要表现在以下两个方面：首先，任何一个技术系统都要经历发展期、成熟期、衰退期的演化过程；其次，技术的发展在总体上有着一定的继承性、连续性和累积性。远德玉在《科学技术发展简史》一书中指出："有人估计，现代人衣、食、住、行所需要的技术，约有70%可在原始的技术发明中找到它们的原型。"① 这里其实就表明技术的发展在总体上有着一定的继承性、连续性和累积性，只不过在所用材料、加工方法、加工工序等方面有所不同而已。

（2）关系中的存在。

构成论认为，近代科学世界是由一个个单子组成的实体世界，所谓实体即是自我封闭、孤立自存的单子。生成论则认为，自然界和人类社会中的任何事物都不是孤立的，都处于与其他存在物的内在关系中。由于事物的演化过程并不能孤立地进行，而是与其周围的环境要素不断地相互作用，因而在很多情况下，我们必须以关系性思维来分析和考察事物的发展过程。因此，从生成论的角度看，技术本身并不是一种既有的静态存在，而是在人与自然的关系活动中生成的。离开了与人的关系、与自然的关系，技术既不可能产生，也不可能存在。

从生成论的视角研究技术，可以把研究视角的共时性维度和历时性维度有机结合起来，这意味着我们必须既要像以往那样重视研究技术的现状，尽可能做到具体全面地"知其然"，同时又不仅仅局限于对这种现状的关注，而是在此基础上重视技术的历时性动态生成过程，努力通过实事求是的"追根溯源式"研究，把握技术的"来龙去脉"，从而通过"知其所以然"而形成对技术的科学而全面的认知和把握。也就是说，生成论视角中的技术，是处于具体的"历时性"生成过程和"共时性"现状的交叉点上的技术。

---

① 远德玉，丁云龙．科学技术发展简史［M］．沈阳：东北大学出版社，2000：3.

（三）技术在教育中的生成过程

技术教育化的生成论是关于技术在教育中形成和发展的理论，它考察的是教育中的技术生成过程。技术在教育中的生成意味着技术不能改变教育生而具有的本质，不能强迫教育成为什么样的教育，只能根据教育的本性和可能性来提升教育的境界。从表面上看，技术在教育中的生成是在教育与技术之间建立原本不存在的关系，本质上则是教育与技术互相对立又互相依存、借助涉入关系的人或物而相互发生作用，以生成教育中的技术。那么，技术在教育中是如何生成的呢？可以用三个阶段来说明。首先，教育主体识别教育系统对技术的需求，获得对技术的认识，此时的技术具有转化为教育中的技术的可能，但尚未成为教育中的技术，因而教育中的技术是尚不存在时的状态，是生成的必要前提和基础。其次，教育主体结合教育系统自身的特点，为技术创造生存的基础。最后，通过教育主体与技术的相互作用，让技术的性质向教育的方向转化。技术在教育中的生成必须"起自技术，经由教育主体的认识，通过与教育系统的相反相成，生成教育中的技术"，即在教育中，只有掌握技术之后才能超越技术从而生成技术。当然向未来的超越还得倚仗历史的经验，因此，教育中技术的生成要立足现在，面向未来，始于过去。

（1）对象化与非对象化的统一过程。

对象化又称物化，是指人通过活动把自己的需求及其满足表现或体现在对物质对象的作用上。对象化活动是作为人的本质力量凝结在外在客观对象上的活动。① 因此，技术在教育中的生成表现为教育主体的本质力量对象化于技术之中，技术因之而成为教育主体本质力量凝结于其中的一种存在。教育主体正是通过这种方式不断地改造和重塑技术使其满足教育的需求，而技术也能够在这个过程中得以发展而更好地服务于教育。②

其实，技术在教育中的生成并不仅仅是一个对象化的过程，还是一个非对象化的自我生成过程，因为教育中的技术是非外在的、非预设的，它不能由外部的技术简单地移入教育中。主体的非对象化或非对象化的核心是"精神的"或"精神化的"或"精神活动"。作为对象化的"物化"，只有向主体自身"返回"，只有以"扬弃"的非对象化为"归宿"，才是

① 孟志国．非对象化刍议［J］．社会科学，2002（8）：41－44.

② 颜士刚．技术教育价值的实现与创造研究［D］．南京：南京师范大学，2007：108.

真正的主体的对象化。非对象化对“物化”的“扬弃”，在某种意义上是主体对对象化的“占有”。技术在教育中的生成的非对象化过程，就是教育主体通过实践活动把技术教育化，改造和形成教育主体的思维能力、感知能力和活动能力，将其转化为教育主体本质力量的过程。

（2）合目的性与合规律性的统一过程。

教育中技术的生成是在教育主体的目的性的引导和驱动下进行的，教育主体的目的性对技术的生成以及生成的技术都具有决定性的作用。其生成的一般机理是：教育主体根据自己预设的目的在技术体系所提供的“可能性空间”中寻找、选择并实际使用具有“如何做”性质的作用因子（机器、设备、工具、材料等）以及对所选择要素的作用方式与程序的设计（技术规则）[①]，用以作为教育主体的目的因子插入到教育系统发展的过程中，以使技术向符合教育主体的目的转化。技术在教育中的生成，就是把教育主体的预期目的能动地整合到技术的自然属性所提供的“可能性空间”中，即一种合目的性与合规律性相统一的过程。从教育中的技术生成的角度出发，我们可以获得关于教育中的技术本质的一种新的理解，这就是教育中的技术并非是实现教育目的的单纯工具本身，而是教育主体把自己的主观目的通过一定的手段能动地整合到技术体系所提供的“可能性空间”中的过程及结果，或者说，是教育主体把自己已掌握的技术能动地整合到自己的目的性预期中来的一系列过程及其结果。

（四）技术在教育中的存在

技术在教育中的存在是怎样的一种存在？教育与技术既以对方为存在条件，又是为对方而存在，进而在根本上也是为自身而存在。不论是教育还是技术，每一方的存在都是外显的、实在的，二者相反而相生。然而在教育中的技术生成之前，教育与技术各自的规定尚处于潜在和自在状态，双方都不实际涉及对方，不构成实际联系，也不构成现实的互动关系。技术在教育中的生成过程中，教育或技术向对方展现自身的属性或规定，在相互作用下从潜在而跃迁为现实，双方各自不再是“自在的”，而是“为他的”，在通过互动、耦合而获得发展与实现的意义上，也就是“自为的”。当教育与技术各自潜在的属性及规定不能在对方处找到相待相依的方面，以及不能通过与对方的实际相互作用而实现预期的相反相成时，教

---

① 邹成效．“技术—环境悖论”与技术自然属性［J］．科学技术与辩证法，2006（1）：82－84.

育与技术处于矛盾关系之中。这种矛盾运动将直接影响到技术在教育中的生成。一般来说，经双方自觉和相互的协调若能不断加强协同活动，则矛盾关系趋于缓解并朝向利于教育中的技术生成的方面发展；反之，教育中的技术将无以生成。

技术在教育中的存在具有以下几方面的特点和重要寓意。首先，这里突出的是“存在”而不是“存在者”。作为“存在者”的技术，当它作为研究对象时，所涉及的问题主要是“做什么”“怎么做”；而作为“存在”的技术，或研究技术存在本身时，所面临的问题则主要是“如何存在”“为何存在”“怎么演变”等。前者是既成的，注重的是作为主体的教学之目的、手段、过程、结果诸事实及其实现；后者是发生的，着重于教育中的技术存在本身生成、维持与演变乃至消亡的原因、根据、机制及其合理性等。其次，突出强调技术在教育中的生成机制，体现出还技术在教育中存在的本来面目，回归教育中的技术是教育与技术相互作用、相互依存、相互渗透的过程和结果这一基本蕴意和研究意向。最后，显露着强烈的反思和批判意识，即不仅要了解教育中的技术之所是、之所为、之所欲，还要了解教育中的技术所是何由、所为何故、所欲何理，一句话，就是试图对教育中的技术存在本身进行较为全面的审查和透视，探问其历史与现实、进化与倒退、生成与消亡。

（五）技术教育化的生成特征

（1）过程性。

“生成”的首要特征就是强调“过程”与“变化”，技术在教育中的生成是以过程的形式存在，并以过程的方式展开的，离开了过程就无法理解技术教育化。因而，在考察技术教育化的活动时，必须运用过程性思维方式，确立整体性和关系性的思维观念，也就是说，技术所面对的是一个“整体”的教育，通过技术教育化过程，使技术成为教育的有机部分，只有用过程性思维方式才能真正地认识和理解技术教育化。

（2）方法、手段的多样性。

一方面，技术本身具有多样性，另一方面，教育系统具有复杂多样性。教育与技术两者的结合必然会呈现出多样性。例如，网络技术最先是作为信息沟通的工具，后来才逐渐延伸到其他领域（如办公自动化管理、ERP 等）。作为教育形态存在的网络——网络教育，是为了解决教育发展滞后于现实需要的问题，特别是一些发展中国家的大量学龄儿童和青少年都无法及时接受教育，为此，教育工作者尝试利用网络进行教育，逐步推进远程教育的普及。我国现阶段实施的“国家农村中小学现代远程教育工程”[①]，在实施中各项目单位可结合实际采用三种模式中（模式一是教学光盘播放点，模式二是卫星教学收视点，模式三是计算机教室）的一种，这充分体现了技术教育化的多样性。

（3）整体性。

伊利指出[②]：我们生活在一个技术控制的社会中，想摆脱技术的影响是不现实的。实际上，技术完全可以很好地为我们服务，问题在于我们必须明白用技术来实现什么目的，解决什么问题。技术教育化的过程应该是技术向教育回归的过程，此时的技术是一个很自然的存在，就像黑板、粉笔一样。教育系统中追求的技术，是合适的、恰当的、能体现教育发展需要的技术，这就需要把技术作为教育系统的一个有机组成部分进行研究。

（4）动态性。

技术教育化是一个过程，是技术与教育相互契合的过程，在此过程中，不仅技术要按照教育系统的特性不断地进行改造和生成，以使其存在于教育之中；而且教育的各个方面也需从教育的角度出发，通过对技术教育化相应的环境的调适，使教育适应、接受技术，发挥技术的功能，调整好技术与教育发展的关系。

三、技术教育化过程中的演化

技术在教育中的存在是“生成着的存在”，它不会最终完成于某一确定的状态，而总是向未来、向新的可能生成开放。伴随着技术在教育中的生成，又产生了两类问题：技术如何发挥功能效应，即技术在教育中的“运行”问题；技术如何变化发展，即教育中技术的“演化”问题。技术在教育中的功能效应的发挥常受到各种因素、条件的制约，诸如社会历史的、文化环境的、学校条件的、主体自身的、技术自身特性的各方面因素，这些因素在不同的层面、从不同的角度影响着技术在教育中的运行。本书主要考察后一类问题，即技术教育化的演化过程。技术教育化的演化

---

① 农村中小学现代远程教育工程情况介绍［EB/OL］．［2007－03－05］．http：//www. moe. edu. cn/edoas/website18/info7671. htm.

② 郑旭东．技术是答案，但问题是什么——解读伊利的教育技术观［J］．电化教育研究，2007（1）：12－15.

过程研究，就是试图反思、追寻教育中的技术本身运动发展的内在逻辑，在历史与现实、宏观与微观、一般与个别的统一中，发现技术的演化机制，进而为能够从发生、运行、演化和发展的整个存在界域内完整地揭示技术在教育中存在的本质和规律，提供必要的认识基础。

（一）演化理论概述

“演化”这一广为人知和广为人用的术语，其最普遍和最一般的含义是“历史的和历时的”，人们也大都在这一语境下使用“演化”一词。“演化”一词来源于拉丁文 evolutio，原义为“展开”，一般用以指事物的逐渐变化、发展，由一种状态过渡到另一种状态。1762 年，瑞士学者邦尼特最先将该词应用于生物学中。[①] 1859 年，达尔文发表《物种起源》一书，提出自然选择学说以说明演化的原因。在汉语中，evolution 对应于进化、演化；evolutionism 对应于进化论、演化论，以进化为主。但如果翻译成进化，则带有方向、目的、计划的意义。事实上，生物演化本身并无任何目的和方向，从这个意义上看，演化比进化更为恰当。

自达尔文以来，生物学虽然取得了巨大进展，但生物学中争论的问题很多，要分析的现象很复杂，因此该学科展现了演化理论的多元性，不同的演化理论具有以下几个方面的共同特征。[②] 首先，研究的对象为两类群体：一类是基因型群体；一类是表型群体。基因型群体由遗传组织构成，植根于 DNA 结构中；表型群体包括一系列影响生物生存的特征，即有机体外部特征和形态结构。其次，代际概念是生物演化理论的一个基本概念，生物从成长、传播、扩展到变异呈现一定的周期性，基因在不同代际间传播，为生物系统演化的连续性提供了保障。最后，生物演化理论的一个基本思想是“适者生存”，意指在不同生物体之间的竞争中，只有适应环境、具有良好特征者，才能生存下来。

随着基因生物学的发展，人们发现人类文化的发生、传播、扩展和变迁与基因非常相似，因而在这方面展开了大量的研究工作，把演化理论应用于人类文化和社会演化过程的分析，并在经济学和社会学领域中取得了一些颇具影响力的研究成果。以卡尔·门格尔（Carl Menger）和弗里德民

---

① 音声．生物进化的动力是什么？［EB/OL］．［2009－10－26］．http：//wenda.tianya.cn/wenda/thread？tid＝6f1cd642e557aca9.

② 盛昭瀚，蒋德鹏．演化经济学［M］．上海：上海三联书店，2002：11－12.

克·A. 哈耶克（Friedrich A. Hayek）为代表的（新古典）奥地利学派就试图以生物演化论的观点来解释社会秩序的形成。卡尔·门格尔提出的著名观点是，占据主导地位的社会制度一开始并不一定是由某些行为个体进行协商之后形成的带有意图性的结果，而往往是源于一大群人的非意图性行为。卡尔·门格尔指出，所有个体行为的汇总会自发地形成合作性协调行为，这将有利于社会中的每一个人。而且，如果社会管理与行为规则能够保持稳定，并且每一个社会成员都会遵守这些规则，那么整个社会将形成一种普遍的秩序，每个人都将对未来发展持有较强的信心，这将减少社会交往中的交易费用与社会性摩擦。弗里德民克·A. 哈耶克秉承了这一思想，提出了自发秩序理论。他认为社会秩序在很大程度上是自然演化的结果，也就是说，社会秩序的出现并不是来自于某个人或某些人的设计，它是在整个社会的演化过程中逐渐形成的，很多行为个体都对这些社会秩序的形成作出了贡献。在弗里德民克·A. 哈耶克看来，文化既不是人为设计的，也不是自然的，它是介于本能和推理之间的东西，是一种“行为规则”的传统，这些规则是通过文化传播过程而继承下来的。在文化传播过程中，究竟哪些规则能够生存保留下来是由文化演化过程中的选择过程决定的。弗里德民克·A. 哈耶克区分了自发社会秩序的两种类型：一种是规则系统，如道德、法律和其他规则系统；一种是行动结构，如市场中生成的经济秩序。二者具有不同的演化方式，前者是在一个非规定的环境中发生的，其发生不依据任何演化规则，同时也是个人理性所不及的；后者是在一个规定的环境中展开的，其演化的依据是某些规则及个人理性。

弗里德民克·A. 哈耶克指出：“在各种人际关系中，一系列具有明确目的的制度的生成，是极其复杂但却又条理井然的。然而，这既不是什么设计的结果，也不是发明的结果，而是产生于诸多未明确意识到其所作所为会有此结果的人的各自行动。”① 在弗里德民克·A. 哈耶克看来，人们的交往行动过程中经由“试错过程”和“赢者生存”的实践以及“积累性发展”的方式而逐渐形成的社会制度就是“自发秩序”。他认为，“这种显见明确的秩序，并非人的智慧预先设计的产物，因而，也没有必要将其归之于一种更高级的、超自然的智能设计……这种秩序的出现，实际上还有第三种可能，即它乃是适应性演化的结果”。②

---

① 弗里德民克·A. 哈耶克. 自由秩序原理［M］. 上海：上海三联书店，1997：20.

② 弗里德民克·A. 哈耶克. 自由秩序原理［M］. 上海：上海三联书店，1997：21.

演化理论在经济领域中的应用推动了演化经济学的发展，目前已受到经济学界日益广泛的重视。演化经济学是研究经济现象和行为演变规律的学科，是20世纪80年代以来现代西方经济学创新的一个重要理论分支。演化经济学的主要议题是解释经济变迁，它把经济看做一个复杂的演化系统。该系统是开放的，系统演化的结果是难以预测的，影响系统演化的基本因素包括系统内部成员之间的差异性和易变性以及系统的选择机制，这个选择机制会受到内部压力和外部环境的影响。演化经济学将技术变迁看做众多经济现象背后的根本力量，以技术变迁和制度创新为核心研究对象，以动态的、演化的理念来分析和理解经济系统的运行与发展。演化经济理论分析框架具有以下三个特征①：第一，理论分析表述为一个动态的演化过程，研究某一变化着的系统的运行，或解释某一系统为何及如何到达目前这一状态；第二，理论解释既包括随机性又具有系统筛选机制，系统的演化结果既有一定的不确定性，在很大程度上又是带有因果性的；第三，通过系统筛选机制生存下来的特征具有一定的惯性，因而很多变量（特征）在相对较长的时间内有着一个非常清楚的轨迹或模式。

（二）教育场中的技术演化基本原理

演化理论对于我们的启示在于：教育场中的技术是在一个规定的环境中展开的，其演化是依据某些规则并由系统的选择过程所决定的，其演化离不开其特定的社会历史与社会环境。教育场中的技术变迁也是如此，它在历史中演化而成，又受历史的深刻影响。要理解技术教育化过程，不仅要致力于描述教育场中技术的演变，更要致力于解释教育场中技术的演变及其内在机制。下面主要从教育场中的技术演化的动力机制和演化过程中的影响因素等角度来探讨教育场中技术的演化。

根据演化理论，我们认为教育场中技术的演化主要是由两种机制推动的：一个是创新机制，通过系统的创新产生多样化；一个是选择机制，即在这些多样化中进行系统筛选。创新体现在惯例中，并与激发惯例变化的机制相关联。惯例是一系列规则的集合②。在复杂纷繁的教育环境中，教育系统内部建立了一套做事的方式和决定做什么的方式。教育系统在形成以“满意”为原则的行为惯例时，面临着大量的不确定性，这使得教育系

---

① 盛昭瀚，蒋德鹏．演化经济学［M］．上海：上海三联书店，2002：19.

② 盛昭瀚，蒋德鹏．演化经济学［M］．上海：上海三联书店，2002：108.

统不论是在技术方面还是在组织方面的决策过程很大程度上都要受自身结构与当前使用技术的约束。惯例在教育系统中的作用与基因在生物机理中的作用一样，而且这一作用是相对稳定的和可以继承的。选择机制是指教育系统的制度背景（更一般的基本运行环境）会有利于某些惯例，而不利于另一些惯例。多样化是选择的必要前提，如果没有持续不断的创新为选择过程提供多样化的选择集合，演化过程就可能终结。多样化是演化过程的基础。

1. 创新机制

教育系统作为一个自组织系统，具有将“新颖性”（新知识、新技术）引入系统的机制。从某种意义上讲，创新行为就是把“新颖性”引入系统的活动，它需要在未知的知识领域去发现新的知识和技术，或将已知的知识和技术进行重新组合并引入教育系统。创新行为表现为创新过程中不断的学习、搜寻和选择活动。

① 学习是创新的源泉。创新主体只有通过学习才能进一步理解已有的知识和技术，去认识客观世界中未知的知识，形成新的创新思想和观念。因此，学习不仅体现了对现有技术问题的解决过程，即技术掌握的过程，而且会导致一系列的渐进创新，并且通过知识与能力的积累，又为更高层次上的根本性创新奠定基础。

② 搜寻是将技术机会和外部需求变化导入教育系统的活动。搜寻活动是创新的一个有效环节，通常是建立在学习的基础上，但与学习相比，它在获取创新信息、投入创新要素、求解问题等诸方面更具有针对性。搜寻是系统的创新行为，这一活动通过对现有惯例的评价，在已有的技术规范和行为模式中寻找适合自己的模式，也可能对现有惯例进行修正或建立新的模式。这一过程则是在教育系统中引进新的技术，类似于生物进化中的“基因”复制及复制中产生的“变异”。它具有以下特征：不可逆性、偶然性、对待发现事物依赖性、不确定性。搜寻活动的任务就是努力捕获新的需求机会和技术机会，开发出能够满足某类（种）需要的新技术，目的是改善现有的技术。搜寻过程不可能一次完成，每一次搜寻的结果都会用来修正已有的结果，并形成进一步搜寻的基础。

③ 选择是将新的知识和新的技术引入教育系统最为关键的创新活动。我们主要从客体角度（技术的能力范围）和主体角度（应用技术的能力）思考了技术教育化过程中的技术选择，而创新最终能否在教育系统生存也将由教育系统作出选择。

创新来自何处呢？从内在方面来看，教育场中的技术创新，首先，来源于人们对教育现实状态的不满。例如，我国校校通工程强调以利用多种模式进行教育资源的共享为主，这在教育资源严重缺乏的条件下，提供教师替代型的远程教育方式有其现实的需要和价值。其次，来源于期望与现实之间的差距意识。现实是指人们已经拥有的和当下教育系统所能供给的，而期望是指人们觉得应该拥有但教育系统尚不能满足的需要。例如，从当前教育技术的实践角度来看，相当部分实践还停留在解决课堂和学校中应用网络的技术障碍，以及利用网络技术或多媒体技术从事课程教学实践的经验研究等方面，而忽视了如何利用这些技术进行有效的教和有效的学的研究。还有一个更重要的来源就是教育危机和困境。辩证法告诉我们，危机不仅能够产生创新即解决问题的新方式，而且能为创新扫清障碍。例如，在我国信息技术教育的发展经历了强调计算机软硬件知识与程序设计语言的教学、强调计算机辅助教学、强调信息技术与课程整合等几个阶段，力图将信息技术融入课程教学体系的各要素中，使之成为教师的教学工具、学生的认知工具、重要的教材形态和主要的教学媒体。

教育系统的需要是影响教育场中的技术创新形成的主要因素。换句话说，教育场中的技术创新是通过发现、识别、理解教育系统的需求和寻求潜在的解决方法而实现的。教育场中的技术创新还与以下其他一些因素有关。① 现有的科技发展水平，如开放性网络大学就需要互联网技术的支持。② 其他领域相关思想的激发。现在许多团体都将技术引入他们的工作中，如系统工程师、计算机程序员、经济学家、管理人员、学术人员等都对技术及其应用产生了兴趣，这些为我们提供了丰富的思想和经验源泉。③ 新创意的可获得性和可交易性。交谈和倾听是发现个人动机、联结人们需求的有效方法之一；集成则是另一种创新创意形成的重要方法。在现代社会，几乎所有的社会组织都可能产生创新，但能够成功实施的概率却极低，因为创新需要经历反复的试错过程。正因为如此，保证创新成功的关键，首先在于尽可能地产生大量可供选择的广泛社会创新，在具体实施过程中，需要经过“去粗取精、去伪存真”。

2. 选择机制

教育系统的选择机制受到内部压力和外部环境的影响。面对新的技术机会，创新充满着不确定性。教育系统具有对技术、创新模式（多种技术规范和行为模式）、适宜环境（包括内部环境和外部环境）进行选择的机制。教育系统对技术的选择是在给定一个创新流（多种技术规范和行为模式）的前提下，选择适宜的环境（包括内部环境和外部环境），决定是否采用某一创新模式以及采用的方式。

环境选择主要从宏观环境和微观环境两个方面来考虑。凡是教育系统自身无法改变的环境因素，我们均将其划定为宏观环境要素，一般有政治、经济、文化、军事、地理等因素。这一类因素代表了社会发展的总体趋势或给定的社会环境状态，单独的社会组织无力改变宏观环境变量，通常只能被动地接受和适应这些宏观环境。校校通工程、现代农村远程教育工程等在我国的发展也受外部宏观环境因素的影响。由此可见，外部宏观环境因素往往是教育场中的技术出现巨大飞跃的外在推动力。

微观环境是教育场中的技术生存和发展的具体环境，该环境中的因素是教育系统作为活动的主体可以施以影响的，并能够在一定程度上改变其价值取向和行为。教育系统在社会生活中的地位越来越重要，它涉及的利益主体越来越多，微观环境因素也越来越复杂。按照一般组织理论，我们将其涉及的利益主体分为教育系统的“外部相关利益关系人”和教育系统内部的“利益关系人”。教育系统的“外部相关利益关系人”主要有政府、政府科技政策机构、政府科研机构、企业界、国外科研机构、社会公众等，不同的利益关系人的价值取向是不同的。教育系统内部的“利益关系人”包括教师、行政力量、校长、学生等，他们通过各自的价值偏好和行动，影响着教育场中技术的选择。各利益主体之间相互作用，形成相互依赖的网络，利益主体的认知和活动是通过制度和规则加以协调和约束的。

（三）演化的路径依赖

路径依赖（path dependence）是西方新制度经济学中的一个概念，是指一个具有正反馈机制的体系，一旦在外部偶然性事件的影响下被系统所采纳，便会沿着一定的路径发展演进，它很难被其他潜在的甚至更优的体系所取代。最先是生物学家用路径依赖来描述生物演进路径的，后来，路径依赖被用来描述技术变迁过程中的自我积累、自我强化性质：某种技术因某种原因发展起来之后就可以凭先占的优势地位，实现自我增强的良性循环，从而在竞争中胜过对手。相反，一种更优的技术可能因某种原因晚入一步而陷入恶性循环甚至被“锁定”。新制度经济学的重要代表道格拉斯·诺斯进一步把技术变迁中的正反馈机制扩展到制度变迁中，用路径依赖概念来描述过去的绩效对现在和未来的巨大影响力。诺斯认为，路径依赖类似于物理学中的“惯性”，一旦进入某一路径就可能对这种路径产生依赖。某一路径的既定方向会在以后发展中得到自我强化。人们过去作出的选择决定了他们现在及未来可能的选择。[①]

路径依赖的运行机理可以概括为给定条件、启动机制、形成状态、退出闭锁四大表现或过程。

（1）路径进入条件指启动并决定路径选择的外部偶然性事件的发生。例如，在解放初期，我国采用了苏联模式，建设单科性大学，对于大学自身发展来说，这是一个偶然的事件，并不是大学自由发展过程中必然会出现的，只是一个突发事件。

（2）启动路径依赖机制指系统中的正反馈机制随给定条件的成立而启动。主要表现为制度外部效应的形成和组织内部制度矩阵的形成。单科性大学成为与综合性大学不同类型的大学，单科性大学从名称到其所包含的学科类型开始在社会中广为传播，并日益形成相对稳定的社会定位概念。适应单科性大学而产生的组织抓住此框架提供的获利机会，相互学习，产生学习效应，通过组织间的相互缔结契约，以及互利性组织的产生与对单科性大学的进一步投资，由此所产生的协调效应强化了单科性大学初始的作用范围和强度。

（3）形成状态指正反馈机制的运行使系统出现某种状态或结果。通常出现的结果有以下四种。① 多重均衡，即系统演进的结果不是单一的。② 闭锁，即一旦偶然性因素使某一方案被系统采纳，收益递增机制便会阻止它受到外部因素的干扰或被其他方案替代。③ 可能非高效率，即由于其他方案的开发利用和动态认识被阻止，陷入闭锁的方案并非是最优的。事实表明，与现代社会对大学的需求和大学自身发展的规律和要求相衡量，单科性大学并不是当代最优的大学模式。④ 路径依赖，即系统演进的路径敏感地决定于系统的初始状态，一旦系统采纳某方案，该系统的演进路径便会呈现前后连贯、相互依赖的特点。

（4）“退出闭锁”指通过政府干预等外力和主体的一致行动，实现路径替代。路径依赖的运行是由其构成要素策动的，这些要素包括偶然性事件、专用性成本、行为主体、制度、政府和意识形态等。同时，路径依赖的运行是依赖宏观环境的。

从系统科学角度来看，路径依赖理论揭示了一个系统（包括自然系统和社会系统）得以生成和发展的动因。在路径依赖理论中，强调“历史小

---

① 盛昭瀚，蒋德鹏．演化经济学［M］．上海：上海三联书店，2002：144.

事件”对一个系统的产生和发展的重要作用。显然，这已远远超出了制度经济学的范畴。

1. 学科教育的发展①

西方学科教育发展的实践可以分成三个粗线条的阶段：一是人文学科教育的发展阶段；二是科学学科教育的发展阶段；三是人文与科学学科教育共处的学科教育发展阶段。

纵观西方两千多年的学科教育发展史，在结构上表现为两种较为固定的形式：一是以文法、修辞、逻辑学（又称辩证法）构成的前“三艺”和算术、几何、天文、音乐构成的后“四艺”在内的“七艺”②为主的学科体系；二是近代以科学为核心的学科结构。三艺学科产生的最大意义就在于它成为了西方教育中直至科学鼎盛以前最基本的学科结构体系，同时，三艺学科也奠定了日后人文学科教育发展的基础，成为后来学科划分中社会科学的最本源的形式。在柏拉图的《理想国》中最早提出了四艺学科，柏拉图认为，四艺学科的教育是实现人的善的理想的一种途径选择和工具，也是培养人的理智能力、使人获得理性的重要途径。这在一定程度上揭示出了未来科学发展的工具性定位模式。古希腊时期发展科学或提出四艺学科并不是出于对科学本身的热爱或是出于对神秘自然的探究，而是出于培养人的思维的需要。这为中世纪一千多年来忽视科学研究埋下了伏笔，使西方的科学发展在古希腊与后来科学的兴起之间出现了一大段的断裂和空白，从而延缓了西方科学发展的历史进程。

科学学科的形成和发展是以科学自身的发展作为基础的。从严格意义上说，17 世纪是近代科学的真正起源和开端，17 世纪也是科学发展史上一个群星闪耀的时代，涌现出了众多对近代科学产生深远影响的科学家和科学研究成果。如果说 17 世纪是一个科学的创造时代的话，18 世纪则是对 17 世纪科学成果的应用时代。18 世纪对科学成果的社会应用，使科学走出了学院的局限，从而为科学的大众化，尤其是为科学成为社会的显学奠定了坚实的基础。在 18 世纪注重科学的社会应用的基础上，19 世纪在科学方面的发展路径选择定位于科学的技术转化方面。19 世纪的各种科学创造在 20 世纪的社会生活中得到了广泛的应用，成为人类开始新生活的重

---

① 王长纯等. 学科教育学概论［M］. 北京：首都师范大学出版社，2000：96 – 147. 周庆元，杨云萍. 学科教育：时代的永恒主题［J］. 中国教育学刊，2007（1）：60 – 62.

② 所谓七艺，是指文法、修辞、辩证法、音乐、几何、天文和数学七门学科的总称，是对以前处于分离状态的三艺和四艺学科的融合。

要的技术支撑。正如科学本身的发展并非一帆风顺一样，科学学科在教育领域内的立足扎根也是经过了不断的斗争。事实上，只有到了19世纪，科学教育才开始逐渐渗透到教育系统中，逐步成长为一种主流的教育内容。在这一过程中，科学也曾遭到了来自古典人文学科的坚决的抵抗和排斥。例如，英国的牛津大学、剑桥大学对科学的拒斥，美国的耶鲁大学在1828年发布的《耶鲁报告》都充分反映出科学学科在教育领域立足之艰辛。

20世纪人类将科学的创造和发明提高到一个无以复加的程度，几乎人类生活的所有领域都被赋予了科学的特质。也正是在这一背景之下，人类对科学的态度甚至达到了一种顶礼膜拜的程度，由此出现了科学主义的思想浪潮，使社会陷入唯科学主义的氛围中，忽略或弱化了其他领域的存在，从而导致了一系列社会问题的出现。这种极端的科学主义观念在教育领域就表现为用科学教育取代传统的强调古典性和人文性的文科教育，引发了教育领域的人文与科学之争。

“七艺”的学科结构产生以来，一直持续到启蒙运动前期，甚至成为后来科学学科结构生成的重要铺垫。“七艺”的学科教育发展主要从人的发展角度出发进行学科建构，强调学科在人的持续发展中所产生的作用，注重人性和人的理性精神的获得。由此出发，才有人文学科对学科目标的“和谐”和“全面”的定位。这实际上是一种超越了具体社会限制的有关大写的人的学科教育发展思路。与人文学科不同，科学的学科建构所持的理念则是站在社会需要角度进行的，在这种思想中，更多地把人看做具体社会的公民来加以考虑，而较少顾及人作为类的特性在学科中的体现。由此，才更多地注重人的社会适应性能力的培养，注重科学工具性效能的发挥等。这在很大程度上与具体的社会发展紧密相连，是一种较为实用和功利型的学科教育发展思路。正是由于学科教育发展思路的不同，才使人文学科强调的超社会性与科学学科的社会实用性之间存在着激烈的矛盾和冲突，特别是在科学学科兴起后，这种冲突似乎更表现为一种不可调和的矛盾。其实这二者是不矛盾的，是人发展过程中两个十分重要的组成要素。如果仅有对人作为整体的思考，难免会忽视具体的人类生存环境，会抹杀人的个性因素，这不利于人类整体水平和素质的提高。同样，如果一味地强调人作为具体的个体社会公民性的发展，也会导致缺乏对人类的总体性关怀，会对人类本身的持续和长远的发展带来许多不良的甚至是灾难性的影响。因此，人的发展必须是结合二者的一个综合发展。也就是说，人文与科学的和解是一种必需，是不可阻挡的学科教育发展趋势和潮流。

2. 教育技术的发展[①]

关于教育技术的起源有以下几种不同的观点。第一种观点认为，“有了历史，就有了教育，有了教育，也就有了教育技术，它们是相互促进的……一旦有了教育，就必然有了教育的技术，不论最初的教育技术是多么地原始和落后”。[②] 第二种观点认为，教育技术的起源应从视听教学算起。视听活动的起源可以追溯到17世纪夸美纽斯的工作。第三种观点认为，教育技术的起源应从特定的视听媒体在教育中的应用算起，提出“电化教育萌芽于19世纪末期。19世纪90年代，幻灯介入教育领域，揭开了电化教育的序幕”。[③] 美国教育技术界的学者倾向于第三种观点，他们大多把20世纪20年代初期美国教育领域内兴起的视觉运动作为教育技术的发端。

在教育技术发展的历程中，以教学经验和方法为主的经验化技术出现得最早，有着最长的历史；后来出现了旨在展示形象的直观教学的媒体和方法；最后随着现代科学技术的发展，现代视听媒体和信息技术在教育中的应用，以及与教学理论、学习理论的结合，便诞生了科学化的技术。我们把教育技术由经验化形态向科学化形态的转变概括为两方面。一是教育活动中所应用的媒体工具不断增加，种类趋向多样化，科技含量不断增加。尤其是当代高科技含量媒体的出现，给教育带来的影响越来越大，使得教育技术有了突飞猛进的发展。现代视听媒体技术的出现，是教育技术由经验化技术向科学化技术发展的重要推动力。二是教育理论、学习理论和系统方法被引入教育技术领域，产生了相应的理论和方法，如夸美纽斯的《大教学论》《学校中的视觉教育》、戴尔的《经验之塔理论》、斯金纳的《操作性条件反射学说》、认知学习理论、系统科学方法以及建构主义学习理论等，它们对教育技术经验化形态向科学化形态的转变有着非常重要的影响。有关教学方法的出现，使得媒体的应用越来越科学、越来越有效，使得教育理论、学习理论与现代视听媒体技术的联系越来越密切，它们是促使教育技术学诞生的另一种力量。由此可见，在教育技术的发展

---

① 李康. 教育技术学概论——基本理论的探索［M］. 广州：广东教育出版社，2005：1－27. 尹俊华，庄榕霞，戴正南. 教育技术学导论［M］. 第2版. 北京：高等教育出版社，2002：1－24. 吴在扬. 中国电化教育简史［M］. 北京：高等教育出版社，1994：1－18.

② 张诗亚，周谊. 震荡与变革——20世纪的教育技术［M］. 济南：山东教育出版社，1995：50－51.

③ 南国农，李运林. 电化教育学［M］. 北京：高等教育出版社，1998：14.

中，经验化的技术与科学化的技术是相互融合和相互依赖的。这一点可以通过美国教育技术定义的演变看出。

从1963年美国的伊利领导的定义和术语委员会（Definition and Terminology Committee）首次发布了“视听传播”（Audiovisual Communications）的官方定义，到2004年7月23日在“长春2004——教育技术国际论坛”上，美国教育传播与技术协会（Association for Educational Communications and Technology，AECT）的著名教育技术专家巴巴拉·西尔斯（Barbara Seels）首次介绍了AECT的定义与术语委员会关于教育技术的草拟定义，美国教育技术的定义已经经历了多次演变，这从一定程度上代表着教育技术相关理论的丰富发展和实践的深入。

下面从概念名称、研究对象、研究内容和研究目的四个方面对美国教育技术定义的演变展开分析。

（1）概念名称演变的分析。

1963年定义中的概念名称是Audiovisual Communications，是基于对早期的传播理论、早期系统观和行为主义学习理论的研究，视听教学技术给教学带来了新的观念和理论，拓宽了视听教学理论工作者的视野。1970年定义和1994年定义中的概念名称是Instructional Technology，1972年定义、1977年定义和2004年草拟定义中的概念名称是Educational Technology。随着教育技术理论和教育实践的进一步发展，发现用Audiovisual Communications已经不能说明学科的真正含义，Audiovisual Communications主要用于进行学校的教学，也就是借助技术的教学，所以1970年定义中使用的概念名称是Instructional Technology。随着借助技术进行教学的实践领域的进一步深化，在企业的绩效培训中也用到了教育技术。借助技术的教育的实践范围扩大了，就出现了1972年、1977年、2004年定义中的概念名称Educational Technology。1994年定义中使用Instructional Technology，主要原因是美国学者在教育技术领域中交替使用Instructional Technology和Educational Technology，且前者使用得更普遍。

（2）研究对象演变的分析。

1963年定义的研究对象是messages which control the learning process，1970年定义的研究对象是the total process of learning and teaching，1972年定义的研究对象是a full-range of learning resources，1977年定义的研究对象是a complex，integrated process in all aspects of human learning，1994年定义的研究对象是processes and resources for learning，2004年定义的研究对象

是 appropriate technological processes and resources。总结以上教育技术研究对象的变化，可以发现教育技术的研究对象都与促进人类的学习有关，2004 年定义的研究对象的范畴有所扩大，该定义虽没有明确指出其研究对象是与学习有关的技术过程和资源，实际上也暗含了与学习有关的技术过程和资源。这与绩效技术理论的成熟有关，随着绩效技术理论的成熟，越来越多的人意识到教育技术的运用可以提高企业的效益，所以仅用“促进人类学习的相关的内容”已不能说明教育技术的应用范畴，于是与时俱进地提出了新的研究对象，即 appropriate technological processes and resources。该研究对象的提出是符合当今的时代发展要求的，是在总结以前五次定义中的研究对象的基础上提出的。在《牛津高阶英汉双解词典》中，appropriate 的解释是“suitable; right and proper”，可见其中暗含绩效技术的应用。正是由于 appropriate 一词的出现，才使教育技术研究对象范畴的扩展具有了划时代的意义。

（3）研究内容演变的分析。

1963 年定义以对控制学习过程的信息进行设计和使用为主要研究内容；1972 年定义则以学习资源的鉴别、开发、组织和利用、管理为主要研究内容；1977 年定义以问题的分析及对解决问题的方法的设计、实施、评价和管理为研究内容；1994 年定义的研究内容是对与学习有关的过程和资源的设计、开发、应用、管理和评价。从研究内容的核心词的变化可以看出，教育技术的研究内容是与当时相关的技术和理论的发展水平相联系的，相关技术和理论的发展水平促进了教育技术的研究内容的演变。随着实践领域的拓宽，教育技术的研究内容也会有所扩展。

（4）研究目的演变的分析。

1963 年定义的研究目的是 development of the learners' full potential，1970 年定义的研究目的是 more effective instruction，1972 年定义的研究目的是 facilitation of human learning，1977 年定义的研究目的是 analyzing problems; solutions to those problems，1994 年定义的研究目的是 for learning，2004 年定义的研究目的是 facilitating learning and improving performance。由此可以看出，美国教育技术学者对教育技术研究目的的认识处于随时代的发展而不断思考的过程中。这并不是说教育技术学科的研究目的尚不成熟，而是说明了教育技术的本质特点。教育技术是随着社会的发展、学科的理论基础和技术基础的不断变化而发展的。

由此可见，教育技术的发展可以从媒体技术发展的角度和教育发展的角度来看待。

从媒体技术发展的角度看教育技术的发展，就是把媒体技术或工具看成是衡量教育技术进步的主要尺度。它关注的重心是媒体技术的新发展及对教育的影响，关注最新、最先进的媒体在教育教学中的应用。我国在电化教育刚刚起步的时期，把当时最新、最先进的媒体——电影作为电化教育的主要标志。对电化教育的研究主要是对电影在教育中的应用研究。偏重于对某种时尚的、相对先进的媒体的研究，这种现象被一直延续下来。20 世纪 80 年代关注的是电视教育或教育电视，20 世纪 90 年代关注的是计算机辅助教学，再往后是多媒体教学、网络教学等。这或许是从媒体技术的角度看待教育技术所得出的特点，该特点同时也是其缺点，因为这容易混淆媒体技术与教育技术，造成媒体技术就是教育技术、教育技术就是媒体技术的错误认识。

从教育发展的角度看教育技术，就是把教育技术放在现代教育的背景中来研究，摆脱对某种媒体技术的依赖，也不受新旧媒体技术更替的局限或束缚。从现代教育的角度看，教育技术不是凭空出现的，除了具有现代科学技术成果等物质基础外，它必然是在现代教育的环境中孕育、产生和发展的。正是因为有了现代教育的思想和观念，才能产生对先进媒体技术的需要和渴望，才能使媒体、设备和工具的应用发挥到最优效益。另外，现代教育为教育技术的发展提供了实践的环境。

教育场中的技术演化是一个复杂的过程，它具有以下特点：一是演化的路径依赖；二是演化过程是一个复合过程，它包括政治因素、经济因素等；三是演化结果既有一定的不确定性，在很大程度上又是带有因果性的。教育中技术的演化，在宏观历史进化尺度和微观个体发育尺度上，往往有着不同的一般特征。在总的历史演进方向上，由于技术的不断进步，特别是教育发展的不断推进，从宏观演化结果来看，总的来说，教育中的技术存在是在沿着时间轴不可逆地演化着——向着更加有序、有效的方向进化。但是，在微观尺度上，对于教育系统中的具体技术来说，并非在所有的时间内所有的演化都是正向的、不可逆的。确切地说，具体技术在教育中的存在作为一种系统存在，有正向演进也有负向退化，有生成也有消解，有建构也有解构，有生也有灭，甚至还存在着维持现状基本不变的演化——零演化。因此，可能存在三种演化：朝着结构优化、功能完善、效益提高方向发生形态转变的正演化或发展、进化；朝着结构失稳、功能异化、效益降低方向发生形态转变的负演化或降解、退化；维持现有系统形态相对不变，既不表现出有序化趋势也不显露出无序化的迹象的零演化。最后一种演化实际上是系统的运行过程在某一时间段内保持存在形态相对不变。在实际的教育系统中，这三种演化情况都有可能发生。

（四）演化的动力机制

所谓机制，即事物在内外因素作用下的运动方式及其原理。探究教育场中技术演化的动力机制，就是探讨教育场中的技术是在哪些因素影响下如何运动发展的。教育场中的技术是在若干力量的共同作用下发展的。其中最重要的力量有以下三种。其一，教育系统。教育场中的技术演化离不开教育系统，教育系统是其演化的一个前提条件。其二，技术发展的内在逻辑。技术发展的内在逻辑是技术自身矛盾运动的规定性。其三，社会需求和政府干预。社会需求（包括社会的经济、政治、文化等广泛领域的需求）是教育场中的技术发展的不竭源泉。对于教育场中的技术而言，推动其发展演变的既有内部动力也有外部动力，其发展演变是一个内外动力相互耦合的过程。教育系统和技术发展的内在逻辑是内部作用力，社会需求和政府干预是外部作用力。这三种力量从内部和外部共同作用于教育场中的技术，影响和决定着教育场中的技术发展的基本趋势。因此，我们从科技系统发展、教育系统发展和社会系统发展三个层次来探讨教育场中的技术演化过程中发挥作用的动力机制。

（1）来自于科技系统发展的动力机制。

科学技术是人类实践活动中不断发展和变革的开放性复杂系统。从工业革命开始，到第二次世界大战后的新技术革命兴起，技术革命的挑战为教育场中的技术发展注入了新的活力，主要表现为两个方面。一是衍生新的技术形态。技术的发展使新的教育技术形态演变出来，加剧了不同教育场中技术形态之间的竞争，这种竞争是改变教育场中技术的动力机制之一。教育场中的技术呈现出一种连续性的发展趋势，新技术是在以往技术的基础上出现的。二是衍生新的教育方式和教育功能。教育场中技术的演化及新技术的出现使教育主体、教育功能和教育效果都发生了巨大的变化。另外，技术革命对人才的培养提出了严峻的挑战。在知识爆炸、知识的陈旧周期缩短、新科学技术成果迅速应用到社会和经济各方面的情况下，学校培养什么人、学生怎么学的问题突出地摆在人们面前。著名的发展性教学理论、苏霍姆林斯基的教育思想体系、布鲁纳的学科基本结构理论、科学主义教育思潮等就是在第二次世界大战后形成的。同时，终身教育思潮也在这一时期提出并受到普遍关注。这些都是教育系统对科技系统发展的回应。

（2）来自于教育系统发展的动力机制。

教育场中的技术演化最主要的内在动力就是教育发展和（教育中的）技术实践的矛盾，其他各种内部矛盾都是这一矛盾的具体展开和表现形式。

教育中的技术发展并非单纯的技术体系内在联系的逻辑展开，而是因其理性或逻辑与其他各种教育要素的整合。从教育领域来看，技术在教育中的应用涉及的因素有教育目标、教育制度、学习者特点、教育环境、教学过程等，这些因素是相互关联和相互作用的。实际上，教育系统中技术所带来的各种变化，都不可能脱离原有的教育基础而凭空产生，技术发挥作用的基础是人类社会经过数百年发展而形成的现有教育体制。而技术对教育的改变将是一个漫长的过程。教育通过已成系统的体制、形式、参与成员和各种成熟的制度对教育场中的技术演化进行现实地、有效地控制。

（3）社会系统发展层面的动力机制。

从总体上看，人类社会系统处在不断发展的过程中，其基本规律是系统结构和功能从简单到复杂、从低级到高级。其中起作用的根本动力机制，一是竞争与协作机制，即人类社会系统在各个部分、各个层面的竞争与协作。从社会总体演化上看，正是由于竞争与协作导致的社会系统功能分化，产生了教育系统、科学技术发展系统，而出于发展科学技术和教育系统的需要，产生并发展了教育场中的技术。二是需求与供给机制。教育场中的技术发展既是社会面临的巨大经济和科技发展需求拉动的产物，又是教育系统发展到一定的历史阶段，经过了相当漫长时间的积累，内部已经具备了相当的资源和能力，自身具备了满足社会需求能力的体现，才使得教育场中技术的产生和发展成为可能。三是系统自组织演化和人为干预的统一。在宏观社会系统层面和较长的时间跨度上，社会是自组织演化的，但从微观组织演化的角度，人为的组织设计和干预随处可见，社会发展就是这两者的动态平衡和辩证统一。教育场中的技术也是如此。

1. 学科教育演化的动力机制

（1）人类对未知世界永恒的探究欲是学科发展的直接动力。

自人类产生以来，人类就在不停地追问自己的来源和归宿。人从哪里来？人又将到哪里去？这是直到今天仍在困扰着人类的问题。人类借助神话、音乐和体育这些初步的文化和教育形式，开始蹒跚地向文明迈进。文字和学校出现之后，随之出现了真正意义上的文化的奠基和萌芽。从西方学科教育发展来看，这种萌芽主要体现在“七艺”学科的发展中。在早期的希腊文化中，古希腊文明前期的米利都学派和爱奥尼亚学派都曾对自然现象非常关注。从米利都学派开始，形成了一种对自然现象进行研究和思考的自然哲学流派。他们主要探讨各种自然现象，对世界的起源进行思考，提出了世界起源的水、火等学说，到了赫拉克利特和德谟克里特时期，提出了世界起源的原子说。这些思想的产生和出现一方面是古希腊人出于对自身生存环境的好奇，另一方面也反映了西方文化在萌芽时期所开创出来的文化发展路径和模式主要是对自然的关注，这为西方科学日后的辉煌提供了肥沃的土壤。

（2）社会发展的需要。

无论是人文学科还是科学学科的发展，都是社会发展的需要和产物。在古罗马，“七艺”学科教育的提出更多地是出于社会政治的需要，即培养人参与社会政治生活、实现社会阶层流动的需要。这使得“七艺”教育的学科设置向为雄辩教育服务的社会实用方向转化和发展。中世纪的宗教性“七艺”学科是与当时的宗教社会文化背景相匹配的，是适应当时社会发展需要的一种学科设置。科学学科主导地位的获得在相当程度上是与科学的社会适应性分不开的。纵观西方科学学科的发展历程，在学科内容和目标上已经与工业革命时期培养技术人才发生了很大的变化，尤其是信息技术在当今社会的主流化趋势，更是使科学学科在内容和目标上几乎完全摆脱了传统科学学科的束缚，形成一种与传统学科截然不同的学科体系。这种从工业革命开始到信息技术革命所体现出来的科学的学科以及科学学科教育的发展，也反映出学科教育发展的社会适应性特点。

从学科教育发展的内在精神层面上来讲，无论是“七艺”的学科教育发展，还是科学的学科教育发展都持久地遵循着相应的精神内核。人的发展不只是某一方面的事情，而应成为一个系统的综合化的过程，既应有对人作为类存在的整体性和前瞻性的思考，同时也应立足于人所生存的环境与社会来加以考察。体现在学科教育发展上，人文对人性的关怀应与科学对人性的关怀相结合，只有这样才会造就出完整的既符合人类总体发展要求，又适应特定社会需要的人。

2. 教育技术学演化的动力分析

任何一门学科的产生和发展都会经历孕育、创生、发展、高潮、稳步发展、形成的过程。随着教育技术理论的逐渐完善和实践的广泛应用，逐步形成了一门学科即教育技术学，它是研究教育技术实践和应用的理论、方法、技术和规律的一门新兴学科。根据学科形成和发展的动力分析，从环境、实践和理论几个方面相互影响的视角来探讨教育技术学的发展机制，以加强教育技术学的理论研究。

（1）环境。

① 社会需要。任何学科的发展总是处在一定的历史情境之中，受当时、当地的政治环境、经济环境、科技环境、文化环境和社会环境的影响，因而呈现出明显的时代特征。现代信息技术时代的到来催生了教育技术学这一学科的创生和发展。虽然教育技术的哲学基础可以追溯到古希腊智者派的学术思想，但教育技术学这门学科知识却起源于第二次产业革命时期，即自动化、原子能的时代。随着工业化生产大发展，资产阶级急需大批有知识和技能的劳动者，不得不重视教育的改进。在第二次世界大战时期，美国为应付这场全球性战争的需要，必须在短时期内迅速动员千百万大众，快速而有效地把大批来自不同行业、具有不同背景的民众训练成为能从事军工生产的技术人员和各军、兵种的战斗人员。在这一特定的历史条件下，视听教学得到了大力发展。战后视听媒体在教育领域中的使用越来越普遍。20 世纪 70 年代以来，信息技术对教育产生了越来越大的影响，受到了相关政府和教育界的广泛重视，教育技术学也应运而生。由此可见，当社会发展对教育教学活动提出了更高的要求时，教育教学活动才相应地作出适当调整以适应新的社会需要的发展、适应新的社会形态，教育技术则正是社会从现代工业化社会走向信息化社会的过程当中产生并伴随其发展而发展的。

② 技术扶持。“教育的许多学科大都是从教育学（pedagogy）或教育（education）分化乃至演绎出来的。教育技术的产生根本不在教育学科本身的发展演化，而在于现代科学技术的突飞猛进。”① 现代科学技术的发展推动社会进入了信息时代，以计算机为代表的信息技术是教育技术学产生的重要原因之一。从广义的角度看，教育技术并不局限于基于计算机的技术，其他传统技术如幻灯、投影、电影、电视等发挥着并将继续发挥重要作用，但现代信息技术才是教育技术学产生的真正催化剂。随着现代信息技术的发展，人们对教育技术的理解各有不同，但我们知道，教育技术不是一个静态的概念，而是在应用中不断发展的技术体系。

---

① 李秉德．“教学设计”与教学论［J］．电化教育研究，2000（10）：11 - 13.

（2）教育技术的实践。

纵观教育技术学的发展历史，可以看出它是一个实践性非常强的学科领域。教育技术学发展的直接动力是教育技术实践活动的发展。一般来说，教育技术实践经常走在教育技术理论的前面，因而教育技术实践永远是教育技术学演进发展的根本动力。随着教育技术实践的展开，强烈要求将其实践经验概括提升为理论，来有效地指导教育技术实践活动，这就为教育技术学的产生和发展提供了实践和现实需求。也正是教育技术的实践性使得理论可以走向操作化和技术化，为理论的进一步发展提供了空间。

（3）理论。

任何学科的存在和发展都是建立在一定的理论基础之上的，同样，教育技术学在发展过程中不断汲取其他学科的一些理论和方法，并在这些学科理论和方法的滋养下成长起来。视听教育理论、行为主义理论、程序教学方法、认知学习理论、传播理论、以系统论和控制论的方法研究教学等对教育技术学的形成和发展都产生了重要的影响。其中，学习理论是教育技术学科重要的理论基础。从20世纪二三十年代至今，学习理论历经行为主义、认知主义、人本主义等不同发展阶段，历史的经验告诉我们，学习理论研究的每一次突破，都会带来教育技术学科的发展，可以说，学习理论一直引领着教育技术学的发展方向。传播理论对教育技术学的主要贡献是它对教育传播过程涉及的要素、教育传播过程的基本阶段及其教育传播基本规律的归纳，由于教学过程也就是教学信息的传播过程，所以传播理论是教育技术学的重要理论基础。20世纪五六十年代，系统方法在美国军事、工业、商业等领域得到空前广泛的应用，在这些成功的应用实例的推动下，系统方法在教育领域日益受到重视。到20世纪70年代，由于系统方法在教学媒体设计、个别化学习过程设计和教学系统设计中得到广泛应用，使得媒体教学、个别化教学和教学设计三者综合为一个以系统方法为核心的整个教育技术领域。

由此可见，教育技术学学科的形成动因，既有内在动力，又有外在作用力。其内在动力是直接萌发教育技术学学科生命和促进其孕育和发展的主要因素，而外在作用力则为教育技术学学科提供适宜的条件，催发其发育成长。

本章通过“选择—生成—演化”阶段讨论了技术教育化的具体过程，不难发现，在技术教育化过程中始终坚持着以下两个原则。一是技术是整个教育系统的一部分。一方面，我们应该明确技术在整个教育系统中的地位和作用，在考察教育目标、教育体制以及其他教育要素对技术的作用时，把着眼点放在教育系统内部诸要素的性质上；另一方面，由于技术仅仅是教育系统中的一部分，显然它不可能全部、绝对地决定整个教育系统的状态和特征，但这并不妨碍我们把技术发展与教育发展结合起来。二是在具体的研究中，应该自觉地运用系统科学方法和技术哲学思维来把握技术教育化过程。这种方法的思维过程是：从技术出发，分析它对整个教育系统的作用，然后再通过对教育系统的整体把握来观控技术现象。通过对教育系统的整体把握来解释教育中的技术现象时，可以进行历史分析和现实分析。历史分析侧重于把技术放到教育系统中进行定位；现实分析则考察、分析教育系统的内部结构和各要素之间的相互关系。结合历史分析和现实分析，我们就能较好地把握技术教育化的过程。

参考文献

[1] 马克思，恩格斯．马克思恩格斯选集［M］．第1卷．北京：人民出版社，1995.
[2] 马克思，恩格斯．马克思恩格斯全集［M］．第2卷．北京：人民出版社，1972.
[3] 马克思，恩格斯．马克思恩格斯全集［M］．第19卷．北京：人民出版社，1971.
[4] 马克思，恩格斯．马克思恩格斯全集［M］．第42卷．北京：人民出版社，1982.
[5] 马克思．1844年经济学哲学手稿［M］．北京：人民出版社，2000.
[6] 维特根斯坦．逻辑哲学论［M］．贺绍甲，译．北京：商务印书馆，1996.
[7] 亚里士多德．尼各马科伦理学［M］．苗力田，译．北京：中国社会科学出版社，1999.
[8] 埃米尔·迪尔凯姆．社会学方法的规则［M］．胡伟，译．北京：华夏出版社，1999.
[9] 布迪厄，华康德．实践与反思——反思社会学导引［M］．李猛，李康，译．北京：中央编译出版社，1998.
[10] Howard A. Ozmon, Samuel M. Craver. 教育的哲学基础［M］．第7版．石中英，邓敏娜，译．北京：中国轻工业出版社，2006.
[11] 伽达默尔．伽达默尔选集·赞美理论［M］．夏镇平，译．上海：上海三联书店，1988.
[12] 伽达默尔．科学时代的理性［M］．薛华，译．北京：国际文化出版公司，1988.
[13] 卡尔·米切姆．技术哲学概论［M］．殷登祥，曹南燕，译．天津：天津科学技术出版社，1999.
[14] J. D. 贝尔纳．历史上的科学［M］．伍况甫，译．北京：科学出版社，1981.
[15] 乔治·巴萨拉．技术发展简史［M］．周光发，译．上海：复旦大学出版社，2000.
[16] 让·拉特利尔．科学和技术对文化的挑战［M］．北京：商务印书馆，1997.
[17] F. 拉普．技术哲学导论［M］．刘武，译．沈阳：辽宁科学技术出版社，1986.
[18] 安德鲁·芬伯格．技术批判理论［M］．韩连庆，曹观法，译．北京：北京大学出版社，2005.
[19] 马丁·海德格尔．演讲与论文集［M］．孙周兴，译．北京：生活·读书·新知

三联书店，2005.

[20] 马丁·海德格尔．海德格尔选集（下）［M］．孙周兴，译．上海：上海三联书店，1996.

[21] 冈特·绍伊博尔德．海德格尔分析新时代的技术［M］．宋祖良，译．北京：中国社会科学出版社，1998.

[22] 哈贝马斯．作为意识形态的技术与科学［M］．李黎，郭官义，译．上海：学林出版社，1999.

[23] 霍克海默，阿道尔诺．启蒙辩证法［M］．渠敬东，曹卫东，译．上海：上海人民出版社，2003.

[24] 夸美纽斯．大教学论［M］．傅任敢，译．北京：教育科学出版社，1999.

[25] 杜威．民主主义与教育［M］．王承绪，译．北京：人民教育出版社，2001.

[26] 维多克·埃尔．文化概念［M］．晓文，译．上海：上海人民出版社，1988.

[27] 彼得·科斯洛夫斯基．后现代文化——技术发展的社会文化后果［M］．毛怡红，译．北京：中央编译出版社，1999.

[28] 罗杰·菲德勒．媒介形态变化：认识新媒介［M］．明安香，译．北京：华夏出版社，2000.

[29] 劳伦斯．现代教育的起源和发展［M］．纪晓林，译．北京：北京语言学院出版社，1992.

[30] 远德玉，丁云龙．科学技术发展简史［M］．沈阳：东北大学出版社，2000.

[31] 陈昌曙．技术哲学引论［M］．北京：科学出版社，1999.

[32] 许良．技术哲学［M］．上海：复旦大学出版社，2004.

[33] 张华夏，张志林．技术解释研究［M］．北京：科学出版社，2005.

[34] 陈昌曙，远德玉．技术选择论［M］．沈阳：辽宁人民出版社，1990.

[35] 张相轮，凌继尧．科学技术之光［M］．北京：人民出版社，1990.

[36] 王前．技术现代化的文化制约［M］．沈阳：东北大学出版社，2002.

[37] 田鹏颖．社会技术哲学［M］．北京：人民出版社，2005.

[38] 肖峰．哲学视域中的技术［M］．北京：人民出版社，2007.

[39] 宋健．现代科学技术基础知识［M］．北京：科学出版社，1994.

[40] 邓树增．技术学导论［M］．上海：上海科学技术文献出版社，1987.

[41] 刘文海．技术的政治价值［M］．北京：人民出版社，1996.

[42] 袁贵仁．价值学引论［M］．北京：北京师范大学出版社，1991.

[43] 王坤庆．教育哲学——一种哲学价值论视角的研究［M］．武汉：华中师范大学出版社，2006.

[44] 王玉樑．价值哲学新探［M］．西安：陕西人民教育出版社，1993.

[45] 李宏伟．现代技术的人文价值冲突及其整合［M］．北京：中国市场出版社，2004.

[46] 肖峰．哲学视域中的技术［M］．北京：人民出版社，2007.
[47] 高清海．人就是“人”［M］．沈阳：辽宁人民出版社，2001.
[48] 张能为．理解的实践——伽达默尔实践哲学研究［M］．北京：人民出版社，2002.
[49] 李泽厚．批判哲学的批判：康德述评［M］．天津：天津社会科学院出版社，2003.
[50] 赵汀阳．论可能生活［M］．北京：生活·读书·新知三联书店，1994.
[51] 孙正聿．哲学通论［M］．修订版．上海：复旦大学出版社，2005.
[52] 黄济．教育哲学通论［M］．太原：山西教育出版社，2002.
[53] 叶澜．教育研究方法论初探［M］．上海：上海教育出版社，1999.
[54] 吴康宁．教育社会学［M］．北京：人民教育出版社，1998.
[55] 瞿葆奎．教育基本理论之研究（1978—1995）［M］．福州：福建教育出版社，1998.
[56] 周浩波．教育哲学［M］．北京：人民教育出版社，2000.
[57] 陈友松．当代西方教育哲学［M］．北京：教育科学出版社，1982.
[58] 金耀基．大学之理念［M］．北京：生活·读书·新知三联书店，2001.
[59]《主客体关系学系统丛书》撰写组．教育是什么［M］．北京：商务印书馆，2000.
[60] 孙迎光．主体教育理论的哲学思考［M］．南京：南京师范大学出版社，2003.
[61] 张天宝．主体性教育［M］．北京：教育科学出版社，2001.
[62] 瞿葆奎．教育学文集·教育目的［M］．第4卷．北京：人民教育出版社，1989.
[63] 孙喜亭．教育原理［M］．北京：北京师范大学出版社，2003.
[64] 孙宏安．中国古代科学教育史略［M］．沈阳：辽宁教育出版社，1996.
[65] 周毅．21世纪中国两大支柱：科技教育化与教育科技化［M］．福州：福建教育出版社，2001.
[66] 桑新民．呼唤新世纪的教育哲学［M］．北京：教育科学出版社，1993.
[67] 刘福森．西方文明的危机与发展伦理学［M］．南昌：江西教育出版社，2005.
[68] 孙培青．中国教育史［M］．上海：华东师范大学出版社，2000.
[69] 叶澜．教育概论［M］．北京：人民教育出版社，1991.
[70] 全国十二所重点师范大学联合编写．教育学基础［M］．北京：教育科学出版社，2002.
[71] 罗嘉昌．从物质实体到关系实在［M］．北京：中国社会科学出版社，1996.
[72] 金吾伦．生成哲学［M］．保定：河北大学出版社，2000.
[73] 刘生全．论教育批评［M］．北京：教育科学出版社，2006.
[74] 林德宏，陈文林．现代科学技术革命与马克思主义［M］．南京：南京大学出版社，1988.
[75] 陈文化．科学技术与发展计量研究［M］．长沙：中南工业大学出版社，1992.

[76] 刘青峰．让科学的光芒照亮自己：近代科学为什么没有在中国产生［M］．成都：四川人民出版社，1984.

[77] 童鹰．世界近代科学技术发展史［M］．上海：上海人民出版社，1990.

[78] 周寄中，梁捷．科技教育谈［M］．北京：科学出版社，1993.

[79] 王长纯．学科教育学概论［M］．北京：首都师范大学出版社，2000.

[80] 陈丽．技术进化与社会发展［M］．北京：北京师范大学出版社，2004.

[81] 赵勇．传统与创新——教育与技术关系漫谈［M］．北京：北京师范大学出版社，2006.

[82] 南国农．电化教育学［M］．北京：高等教育出版社，1985.

[83] 章伟民，曹揆申．教育技术学［M］．北京：人民教育出版社，2000.

[84] 刘美凤．教育技术学学科定位问题研究［M］．北京：教育科学出版社，2006.

[85] 李康．教育技术学概论——基本理论的探索［M］．广州：广东教育出版社，2005.

[86] 盛昭瀚，蒋德鹏．演化经济学［M］．上海：上海三联书店，2002.

[87] Micham C. Thinking through Technology: the Path between Engineering and Philosophy [M]. Chicago: The University of Chicago Press, 1994.

[88] J. Ellul. The Technological Society [M]. Alfred A. Knopf, 1964.

[89] Pitt J. Thinking about Technology: Foundations of the Philosophy of Technology [M]. New York: Seven Bridges Press, 2000.

[90] Habakkuk, H. J.. American and British Technology in the 19th Century: the Search for Labour-saving Inventions [M]. Cambridge: Cambridge University Press, 1962.

[91] Don Ihde. Technology and Life World [M]. Indiana University Press, 1990.

[92] Gary J. Anglin. Instructional Technology—Past, Present, and Future [M]. Libraries Unlimited, Inc. 1995.

[93] Jerrold E. Kemp, Gary R. Morrison, Steven M. Ross. Designing Effective Instruction [M]. Macmillan College Publishing Company, Inc. 1994.

[94] M. David Merrill. Instructional Design Theory [M]. New Jersey: Educational Technology Publications, 1994.

[95] Robert M. Gagne, Leslie J. Briggs, Walter W. Wager. Principles of Instructional Design [M]. Harcourt Brace Jovanovich College Publishers, 1992.

[96] Larry Cuban. Oversold and Underused—Computers in Classroom [M]. Harvard University Press, 2001.

[97] Peters. The Philosophy of Education [M]. London: Oxford University Press, 1983.

[98] Wiebe E. Bijker, Thomas P. Hughes, Trevor J. Pinch. The Social Construction of Technological System: New Direction in the Sociology and History of Technology [M]. Cambridge mass.: MIT Press, 1987.

责任编辑　贾立杰
版式设计　贾艳凤
责任校对　曲凤玲
责任印制　曲凤玲

图书在版编目（CIP）数据

论教育场中的技术／单美贤著．—北京：教育科学出版社，2011.1
（教育技术哲学丛书／李艺主编）
ISBN 978－7－5041－5467－5

Ⅰ.①论…　Ⅱ.①单…　Ⅲ.①技术教育－研究　Ⅳ.①G71

中国版本图书馆CIP数据核字（2010）第250310号

出版发行	教育科学出版社		
社　址	北京·朝阳区安慧北里安园甲9号	市场部电话	010－64989009
邮　编	100101	编辑部电话	010－64989637
传　真	010－64891796	网　址	http://www.esph.com.cn
经　销	各地新华书店		
制　作	国民灰色图文中心		
印　刷	北京人卫印刷厂		
开　本	169毫米×239毫米　16开	版　次	2011年1月第1版
印　张	12.25	印　次	2011年1月第1次印刷
字　数	197千	定　价	25.00元